"Una vez más, Erwin Lutzer nos ha [...] safiante, inspiradora y provocativa q[...] cristianos serios a representar claramente a nuestro Dios y Su Palabra en la esfera pública. Ha equilibrado estratégicamente la autoridad bíblica, la relevancia cultural y la sensibilidad espiritual en este libro que es de lectura obligatoria. Te sentirás animado y retado de manera justa y personal a no ser un cristiano agente secreto silencioso después de confrontarte con la verdad en este excelente recurso."

Dr. Tony Evans, presidente de La Alternativa Urbana, Pastor principal de La Comunidad Bíblica Oak Cliff

"¿Qué hay detrás del actual 'desmoronamiento de América'? ¿Y cómo deberíamos responder? En su magnífico libro, No podrán silenciarnos, mi amigo Erwin Lutzer tiene las respuestas vitales, exhortándonos a testificar audaz y valerosamente sobre nuestra fe, pase lo que pase."

Eric Metaxas, autor número 1 en ventas del *New York Times con la biografía* de Bonhoeffer y Martin Lutero, Presentador del programa de radio Eric Metaxas Radio Show, de audienca nacional en EEUU

"Mi querido amigo Erwin Lutzer nos ha dado un marco perspicaz para pensar y abordar los desafíos que enfrentamos en este momento de la historia. Encontrarás No podrán silenciarnos provocador y útil. A veces, incluso puedes debatir algunas de sus percepciones y conclusiones. Eso es algo bueno. Gracias, Erwin, por abordar estos temas, incluyendo el racismo, el marxismo y el capitalismo en el contexto de la cruz y la verdad transformadora de la Palabra de Dios."

Dr. Crawford W. Loritts Jr., autor, orador, presentador de radio, Pastor principal de Iglesia Bíblica Confraternidad, Roswell, Georgia

"*No podrán silenciarnos* explica una serie de tendencias que crecen a una velocidad alarmante y que ponen en peligro las libertades de las personas en todas partes. Este libro es una inversión valiosa de tu tiempo. Como siempre, Lutzer proporciona un análisis agudo y presenta numerosas conclusiones perspicaces. Es uno de los pocos autores cuyos trabajos me aseguro de leer. ¿Por qué? Porque independientemente del tema que esté abordando, su análisis será factual, artísticamente presentado y beneficioso."

Alex McFarland, apologista cristiano, Verdad para una Nueva Generación

"Erwin Lutzer ha escrito un libro oportuno e importante que llama a la iglesia a enfrentar los desafíos de nuestra sociedad desde una perspectiva que honra a Cristo, guiada por las Escrituras y saturada del evangelio. *No podrán silenciarnos*, ofrece la solución simple pero radical a los múltiples problemas que plagan la cultura en la que vivimos: ¡Que la iglesia sea la iglesia! Lee este libro cuidadosamente. Compártelo lo más ampliamente posible. ¡Rehúsa ser silente en tu testimonio de Cristo!"

H.B. Charles Jr., pastor principal, Iglesia Shiloh, Jacksonville, Florida

"Tarde o temprano, todos tenemos que tomar una postura. Erwin Lutzer dice que ha llegado el momento para que los cristianos se levanten por la verdad. Con sabiduría pastoral y profundo entendimiento, expone las mentiras que han llevado a la cultura occidental al borde de la destrucción. Pero no se detiene ahí. Este libro muestra cómo podemos recuperar la iglesia (que es la clave para la cultura) si volvemos a hablar la verdad de Dios sin miedo ni favoritismos. Solo puedo esperar que millones de creyentes lean este libro y se sientan motivados a actuar."

Dr. Ray Pritchard, presidente, Ministerios Sigue Creyendo

"*No podrán silenciarnos* es, en mi opinión, el libro más importante que mi amigo Erwin Lutzer ha escrito. Este es un libro para muchas generaciones. Un manifiesto para cristianos e iglesias. Me encanta la postura valiente por la verdad y la declaración audaz de fe que se entrega claramente en sus páginas. Sin duda alguna, este libro es una luz que brilla intensamente en la oscuridad."

Dr. Jack Graham, pastor, Prestonwood, Iglesia Bautista y Ministerios PowerPoint

"Siempre he deseado ver púlpitos arder con pasión como lo hicieron durante la Revolución Americana. He deseado enseñanzas poderosas que apliquen la Palabra de Dios al caos que estamos experimentando. La profunda comprensión de Erwin Lutzer de la historia, la cultura y la Palabra de Dios se mezclan poderosamente en *No podrán silenciarnos* para hacer precisamente eso, desafiándonos refrescantemente a mantenernos firmes, ser valientes y terminar bien."

Sandy Ríos, Directora de Asuntos Gubernamentales de la AFA (Asociación Americana de la Familia), presentadora de Sandy Ríos en la Mañana en AFR Hablemos; ex presidenta de CWA (Mujeres Preocupadas por América)

"Estamos viviendo días desesperados que plantean desafíos únicos para la proclamación de Jesucristo. En tales días, necesitamos voces fieles para guiar el camino. Erwin Lutzer es un hombre fiel que aborda un tema desafiante y crucial con claridad bíblica y convicción. Estoy agradecido por este libro y creo que merece su atención."

Dr. Heath Lambert, pastor principal, Primera Iglesia Bautista en Jacksonville, Florida

"Basado en décadas de defender con éxito a líderes religiosos, iglesias y seminarios del cuerpo de Cristo en litigios por todo Estados Unidos, si el cuerpo de Cristo espera sobrevivir en el foro público y tener el impacto en esta cultura que

Jesús ha ordenado en la Gran Comisión, el mensaje de este libro debe ser escuchado."

J. Shelby Sharpe, abogado constitucionalista

"Después de trabajar como actriz en Hollywood y ver cómo el marxismo está tomando el control de la industria del entretenimiento y el sistema de escuelas públicas desde adentro, este libro es una LECTURA OBLIGATORIA para conocer la batalla a la que nos enfrentamos. El conocimiento es poder. Puedo decir que este libro no solo expone al enemigo, sino que nos da la sabiduría y las herramientas para devolver a Dios a nuestro país, comunidad y hogar. ¡El momento es AHORA!"

Tina Marie Griffin, www.CounterCultureMom.com (Mamás contra cultura)

"Pensando en el clima que domina nuestra cultura hoy, Erwin Lutzer ofrece una visión de una serie de problemas clave que enfrenta la iglesia. Recomiendo encarecidamente que este volumen sea leído por aquellos interesados en ser parte de la solución a los problemas volátiles de hoy."

Milton E. Kornegay, Iglesia Bautista Central, Syracuse, Nueva York

"La profecía bíblica y la historia nos enseñan cómo las grandes naciones colapsan desde dentro antes de ser conquistadas desde fuera. En este libro, Erwin Lutzer nos recuerda el 'Plan de Juego' de nuestro enemigo y cómo debemos responder a él."

Cal Thomas, columnista sindicado, Autor de, El día que América expiró

NO
PODRÁN
SILENCIARNOS

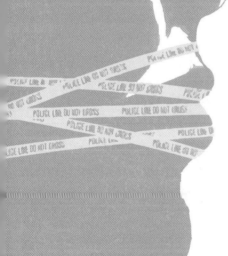

ERWIN LUTZER

CENTRO DE LITERATURA CRISTIANA

Colombia:
ventasint@clccolombia.com
editorial@clccolombia.com
Chile:
Cruzada de Literatura Cristiana
santiago@clcchile.com
Santiago de Chile
Ecuador:
Centro de Literatura Cristiana
ventasbodega@clcecuador.com
Quito
México:
www.clcmexicodistribuciones.com
direccion@clc-mexico.com
editorial@clccolombia.com
Panamá:
Centro de Literatura Cristiana
viaespana@clcpanama.net - 2298100
Panamá

Perú:
Jr. Pachitea 264
Lima, 15001 - +51 991914716
libreria1_clcperu@yahoo.com
Uruguay:
Centro de Literatura Cristiana
libros@clcuruguay.com
Montevideo
USA:
CLC Ministries International
churd@clcpublications.com
Fort Washington, PA
Venezuela:
Centro de Literatura Cristiana
distribucion@clcvenezuela.com
Valencia

EDITORIAL CLC
Diagonal 61D Bis No. 24-50
Bogotá, D.C., Colombia
editorial@clccolombia.com /www.clccolombia.com

No podrán silenciarnos *por Erwin Lutzer*

ISBN: 978-958-5163-38-6

Diseño técnico y edición: Editorial CLC
Impreso en Colombia- Printed in Colombia

Somos miembros de la Red Letraviva: www.letraviva.com

A todos los que están comprometidos a llevar la cruz de Cristo a un mundo necesitado y confundido y consideran la oposición como un honor—dedico este libro en oración a estos compañeros de viaje.

Entonces Jesús dijo a Sus discípulos: «Si alguien quiere venir en pos de Mí, niéguese a sí mismo, tome su cruz y que me siga. ²⁵ Porque el que quiera salvar su vida, la perderá; pero el que pierda su vida por causa de Mí, la hallará.

Mateo 16:24-25

Contenido

Por qué debería leer este libro
Dr. David Jeremiah

Recientemente, mientras estábamos sentados en la mesa del desayuno, le dije a mi esposa que sentía como si estuviera viviendo el proceso de desintegración o desestructuración de todas las naciones. Hablamos sobre el horror de ver las noticias cada noche y presenciar cómo nuestro país que amamos está siendo destruido ante nuestros ojos. ¿Cómo puede estar sucediendo esto? ¿Qué significa? ¿Hacia dónde nos está llevando? ¿Qué podemos hacer? Estas son las preguntas culturales que se están haciendo en casi cualquier lugar que visites hoy en día. Desafortunadamente, casi nadie está proporcionando respuestas. Pero Erwin Lutzer, en "No podrán silenciarnos", está respondiendo. Y lo que ha escrito sobre lo que está sucediendo en nuestras naciones es la explicación más completa, honesta y comprensible que he encontrado. Acepté escribir este prólogo porque creo que necesitas leer este libro, no solo las primeras páginas, sino cada página, cada párrafo, cada palabra.

Si pudiera, pondría "No podrán silenciarnos" en las manos de cada cristiano en América y el mundo. Pero ya está en tus manos, y quiero decirte por qué deberías leerlo. Este libro examina todos los problemas culturales que enfrentamos. Nada queda fuera. Aborda temas de diversidad, problemas raciales, de género, de justicia social, de medios de comunicación, de libertad de expresión y problemas arraigados en el socialismo y el marxismo. Lo más importante es que cubre temas relacionados con la iglesia y cómo está respondiendo a todo esto.

No podrán silenciarnos examina todo lo anterior y mucho más. Pero no solo los examina, sino que también los explica. ¿Por qué están sucediendo estas cosas? ¿Cómo llegamos a donde estamos sin notar hacia dónde nos dirigíamos? Recientemente hemos visto cómo turbas criminales han asolado nuestras ciudades, quemado edificios y declarado la guerra a la policía. Lo más preocupante ha sido el intento de estos alborotadores organizados de derribar también los valores morales y espirituales.

¿Por qué están haciendo esto? No es solo desobediencia civil aleatoria. Tampoco son protestas legales que salieron mal. Erwin Lutzer explica que detrás de este comportamiento destructivo está la determinación de los marxistas de destruir la historia para poder reemplazarla por una nueva "historia" marxista que se está inculcando en las mentes de nuestros niños desde el jardín de infantes hasta la universidad.

Estas turbas no están solo derribando monumentos, están tratando de destruir los cimientos mismos sobre los que se fundó nuestra sociedad. Ellos entienden que "quien controla el pasado controla el futuro". Este libro rastrea cada expresión cultural secular hasta sus raíces. Estas cosas no están sucediendo solo "por casualidad"; han sido orquestadas. No son eventos individuales aleatorios; son parte de una obertura cuidadosamente escrita y producida para la destrucción de la humanidad.

Finalmente, este libro no solo examina lo que está sucediendo y explica por qué está sucediendo. Nos exhorta a responder con firmeza. Lutzer pregunta: "¿Cómo vivimos valientemente en una cultura donde las personas que gritan más fuerte ganan el argumento? ¿Cómo vivimos durante un tiempo en el que el cristianismo se está transformando abiertamente para mezclarse más cómodamente en una cultura secularizada?" Aquí está la respuesta esperanzadora de Lutzer para ti, para mí y para todos los que invocan el nombre del Señor:

Quiero inspirarlos a tener el coraje de caminar hacia el fuego y no huir de las llamas. Dios nos ha traído a este momento cultural, y nuestro futuro no puede darse por sentado. Como se ha dicho, "En tiempos de engaño universal, decir la verdad es un acto revolucionario".

Quiero animarte a leer este libro con oración y cuidado. Tomar buenas notas, resaltar los pasajes clave, escribir en los márgenes. Y cuando finalmente hayas comprendido estas verdades en tu mente y corazón, ¡no te quedes callado!

Dr. David Jeremiah
Pastor Principal, Shadow Mountain
Community Church, El Cajón, CA
Fundador y Presidente,
Turning Point Ministries

La Sorprendente
Respuesta de Jesús

Los discípulos le hicieron a Jesús una pregunta interesante: "Señor, ¿son pocos los que se salvan?" (Lucas 13:23).

¿Acaso no todos nos hemos preguntado cuántas personas se salvarán y cuántas se perderán? Sabemos que al final habrá una multitud de redimidos de cada tribu y lengua y nación que nadie podrá contar (Apocalipsis 7:9). Pero esta multitud representa solo una fracción de la raza humana. Nos gustaría conocer números y porcentajes más específicos.

Jesús, como era su costumbre, no respondió la pregunta directamente. En su lugar, eligió dar una advertencia.

"Esfuércense por entrar por la puerta estrecha. Porque muchos, les digo, tratarán de entrar y no podrán. Cuando el dueño de la casa se haya levantado y cerrado la puerta, y ustedes comiencen a quedarse afuera y a llamar a la puerta, diciendo: 'Señor, ábrenos', él les responderá: 'No sé de dónde son'" (Lucas 13:24-25).

La misma verdad alarmante aparece en el Sermón del Monte. Jesús afirmó que muchos que esperaban ser salvos, de hecho, se perderían y que la puerta que lleva al reino celestial es estrecha; el camino a la destrucción es amplio y "muchos son los que entran por él" (Mateo 7:13). Claramente, más personas—muchas más personas—se perderán que las que se salvarán.

Sin embargo, hoy en día hay llamados para que los evangélicos transformen el cristianismo en una religión más inclusiva. Hay esfuerzos generalizados para hacer la puerta estrecha más amplia e incluso para afirmar la salvación de personas bien intencionadas de otras religiones. Los llamados cristianos progresistas promueven sus causas bajo la bandera del amor y la compasión. En el proceso, las duras verdades del cristianismo son redefinidas o ignoradas.

Permítanme ser claro: estoy en contra de una forma de cristianismo legalista que se aferra a la verdad sin compasión y a la rectitud sin humildad. Estoy en contra de una forma de cristianismo que juzga sin escuchar y ve las faltas de los demás sin ver las nuestras. Como pastor, mi corazón se rompe por aquellos que sufren, que están confundidos y que no saben a dónde acudir en busca de ayuda. Nuestras iglesias deben ser santuarios para los oprimidos, los abatidos y los solitarios. Deben ser hospitales para el alma.

Pero veo que gran parte del cristianismo contemporáneo se somete a la cultura en muchas áreas de la vida, especialmente en asuntos de sexualidad. Nos dicen que la única manera de hacer que el cristianismo sea atractivo es mover las fronteras, ser más inclusivos, más afirmativos. Temo que estamos permitiendo que la cultura influya en nuestro pensamiento e incluso en la crianza de nuestros hijos. Ya no estamos sometidos a "todo el consejo de Dios" (Hechos 20:27). Pensamos que debemos aceptar o ceder a la cultura para redimirla.

El pastor Alistair Begg contó una historia sobre cómo él y su esposa estaban conduciendo por una autopista cuando él comentó que el sol estaba poniéndose en la dirección equivocada. Por un momento, no supo cómo interpretar este extraño fenómeno, hasta que se dio cuenta de que se habían desviado y estaban en una autopista que iba hacia el este en lugar de hacia el sur. Hoy en día, muchas personas usan su propio juicio como punto de referencia; se sienten tan seguras de su dirección que son sordas a los llamados para reconsiderar su enfoque hacia la cultura. Están progresando por el camino equivocado.

Demasiadas veces, la compasión se usa para anular nuestro mejor juicio y aprobar estilos de vida impíos. Nos decimos a nosotros mismos que no damos testimonio de nuestra fe porque tememos ofender a alguien; permanecemos en silencio ante el declive político y moral porque queremos ser considerados amables y no legalistas o estrictos. No queremos que las personas sepan que el camino al reino es estrecho y que seguir a Jesús tiene un costo. El poeta cristiano Vasily Zhukovsky escribió: "Todos tenemos cruces que llevar y constantemente estamos probando diferentes para encontrar una que nos quede bien".[1]

Todos estamos tratando de encontrar una cruz más ligera.

Dedico este libro a aquellos que buscan defender la verdad y aun así ser amorosos, a aquellos que están dispuestos a ser identificados con la cruz de Cristo a pesar de la posible hostilidad y considerarlo un honor. Dedico este libro a todos los que están convencidos de que cómo somos percibidos en la tierra no es tan importante sino la manera en que somos percibidos en el cielo. Dedico este libro a todos los que creen que el día del compromiso superficial con el evangelio debe llegar a su fin.

> Debemos orar para que nuestra luz brille más intensamente que nunca en nuestro mundo cada vez más oscuro.

¿Serán pocos o muchos los que se salven? Jesús nos pide asegurarnos de estar en el camino estrecho, aunque no tenga tantos viajeros. No debemos pasar nuestro tiempo buscando una cruz más ligera. Alguien ha dicho que "un cristianismo sin valor es ateísmo cultural".

En este libro, resalto varias tendencias culturales que veo trabajando en nuestra contra, incluyendo el tema divisivo del racismo que domina gran parte de nuestro discurso nacional. También intento alentar a la iglesia a mantener su enfoque y comprender que el evangelio en el que creemos también tiene implicaciones sobre cómo vemos la cultura y cómo nos tratamos unos a otros. Y sin importar los vientos en contra, debemos seguir remando hacia la orilla celestial.

¡Qué privilegio tan especial es ser llamado a representar a Cristo en este momento crucial de la historia! Estamos llamados para servir en un tiempo como este. Y debemos orar para que nuestra luz, la luz de Cristo, brille más intensamente que nunca en nuestro mundo cada vez más oscuro.

Erwin Lutzer

¿CÓMO LLEGAMOS AQUÍ?

*Una encuesta sobre las fuerzas que buscan des
mantelar los valores fundamentales que* construyeron
la sociedad americana

La izquierda secular no cree que América pueda ser arreglada; dicen que debe ser destruida.

Sobre los escombros del pasado judeocristiano de América, emergerá una nueva América, que ellos dicen estará libre de pobreza, racismo y supremacía blanca. El objetivo de la izquierda secular es un futuro en el que todos sean iguales según sus términos y las disparidades del pasado solo se lean en los libros de historia. Aquellos que se resistan a esta visión utópica serán vilipendiados, acosados y avergonzados hasta que admitan los errores del pasado y abracen la gran esperanza de la izquierda secular para el futuro.

Tómese un momento para reflexionar sobre lo que ha sucedido en América en los últimos 20 años. Considere el currículo cada vez más explícito sexualmente en nuestras

escuelas públicas; escuche la retórica racial de los autopro-
clamados guerreros de la justicia social que están comprometidos a inflamar y propiciar la división racial; y observe
las nuevas leyes que obligan a las universidades cristianas a
comprometer su postura bíblica sobre el matrimonio y a
rendirse ante la agenda LGBTIQ.

¿Quién hubiera creído alguna vez que llegaría el día en
que los hombres afirmarían que también pueden dar a luz
y menstruar, y por lo tanto deben luchar por la "equidad
menstrual"? ¿O que se permitiría a *drag queens* leer cuentos de hadas a niños muy pequeños en bibliotecas públicas?
Este tipo de pensamiento y comportamiento sexualizado se
está propagando rápidamente en las naciones obsesionadas
con su exagerado énfasis en los derechos individuales para
unos pocos selectos, a expensas de los derechos de otros.

Es difícil incluso tener una conversación real sobre los muchos problemas sociales de nuestro tiempo, como las políticas
que abogan por la inmigración irrestricta (es decir una política en la que no existen restricciones ni limitaciones significativas para la entrada de personas a un país. En este contexto,
cualquier individuo puede inmigrar y establecerse en el país
sin enfrentar barreras legales o administrativas, tales como dinero, requisitos de visa, controles fronterizos estrictos, o criterios específicos de admisión) y las propuestas amplias para
combatir el cambio climático. O los problemas relacionados
con el racismo. Cuestionar simplemente los puntos de vista
de los radicales de izquierda secular sobre los problemas sociales es denunciado como odio, intolerancia y racismo.

A nosotros, los cristianos, se nos dice que, si queremos ser conocidos como buenos ciudadanos, debemos guardar nuestras opiniones anticuadas para nosotros mismos. Nos hacen sentir avergonzados de defender el matrimonio tradicional y la comprensión sana del género. Como ciervos atrapados en los faros, no sabemos muy bien qué hacer y si estamos dispuestos a pagar el precio de la fidelidad a las Escrituras. Nos avergonzamos y guardamos silencio.

Para resumir lo que dijo el Dr. Haddon Robinson: en el pasado, nosotros, como cristianos, siempre tuvimos la ventaja de "jugar de locales". Sabíamos que en la multitud había personas del otro equipo que estaban en contra de nosotros, pero la multitud más grande del estadio estaba o a nuestro favor o indiferente a nuestro testimonio como cristianos. Todo eso ha cambiado. Ahora jugamos todos nuestros partidos en terreno enemigo. Una minoría está de nuestro lado mientras que la cultura más amplia se sienta en las gradas gritándonos epítetos odiosos, regocijándose con nuestras derrotas. Y los de la élite en los palcos de lujo los aplauden.

¡Pero aquí está la buena noticia! ¡Alabado sea Dios que estamos en el campo de juego! E invitamos a todos los que están en la banca a unirse a nosotros para jugar los cuartos de final. Estamos más preparados para este momento de lo que nos damos cuenta.

Pero debemos entender mejor al equipo local que nos enfrenta.

La Sombra Creciente del Marxismo Cultural

Un poderoso flujo cultural ha alimentado este río de lo políticamente correcto —la restricción de la libertad de expresión, un mayor control gubernamental, un creciente conflicto racial y la hostilidad hacia el cristianismo—. A la cabeza de estos ataques contra los valores tradicionales estadounidenses se encuentra una forma de marxismo que se enseña ampliamente en muchas universidades y es asumida por las élites como la teoría que mejor explica las desigualdades de nuestra sociedad y nuestra mejor esperanza para curarlas.

Sí, increíble como pueda parecer, Karl Marx sigue gobernando desde la tumba.

Marx introdujo una teoría de supremacía estatal que necesitaba controles económicos y sociales que fueron impuestos en Rusia después de la revolución de 1917. Después de esta revolución, durante la cual millones de personas fueron asesinadas, el estado abolió la propiedad privada y se propuso llevar "igualdad" y "justicia" a un pueblo oprimido. La supremacía estatal necesitaba la supresión religiosa y la restricción de los derechos individuales.

Hoy enfrentamos lo que se conoce como *marxismo cultural*. No se impone a las personas en campos de batalla, sino que es una forma de marxismo que gana los corazones y mentes de las personas de manera gradual mediante la transformación gradual de la cultura. Abrumadas con promesas exageradas e ilusorias, las personas lo aceptan porque quieren; lo reciben con agrado porque están convencidas de sus "beneficios". Promete "esperanza y cambio", igualdad de ingresos, armonía racial y justicia basada en valores seculares en lugar de la moral judeocristiana. Se conoce por profesar la inclusión en lugar de la exclusión y promover la libertad sexual en lugar de lo que ellos consideran la ética sexual restrictiva de la Biblia. No está sofocado por supuestas tradiciones religiosas estrechas, sino que defiende ideas progresistas que se consideran dignas de un futuro ilustrado. Promete "justicia social", un término con diversos significados que discutiremos más adelante en este libro.

Los marxistas culturales han capturado cinco instituciones culturales: la vida social, política, educativa, religiosa y, lo más importante, la vida familiar de las naciones. Y al observar lo que está sucediendo en nuestra cultura, podemos decir que están teniendo éxito de maneras alarmantes, —todo en nombre del progreso.

Para interpretar mejor lo que está sucediendo en nuestra cultura, debemos comprender más sobre Marx mismo y su visión original. Él sabía que ciertos pilares fundamentales debían ser derribados antes de que una nación pudiera reconstruir una nueva cultura económica, racial y moral.

La Destrucción de la Familia Nuclear

Parándose en el camino de estos cambios está la familia nuclear con un padre, una madre y los hijos. Marx enseñó que las familias basadas en la ley natural y los valores judeocristianos engendran desigualdad y se alimentan de la codicia y la opresión sistémica. Tales familias debían ser desintegradas o desestructuradas si se quería realizar la visión marxista de la igualdad. (En la historia legal, la ley natural significa principios divinos impuestos en la creación que rigen su funcionamiento, incluido el de los seres humanos, de modo que la obediencia trae beneficios mientras que la desobediencia trae consecuencias.)

Una razón por la que la familia nuclear es un obstáculo para el marxismo es debido a la tendencia de que los hijos de los ricos hereden riqueza y los hijos de los pobres transmitan su pobreza. Marx estaba decidido a cambiar esto. La solución: si el estado poseía toda la riqueza, podría distribuirse de manera más equitativa entre todos sus ciudadanos. También desaparecerían los salarios desproporcionados y las oportunidades económicas desiguales.

Frederick Engels, quien junto con Karl Marx escribió *El Manifiesto Comunista*, dijo que la familia nuclear monógama surgió solo con el capitalismo. Antes del capitalismo, las sociedades tribales eran sin clases, los niños y la propiedad eran propiedad comunitaria, y las personas disfrutaban de la libertad sexual. Los marxistas afirmaron que las restricciones que limitaban la intimidad sexual a una relación entre hombre y mujer dentro del pacto matrimonial fueron inventadas por la religión para mantener el dominio de los hombres. La creencia en Dios y la Biblia, con su enseñanza sobre instituciones sociales como el matrimonio, fue la fuente de múltiples formas de opresión.

Y hay más.

En el marxismo, la familia es percibida como una unidad en la que las esposas son suprimidas por sus esposos y los hijos son suprimidos por sus padres. Estos conglomerados de opresión deben ser desestructurados; las madres tienen que abandonar sus hogares y unirse a la fuerza laboral. Entonces, como lo expresó Marx, "Cualquiera que sepa algo de historia sabe que los grandes cambios sociales son imposibles sin el fermento femenino.

El progreso social puede medirse exactamente por la posición social del sexo justo (incluidas las feas)". Por lo tanto, se dice que el "fermento femenino" o la liberación femenina es la clave para liberar a la familia de múltiples formas de opresión y del patrón capitalista de transmitir la riqueza de una generación a otra. Se debe alentar a las madres a abandonar a sus hijos para que otros los críen; después de todo, las madres que se quedan en casa viven en servidumbre hacia sus esposos y están satisfechas de manera demasiado fácil. Si sus quejas, muchas de las cuales son legítimas, pueden ser explotadas, entonces estarán dispuestas a reprimir sus instintos maternales y salir de casa para unirse a la fuerza laboral. Esto puede venderse como un paso hacia la liberación y la igualdad.

Los marxistas creen que uno de los beneficios de que las madres se unan a la fuerza laboral es que sus hijos deben entonces asistir a centros de cuidado diurno y escuelas patrocinadas por el estado donde se les puede enseñar sobre los errores del creacionismo, la iglesia y, por supuesto, la Biblia. También se puede adoctrinar a los niños sobre los males del capitalismo y los beneficios del socialismo y la "igualdad económica". Para que esto se convierta en realidad, la educación de los niños debe ser sacada de las manos de los padres y entregada al estado.

Las garantías gubernamentales están diseñadas para crear una dependencia del estado que es esencial para que el marxismo prospere. Aquí en América, un impulso a esa dependencia creció cuando se crearon billones de dólares electrónicamente para los auxilios gubernamentales masivos en medio de la pandemia de COVID-19. En el futuro, podemos esperar más peticiones para lograr mayor intervención gubernamental, mayor control estatal y una mayor redistribución de recursos. Hasta el momento de esta escrito, por ejemplo, el gobierno de EE. UU. no ha tomado el control de las empresas de la nación, pero se está aceptando e incrementando gradualmente la marcha hacia una visión socialista de la economía.

El marxismo propone que sea el gobierno el que tome un control permanente de la economía de una nación y proporcione seguridad financiera con beneficios desde la cuna hasta la tumba. La atención médica, un salario garantizado y controles de precios, matrícula universitaria gratuita y un retiro cómodo garantizado son todos parte de su agenda más amplia. El marxismo propone una economía planificada por el gobierno y, al final, dice que los derechos estatales deberían suplantar los derechos dados por Dios.

La opresión es la clave de la historia

Entonces entra en escena la victimología.

Los marxistas saben que necesitan explotar las quejas existentes y, a menudo, muy reales, del proletariado (la clase trabajadora) y, sí, incluso las quejas de las madres oprimidas en sus hogares. A las mujeres se les dice que son víctimas: víctimas del pasado, de las normas sociales, de las tradiciones y de los hombres. Solo el victimismo las hará estar dispuestas a romper con su pasado judeocristiano e ingresar al ideal marxista de un mundo donde todos sean iguales. Si las madres quieren alcanzar su potencial, deben rechazar los roles tradicionales restrictivos y demostrar su igualdad ganándose la vida y disfrutando de la prosperidad que traerá un estado marxista.

Como se mostrará en un capítulo posterior, este énfasis en el victimismo también se aplica a la raza, no con la intención de lograr la reconciliación, sino más bien para mantener a las razas en conflicto entre sí. La agitación, con diversas facciones luchando entre sí, es necesaria para el objetivo mayor de llevar a cabo una revolución cultural que desestabilice el orden existente y dé paso a una nueva era de control gubernamental y a los valores marxistas. Se hacen demandas imposibles para obstaculizar el progreso en las relaciones raciales en lugar de buscar puntos en común y soluciones de sentido común.

Debemos comprender que Marx tenía razón al señalar que la opresión existe, a menudo de formas horribles. Pero sus soluciones son completamente equivocadas y destructivas. Al ubicar el problema únicamente como la opresión sistémica externa entre clases y al ignorar la doctrina bíblica del pecado original y la responsabilidad individual, envió a sus seguidores por un camino de conflicto interminable y no resuelto.

Históricamente, cuando el marxismo ha obtenido victorias, lo ha hecho a expensas de millones de vidas y luego ha establecido su propio sistema de opresión, un sistema con una opresión mucho peor que la que prometía aliviar.

Más adelante en este libro, discutiremos en más detalle tales fracasos.

Muchas personas que no saben nada sobre Karl Marx, sin embargo, promueven una agenda marxista. Por ejemplo, en lugar de simplemente insistir en la justicia en la aplicación de la ley y eliminar a los "malos policías", el movimiento busca desactivar por completo la fuerza policial para desestabilizar el orden social existente; saben que la anarquía es un paso importante hacia la destrucción del capitalismo y de la cultura occidental.

Los marxistas insisten en que las escuelas deben cambiar sus planes de estudio para reflejar esta visión alternativa de la sociedad. Se deben rechazar las obras escritas por escritores occidentales, se debe normalizar el comportamiento extraño, la necesidad de que el socialismo debe ser enfatizado, y las opiniones contrarias deben ser avergonzadas. La esperanza es que las futuras generaciones, controladas por lo políticamente correcto y políticos pro marxistas, abracen la visión marxista. La liberación de tabúes sexuales, roles de género tradicionales y la ley natural resultará en igualdad racial y económica que eventualmente liberará a una población complaciente y oprimida.

Una vez que sus líderes estén a cargo, estas reformas serán implementadas. Y hoy en día existen organizaciones dedicadas a esta agenda. Todos estamos de acuerdo en que las vidas negras importan; de hecho, todas las vidas negras importan, pero la organización que se formó utilizando este lema oculta su verdadera agenda, la cual está impulsada por ideologías marxistas. Por ejemplo, su sitio web dice: "Desintegramos la estructura de familia nuclear prescrita por Occidente al apoyarnos mutuamente como familias extendidas y 'aldeas' que se cuidan colectivamente... Fomentamos una red afirmativa de LGBTIQ+". Y uno de sus cofundadores admitió: "Somos marxistas entrenados". Obviamente, la organización *Black Lives Matter* (BLM) no habla en nombre de todos los afroamericanos, pero después del brutal asesinato de George Floyd, ha ganado un amplio apoyo nacional y político. A aquellos que no la apoyan, frecuentemente se les denuncia como racistas. Se exigen varios cambios en nombre de la igualdad y la justicia, términos que discutiremos más adelante en este libro. Mientras tanto, detengámonos un momento para rastrear la influencia de alguien que ayudó a desmantelar la estructura familiar.

Margaret Sanger Avanza la Agenda

Margaret Sanger, influenciada por los ideales del marxismo cultural, fue una revolucionaria que pretendía transformar la familia estadounidense para cambiar el mundo. En marzo de 1914, lanzó un periódico llamado *The Woman Rebel* (La Mujer Rebelde), que promovía la anarquía moral y política. Su lema era "No Dioses, No Amos". En el periódico elogiaba las virtudes de la maternidad de la mujer soltera, la anticoncepción, y afirmaba que las mujeres tenían derecho a enfrentarse al mundo "con una mirada desafiante en los ojos; a tener un ideal; a hablar y actuar desafiando lo convencional".

En su libro de 1920 Mujeres y la Nueva Raza, predijo que la rebelión de las mujeres remodelaría el mundo. Ella creía en la evolución y que aquellos aptos deberían tener más hijos que los no aptos. Se esforzó por liberar a las mujeres afirmando la "libertad reproductiva", lo que les daría la capacidad de ser promiscuas y aun así decidir si querían tener hijos o no. "Así como el control de la natalidad es el medio por el cual la mujer alcanza la libertad básica, también es el medio por el cual debe eliminar el mal que ha causado mediante su sumisión".

No pierdas de vista lo que dijo: Una mujer debe superar "el mal que ha causado mediante su sumisión". En otras palabras, la sumisión a su esposo era malvada; quedarse en casa para criar hijos era servidumbre. El hogar ya no consistiría en un padre, una madre y niños. La liberación significaba igualdad de roles, igualdad de ingresos e igualdad de libertad sexual. Los roles bíblicos del matrimonio y la fe en Dios fueron considerados obsoletos y perjudiciales.

La ilegitimidad serviría bien a la causa marxista porque los hijos ilegítimos serían menos propensos a estar dedicados a sus hogares y sus padres o iglesia. Los niños sin raíces familiares pueden ser dirigidos más fácilmente hacia los valores seculares y los beneficios estatales. El estado puede hacer por ellos lo que sus padres no hicieron. Liberada de las restricciones de la fidelidad sexual, unido a las promesas de igualdad de ingresos, la sociedad finalmente podría ser liberada.

A partir de estas premisas básicas, floreció el feminismo, así como también el aborto, la revolución sexual, los matrimonios homosexuales y, más recientemente, la euforia transgénero. Increíblemente, en 1969, Judy Smith, miembro de Estudiantes por una Sociedad Democrática, predijo nuestro futuro cuando escribió: "Nosotras en la Liberación de la Mujer negamos cualquier diferencia inherente entre hombres y mujeres... Todos estamos atrapados por la sociedad que creó nuestros roles. Estamos cuestionando los ideales de matrimonio y maternidad... [y] la misma sociedad que ha creado estos roles y valores debe ser cuestionada".

La ley natural, por supuesto, tendría que ser abandonada en esta búsqueda de igualdad. Esta búsqueda se convertiría en el mantra predominante que llevaría a la destrucción de la familia, tan necesaria para lograr la visión marxista. Hoy en día, sabemos que esa misma búsqueda de igualdad ha llevado a la noción de que dos hombres o dos mujeres pueden tener relaciones sexuales y estas "uniones" deben ser normalizadas. Y sí, dos hombres homosexuales pueden adoptar y cuidar a un bebé tanto o mejor que una madre y un padre tradicionales.

La doctrina de que hombres y mujeres son iguales en todos los aspectos (de hecho, ahora nos dicen que incluso un hombre puede dar a luz a un hijo) es ahora un artículo de fe que impregna las mentes de muchos progresistas. Aquellos que celebran las diferencias entre feminidad y masculinidad se dice que están pasados de moda y desconectados del mundo como se supone que debería ser. Están "en el lado equivocado de la historia".

Ay de aquellos que desafían la ortodoxia de que los roles y aptitudes de hombres y mujeres son intercambiables. Incluso en 2005, en una reunión académica, al presidente de la Universidad de Harvard, Larry Summers, se le preguntó por qué tan pocas mujeres habían recibido la tenencia en matemáticas y ciencias duras (n. del t.: esto es un contrato de trabajo permanente otorgado a los profesores que proporciona seguridad laboral y protege la libertad académica). Summers tuvo la osadía de decir que la razón podría ser debido a las habilidades variables de hombres y mujeres. "En el caso especial de la ciencia y la ingeniería, hay problemas de aptitud intrínseca, y particularmente de la variabilidad de la aptitud... estos pueden causar la diferente disponibilidad de aptitud en el extremo alto".[8]

Se encendió la mecha.

Nancy Hopkins, profesora de biología del MIT, quien escuchó el comentario, dijo: "Mi corazón latía con fuerza y mi respiración se aceleró... Simplemente no podía respirar porque este tipo de prejuicio me hace enfermar físicamente ".

Continuó diciendo que, "si no hubiera salido de la habitación, "me habría desmayado o vomitado".

Más tarde, Summers fue sometido a votación como persona "no confiable" y obligado a renunciar a su trabajo. Hasta donde yo sé, nadie ha presentado datos concretos que hayan demostrado que estaba equivocado. Pero como veremos más adelante en este libro, cuando se trata de marxismo cultural, la ciencia, la historia, la biología y la razón deben ser descartadas para mantener las ortodoxias actuales. La libertad de expresión y las opiniones diversas están estrictamente prohibidas, o de lo contrario...

El movimiento trans (que también analizaremos más adelante en este libro) ha roto aún más las distinciones de género y ha introducido toda una nueva gama de opciones de género. Y como veremos, la razón, la civilidad y la ciencia serían nuevamente descartadas a favor de la visión marxista de una sociedad sin clases y sin género.

Y aún no hemos llegado al final. Se cruzarán nuevas barreras, se desarrollarán nuevas ideologías y se adoptarán nuevas leyes que se espera que los cristianos "acepten complacientes".

Esto es lo que llaman el progreso; pero desde una perspectiva bíblica, es un progreso que va en la dirección equivocada.

Los Beneficios del Movimiento de las Mujeres

Este es un buen momento para decir que no todos los cambios provocados por el movimiento de las mujeres han sido negativos. Es difícil para algunos de nosotros darse cuenta de que, aunque ciertos estados ya habían otorgado a las mujeres el derecho al voto, la Decimonovena Enmienda, que codificó ese derecho, fue adoptada en 1920, casi 150 años después de que Estados Unidos se convirtiera en una nación. En 2020, celebramos el centenario de este hito. Como muchas de las reformas para mejorar las condiciones de las mujeres, consideramos que este derecho se retrasó mucho.

Las mujeres que se unen a la fuerza laboral deberían recibir igual salario por trabajo igual. Y estamos de acuerdo en que las mujeres a menudo han sido víctimas no solo de sus esposos, sino también de sus empleadores y otras personas en la sociedad. Ciertamente, el movimiento *#MeToo*, aunque a veces mal utilizado, estaba muy atrasado.

Me regocijo porque muchos hombres lascivos finalmente estén siendo responsabilizados por su abuso hacia las mujeres. Afortunadamente, la iglesia está despertando a la realidad de que en muchos hogares hay abuso también y que no debe ser pasado por alto ni tolerado en manera alguna. Es hora de que las mujeres tengan voz. Y nosotros, como cristianos, deberíamos escucharlas.

La Biblia enseña que los géneros son iguales en valor, aunque diferentes en roles. El mandato de la creación específica roles únicos y complementarios para hombres y mujeres en lo que respecta al matrimonio y la familia. La naturaleza exacta de estos roles ha sido y sigue siendo motivo de debate, pero está claro que las madres y los padres deben criar a sus hijos juntos. Lo ideal, desde el punto de vista bíblico, es que el padre trabaje y provea mientras la madre cuida y nutre a los niños, pero con las significativas presiones económicas de hoy y en el caso de padres solteros u otras situaciones familiares difíciles, eso no siempre es posible.

Hubo un tiempo en el que aquellos que deseaban seguir el patrón bíblico podían hacerlo pacíficamente, pero hoy en día, aquellos que buscan adherirse a este ideal son ridiculizados.

Los Medios de Comunicación: Liderando la Cultura

La Agenda
Los medios de comunicación no solo *reflejan* la cultura, sino que también la dirigen; están a la vanguardia y se espera que los sigamos.

No debería sorprendernos que el foco de la revolución marxista cultural se centre en el sexo, el género y la raza. Después de todo, estos temas desempeñan roles dominantes en nuestras vidas y son especialmente impresionables en los jóvenes. La sexualidad promete placer y realización; sus sentimientos trascendentes de conexión y valor son la fuente de esperanza y fantasía perdurables. Es la base de nuestra identidad como hombres o mujeres. La sexualidad nos otorga el privilegio y la responsabilidad de la reproducción y la garantía de las generaciones futuras. Todos somos seres sexuales.

Sin embargo, si la enseñanza bíblica sobre el matrimonio puede ser redefinida, entonces el orden social puede ser transformado. Los activistas homosexuales aprendieron desde temprano que el avance de su agenda puede lograrse mediante la intimidación, las amenazas y, cuando sea necesario, la violencia. Pero su agenda también puede presentarse como el más alto terreno moral al cubrirla con el lenguaje del amor, la aceptación y la inclusión. Al hacer esto, los activistas enfatizan la palabra que los marxistas culturales usan repetidamente: *igualdad*.

El Poder de las Imágenes Mediáticas

Puede que te lo hayas perdido, ¡yo ciertamente lo hice! Pero si hubieras visto la 56ª entrega de los Premios Grammy el 26 de enero de 2014, habrías escuchado la canción "Same Love" cantada como una oda a las relaciones del mismo sexo. Después, Queen Latifa invitó a 33 parejas diversas al escenario: homosexuales, heterosexuales, multiculturales y multirraciales. Se les pidió que intercambiaran anillos y ella los declaró legalmente casados mientras "los contornos blancos en el fondo estallaban en un arcoíris de colores, brillando como las ventanas de una catedral".

Madonna entró al escenario para cantar "Open Your Heart" mientras las parejas se abrazaban, lloraban y cantaban junto con la multitud que se levantaba en ovación. Luego, un coro cantó las palabras iniciales de 1 Corintios 13, intercalándolas con el estribillo de Mary Lambert de "*She Keeps Me Warm* (ella me mantiene caliente)". Por supuesto, esto fue un ataque contra la prohibición bíblica de las relaciones del mismo sexo. Como describió Robert P. Jones, "Fue un desafío directo a la oposición religiosa a los derechos de los homosexuales presentado frente a 28.5 millones de espectadores estadounidenses en una noche de domingo".

Esa noche, casi 30 millones de estadounidenses vieron lo que parecía ser una exhibición de amor que claramente intentaba burlarse de la moral cristiana. Sin importar las implicaciones para la familia o la sociedad en general.

En una de las letras, la Biblia fue catalogada como un libro obsoleto, escrito hace mucho tiempo, sin embargo, el mismo libro fue convenientemente abrazado al enfatizar sus referencias al amor. Esto sirve como un maravilloso ejemplo de cómo la cultura actual cree que puede seleccionar las partes de la Biblia que les gustan y desechar las partes que no. Esa mentalidad es un peligro para todos nosotros.

Los medios de comunicación tradicionales son los servidores de la revolución sexual. Nunca, bajo ninguna circunstancia, expondrán el lado oscuro del movimiento homosexual: su compromiso con la sexualidad desenfrenada, sus relaciones físicas antinaturales y el profundo arrepentimiento y confusión que existen entre aquellos que quieren dejar las relaciones del mismo sexo o han tenido cirugía de reasignación de género. Estos mismos medios no quieren presentar los beneficios de la ley natural y por qué es preferible la familia tradicional.

De hecho, programas de televisión como *Will and Grace* han entretenido a la cultura secular al retratar a aquellos que se oponen a las relaciones del mismo sexo como personas intolerantes, desinformadas y desagradables. *Modern Family (La familia moderna,* un programa de comedia familiar reciente en EEUU) que tuvo un exitoso ciclo de 11 años en televisión, buscó destruir cualquier vestigio de la familia tradicional con guiones ingeniosos y buen humor. ¿Quién podría objetar que dos hombres que están enamorados tengan relaciones sexuales? ¿Acaso no necesitamos más amor, y no menos?

La revolución sexual no es el único desafío al que se enfrenta la iglesia hoy, pero ciertamente es uno de los más importantes. En este libro abordaremos la justicia social, el racismo, el socialismo, la propaganda y cosas por el estilo. Pero la presión para aceptar la transformación sexual de nuestra sociedad está en nuestra puerta. O más precisamente, ha invadido nuestros hogares.

La elección sombría que enfrentamos

¿Confrontaremos estos hechos o comprometeremos nuestras creencias?

Robert P. Jones, en su libro "El Fin de la América Cristiana Blanca", describe el desafío que enfrentan los cristianos conservadores:

> Lo que está en juego no es solo el resultado de debates políticos. El futuro mismo de los grupos religiosos conservadores depende de cuán dispuestos estén a navegar desde los márgenes hacia la nueva corriente principal... Alejarse de una fuerte oposición al matrimonio entre personas del mismo sexo desencadenaría una profunda crisis de identidad y podría arriesgar la pérdida del apoyo de su base actual, aunque envejecida. Por otro lado, negarse a reevaluar podría relegar a los grupos religiosos conservadores a la irrelevancia cultural y al declive continuo, a medida que más y más jóvenes abandonan la iglesia.[12]

Básicamente, Jones está diciendo que aquellos que se adhieren a las enseñanzas bíblicas sobre el matrimonio parecen ser forzados "a la irrelevancia cultural", y la prueba de esto es la disminución de la asistencia a la iglesia a medida que la generación más joven abandona la iglesia. En la cita anterior, Jones nos presenta el desafío al que se enfrentan los cristianos de hoy.

Los secularistas no se contentan con el simple "vive y deja vivir". Tampoco están satisfechos con el pluralismo y el intercambio de ideas. No buscan simplemente ser iguales, sino dominar. Aquello que alguna vez fue condenado no debe simplemente ser tolerado, debe ser celebrado. Y aquello que alguna vez fue celebrado ahora debe ser condenado. Solo entonces estos "cruzados" verán que su visión de la utopía se hace realidad. Su objetivo es la capitulación total de la cultura ante *su punto* de vista. Las voces disidentes son avergonzadas para que se sometan o se silencien.

Algunos creen que, si la iglesia no se une a la agenda de las relaciones del mismo sexo, sus escuelas tendrán que cerrar y la iglesia se volverá obsoleta. Ya las universidades cristianas enfrentan presiones legales y económicas para revisar sus posturas bíblicas, especialmente en cuestiones sexuales.

Entonces, ¿debemos elegir unirnos a la revolución para no quedarnos obsoletos? Eso es lo que dicen algunos expertos. Se nos advierte que, si como iglesia no nos inclinamos ante las poderosas corrientes culturales de nuestra era, nos encontraremos convertidos en una reliquia en un museo cultural, un objeto de curiosidad histórica sin ninguna influencia y sin voz.

La otra posibilidad es defender el cristianismo histórico y bíblico y enfrentar las consecuencias. ¿Estamos preparados para la tarea?

La Iglesia Silenciosa

Ha llegado el momento de que la iglesia tome la delantera y ocupe la posición moral elevada.

Nosotros, los que hemos sido testigos de la rápida transformación de nuestros países, nosotros, los miembros de la iglesia de Cristo, hemos permanecido extrañamente en silencio. Y con buena razón. Para nuestra vergüenza, tenemos miedo de la izquierda secular. Tememos ser malinterpretados por la prensa, vilipendiados por los grupos de interés especial y amenazados por los radicales. No hay alegría en ser llamados racistas, odiosos, intolerantes, homofóbicos o acusados de imponer nuestras creencias religiosas a los demás.

Personalmente, me alegra que rara vez, si es que alguna vez, se me haya pedido comentar sobre estos asuntos en la televisión secular. En 1982, formé parte de un grupo de pastores de Chicago que celebraron una conferencia de prensa para protestar contra una ordenanza gay que estaba siendo debatida en el ayuntamiento. Experimentamos las críticas habituales y, al final, perdimos nuestra batalla. Más tarde, una de nuestras secretarias en la Iglesia Moody recibió una llamada telefónica destinada a mí. El interlocutor quería recordarme que habíamos perdido y que ellos habían ganado. Me reprendió por involucrarme en la refriega. A nosotros, los cristianos, se nos ha dicho que nos quedemos en nuestro rincón, que rindamos homenaje a la revolución de la izquierda y, como mucho, que mantengamos la boca cerrada.

Cuando escribí un libro sobre *La Verdad Sobre el Matrimonio entre Personas del Mismo Sexo,* manifestantes llegaron a los escalones de la Iglesia Moody y gritaron maldiciones mientras destrozaban una copia del libro. Uno de los manifestantes gritó: "Me gustaría arrojar un ladrillo por una de las ventanas".

¿Quién necesita este tipo de publicidad?

Hay otra razón por la que hemos guardado silencio. Queremos ser amables, acogedores y centrados en la gracia. Queremos presentar a Jesús como Salvador, al mayor número posible de personas. Si lo que decimos y creemos sobre la agenda de la izquierda secular se hace público, se nos llamará odiosos, negadores de la gracia y legalistas. Seremos examinados y cualquier pequeña ofensa se magnificará. No podemos gritar tan fuerte como los radicales, ni deberíamos hacerlo. Así que nos retiramos al silencio.

Se espera que nosotros, como evangélicos, nos quedemos en nuestros pequeños cubículos y nos mantengamos al margen de los problemas que conciernen a la cultura secular. Hablar más allá de los límites aprobados por la izquierda conlleva humillación y vilipendio. Como me dijo un ateo: "La iglesia está bien siempre y cuando se quede en su rincón".

Escribo este libro con el corazón apesadumbrado. Nunca antes me había sentido tan parecido a Josafat, quien convocó un ayuno cuando varias huestes enemigas viciosas se unieron y vinieron contra Israel. Oró una oración desesperada de arrepentimiento, suplicando a Dios y diciendo: "No tenemos fuerzas para hacer frente a este inmenso ejército que viene contra nosotros. No sabemos qué hacer, pero nuestros ojos están puestos en ti" (2 Crónicas 20:12). Pero cuando el coro comenzó a cantar alabanzas a Dios, ganó la victoria.

Claramente, el Dios soberano que conoce todas las cosas y planea todas las cosas nos ha preparado para este momento. Estamos más listos de lo que nos damos cuenta para representar a Cristo en nuestra cultura fragmentada. Puede que no sepamos exactamente qué hacer, pero decimos con Josafat "nuestros ojos están puestos en ti".

El Propósito de Este Libro

¿Cómo vivimos con valentía en una cultura donde las personas que gritan más fuerte ganan el argumento? ¿Cómo vivimos en una época en la que el cristianismo se está remodelando abiertamente para mezclarse más cómodamente en una cultura secularizada? ¿Cómo luchamos contra injusticias legítimas cuando se nos pide que nos arrodillemos ante una agenda destructiva más amplia?

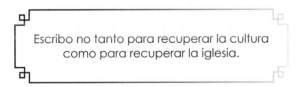

Escribo no tanto para recuperar la cultura como para recuperar la iglesia.

El propósito de este libro no es inspirarnos a "recuperar América". No tenemos ni la voluntad ni la influencia para revertir las leyes de matrimonio entre personas del mismo sexo ni para detener la obsesión de la cultura por destruir las normas sexuales y borrar nuestra historia compartida.

Es muy improbable que alguna vez logremos revertir las leyes que restringen la libertad religiosa en el ejército o devolver el control de la educación pública a los padres en lugar de a las juntas escolares que adoptan con orgullo el currículo más reciente "liberalizado sexualmente". Hemos cruzado demasiadas líneas de conflicto; demasiadas barreras han demostrado ser demasiado débiles para resistir las corrientes culturales impulsadas por los medios de comunicación que han inundado nuestras naciones. Los radicales saben cómo hacer que ellos mismos se vean bien y hacer que los cristianos se vean mal.

Escribo no tanto para recuperar la cultura como para *recuperar la iglesia*. Este libro tiene varios propósitos. Lo más importante, quiero inspirar a la iglesia a resistir valientemente las presiones de nuestra cultura que buscan comprometer nuestro mensaje y silenciar nuestro testimonio. Este no es un momento para escondernos detrás de las paredes de nuestras iglesias, sino más bien para prepararnos a nosotros y a nuestras familias para enfrentarse valientemente contra un futuro ominoso que ya está sobre nosotros. Debemos interactuar con grupos e individuos, dando "razón de la esperanza que hay en nosotros", y hacerlo con "mansedumbre y reverencia" (1 Pedro 3:15).

Escribo este libro para cualquiera que tenga la carga de "fortalecer lo que queda", como Jesús le dijo a la iglesia en Sardis (Apocalipsis 3:2). Escribo este libro para que las familias sepan a qué se enfrentan sus hijos en las escuelas públicas, universidades y en la cultura en general.

Escribo este libro con la esperanza de que permanezcamos fuertes y defendamos con gozo "la fe que ha sido una vez dada a los santos" (Judas 3). Debemos separar lo verdadero de lo falso y la realidad de las ilusiones impulsadas por el deseo.

Lo más importante, este libro también es un llamado a la oración acompañado de un profundo arrepentimiento. Este es un momento como el de Daniel, en el que invocamos a Dios, confesando nuestros pecados y los pecados de nuestras iglesias y nación. No podemos avanzar solo con palabras, sino con nuestras acciones, nuestra determinación y una renovada dependencia de Dios. Este libro está destinado a clarificar las amenazas que enfrenta la iglesia hoy en día, pero esta información no tendrá valor sin un deseo sincero de buscar desesperadamente a Dios con la obediencia y compasión correspondientes.

Los estadounidenses están gastando $2.1 mil millones en el "mercado de servicios místicos espirituales" tratando de encontrar significado al mirarse a sí mismos, intentando escuchar una voz del cielo que les dé alguna esperanza y dirección.[13] Si pensamos que podemos luchar contra esta cultura engañada ganando la guerra de las ideas, estamos equivocados. Las mejores ideas no ganan muy a menudo en una cultura obsesionada con promesas utópicas vacías.

Es vital para nosotros entender que detrás de los titulares hay una batalla espiritual furiosa que solo puede ser confrontada con oración y arrepentimiento, seguido de acciones acordes con ese arrepentimiento. Solo entonces podemos esperar ser una voz poderosa en este mundo.

Soy escéptico sobre nuestra disposición para enfrentarnos a los vientos en contra que enfrentamos. Somos tan parte de nuestra cultura que puede ser difícil para nosotros saber por dónde empezar en nuestra resolución de mantenernos firmes.

Somos como un pez que nada en el océano preguntándose dónde está el agua. Tal vez hemos perdido nuestra capacidad de aborrecer el pecado, ya sea nuestro propio pecado o el pecado prevalente en nuestra cultura.

Una avispa, un cuchillo y un horrendo descubrimiento

En uno de los ensayos de George Orwell se nos ofrece una imagen gráfica de la perdición humana. Este describe una avispa que estaba "chupando mermelada en mi plato, y la corté por la mitad. No prestó atención, simplemente continuó con su comida, mientras un pequeño chorro de mermelada goteaba de su esófago seccionado. Solo cuando intentó volar comprendió la terrible cosa que le había sucedido. Lo mismo ocurre con el hombre moderno."

Todo podría parecer normal entre nosotros. Tenemos nuestras casas, nuestras vocaciones y nuestros salarios. Como la avispa, estamos contentos porque aún tenemos elecciones, aún tenemos tribunales. Aún tenemos un congreso y un presidente. Todavía podemos predicar el evangelio en nuestras iglesias. Pero recientemente hemos enfrentado una pandemia de salud, una crisis económica y un conflicto racial intensificado en medio de disputas políticas y una mayor polarización. El lado oscuro de nuestra nación está siendo devorado y, como la avispa de Orwell, podríamos no reconocer nuestra verdadera condición hasta que despertemos y nos demos cuenta de que nuestras alas han sido cortadas. La América que creíamos conocer ya no existe. Y nuestras iglesias han aceptado estos cambios con un simple quejido.

Estamos en una tormenta de fuego por el futuro del mundo. Pero más importante aún, estamos en una tormenta de fuego dentro de nuestras iglesias, algunas de las cuales ya han sustituido la cultura en lugar del evangelio. Quiero inspirarnos a tener el valor de caminar hacia el fuego y no huir de las llamas. Dios nos ha llevado a este momento cultural, y nuestro futuro no puede darse por sentado. Como se ha dicho: "En una época de engaño universal, decir la verdad es un acto revolucionario."

> Solo el arrepentimiento y la fe nos permitirán resistir los vientos culturales que soplan en contra.

Determinemos que no seremos avergonzados hasta el silencio o la inacción. Hablaremos, y al igual que Sadrac, Mesac y Abednego en el libro de Daniel, resolvamos que no nos inclinaremos ante el sistema.

El Diseño y Lenguaje de Este Libro

Al hojear el índice al principio de este libro, verás que los próximos ocho capítulos tratan sobre cómo la izquierda cultural busca rehacer América. Cada capítulo termina con una palabra personal sobre nuestra respuesta como creyentes a estos ataques morales y espirituales.

El último capítulo está basado en las palabras de Jesús a la iglesia en Sardis: "¡Despierta! Fortalece lo que queda" (ver Apocalipsis 3:2). Esto, creo, es lo que Jesús está diciendo a la iglesia hoy.

En la mayoría de los casos, prefiero usar el término *secularismo radical* en lugar de la izquierda radical debido a las implicaciones políticas de este último. Mis preocupaciones no son realmente sobre la derecha o la izquierda políticamente, sino sobre las transformaciones culturales que se nos imponen desde una variedad de puntos de vista políticos. Mi preferencia, entonces, es usar el término *secularistas radicales*, u otro término familiar, *humanistas*. Cuando utilizo el término izquierda radical, es porque en esos casos lo veo como intercambiable con los otros dos términos. Las filosofías y actitudes subyacentes defendidas por los secularistas radicales son tan dominantes en nuestra sociedad que deben ser identificadas y vistas como una amenaza a nuestras libertades y la fortaleza de nuestras iglesias.

Gracias por acompañarme en este viaje. Oro para que te informes mejor, te sientas más desafiado a defender tu fe y estés más dispuesto a actuar con la convicción de que el día del cristianismo complaciente debe llegar a su fin.

Cada uno de los siguientes capítulos en este libro tiene una breve oración que sirve como un ejemplo de lo que debemos orar tanto por nosotros mismos como por nuestro testimonio colectivo. ¡Que estas breves oraciones sean un trampolín para un arrepentimiento e intercesión extendidos! Sabemos que solo Dios puede rescatarnos de la destrucción venidera. Debemos llamarlo como nunca antes.

Escuchemos las palabras del Señor a Josué: "No temas ni te acobardes, porque el Señor tu Dios estará contigo dondequiera que vayas" (Josué 1:9).

REESCRIBE EL PASADO PARA CONTROLAR EL FUTURO

Las estrategias que se utilizan para deslegitimar nuestro pasado judeocristiano con el fin de dar paso a una sociedad completamente secular y sin Dios

"Quien controla el pasado controla el futuro", dijo George Orwell al describir el estado totalitario. Orwell, quien escribió durante el auge del comunismo, señaló que, si puedes reescribir o incluso borrar el pasado, puedes ayudar a las personas a olvidar quiénes son y forjar un nuevo futuro.

En su libro "1984", Orwell describió el "Ministerio de la Verdad", cuya función era hacer que el pasado fuera consistente con el presente. La tarea de Winston Smith era hacer que la verdad pareciera una mentira y viceversa. Si Gran Hermano hacía una predicción que no se cumplía, el pasado debía ser reescrito para armonizar con lo que Gran Hermano había dicho.

Al revisar la historia, las mentiras están en el centro de todas las revoluciones sociales y políticas. Quizás el mejor ejemplo sea la sangrienta revolución cultural en China (1966–1976). Mao Zedong decretó que China debía deshacerse de todas las trazas de influencia capitalista occidental. Las Guardias Rojas salieron a las calles y se destruyeron monumentos, se quemó literatura occidental y se renombraron edificios junto con nuevas designaciones para ciudades y calles para reflejar héroes contemporáneos. Las iglesias fueron destruidas o destinadas a otros propósitos. O estabas del lado del nuevo estándar marxista de justicia e igualdad o no lo estabas. Aquellos que no se subieron a bordo del sistema fueron encarcelados o asesinados.

Afortunadamente, todavía no estamos en ese punto totalmente. Pero el punto a destacar es que cuando los revolucionarios quieren remodelar un país, vilipendian el pasado para dar legitimidad a su visión del futuro. Es obvio que el "Ministerio de la Verdad" está ocupado transformando a América reescribiendo el pasado. Dicen que su propósito es "erradicar el racismo", pero una mirada a lo que están haciendo revela un objetivo mucho más siniestro. Están usando el racismo para atacar la nación en su núcleo. No se trata de hacer que este sea mejor; se trata de destruir el pasado para construirlo sobre una base completamente diferente.

Arthur Schlesinger, historiador y ex confidente del presidente John F. Kennedy, observó: "La historia es para la nación lo que la memoria es para el individuo. El individuo que pierde su memoria no sabe de dónde viene ni a dónde va y se disloca y se desorienta". Podría añadir que un individuo que ha perdido su memoria puede ser manipulado hasta creer que es quien otro dice que es.

La Destrucción de Monumentos

Puedo entender por qué los monumentos nacionales son ofensivos e incluso denigrantes para la comunidad afroamericana. En cierto sentido, su reacción a la eliminación de estos monumentos podría asemejarse a cómo la gente de Irak celebró cuando una estatua de Saddam Hussein fue derribada al suelo. No hay nada sagrado en un monumento, no importa de quién sea. Me alegra que los legisladores en Mississippi hayan optado por retirar la bandera del estado que llevaba la imagen de la bandera confederada, adoptada en 1894.

Pero los radicales han ido más allá de la destrucción de monumentos y símbolos patrios, dirigiendo ataques contra nuestros Padres Fundadores y héroes de la patria. Su intención siniestra subyacente es destruir el patrimonio judeocristiano del país. Esto nos obliga al resto de nosotros a preguntarnos: ¿Es el pasado de América de esclavitud motivo para descartar sus valores judeocristianos?

La destrucción de monumentos es parte de un intento más amplio de destruir lo que significa ser estadounidense. Es un intento de eliminar no solo el racismo, sino de desacreditar todo lo demás que hicieron aquellos que crearon los documentos fundacionales de la nación y establecieron los principios fundamentales que llevaron a hacer de América lo que es. En la mente de muchas personas, esta nación es tan terrible que no se puede arreglar; debe ser destruida y reconstruida según una agenda socialista radical que estará libre de racismo y libre de capitalismo, que según ellos hace que los ricos sean más ricos y los pobres más pobres. Ignoran el hecho de que el capitalismo ha dado a innumerables personas la oportunidad de crear su propio éxito, hasta el punto de que aquellos que viven en América disfrutan de un nivel de vida más alto que la mayoría de las naciones, si no de todas.

En la Escuela Secundaria George Washington en San Francisco, hay quienes insisten en que se cubra un mural de George Washington porque algunos se quejaron de que era ofensivo y denigrante para los nativos americanos y afroamericanos. Los miembros de la junta dicen que el arte "traumatiza a los estudiantes y miembros de la comunidad". El mural, pintado en 1936, consta de 13 paneles destinados a representar algunos de los incidentes en la vida de Washington. Una imagen retrata a Washington haciendo un gesto hacia un grupo de exploradores que pasan junto al cuerpo de un nativo americano fallecido. Otra muestra a Washington junto a algunos esclavos.

Ningún miembro de la junta abogó por mantener el mural, informó el semanario de San Francisco, aunque, solo unos pocos lo hubiesen denunciado, quejándose de que era doloroso y denigrante. Para ponerlo todo en perspectiva, una persona dijo que las quejas eran pocas, "pero un pequeño grupo de entrometidos externos se unió con unos pocos estudiantes para asegurarse de que fuera retirado de la vista del público. Una vez que se juntan las palabras 'racista' o 'supremacista blanco' a algo, sin importar cuán inexacto sea, los liberales no arriesgarán su reputación defendiéndolo".

Siguiendo con el compromiso de los secularistas de deconstruir la historia estadounidense, la comentarista política Angela Rye dijo esto:

> "Tenemos que llegar al corazón del problema aquí. El centro es la forma en que muchos de nosotros aprendimos la historia estadounidense. La historia estadounidense no es todo gloria... George Washington era un propietario de esclavos. Necesitamos llamar a los propietarios de esclavos por lo que son.
>
> Ya sea que pensemos que estaban protegiendo la libertad estadounidense o no, él no estaba protegiendo mis libertades. Yo no era alguien, mis antepasados no eran considerados seres humanos. Para mí, no importa si es una estatua de George Washington o Thomas Jefferson, todas deben ser derribadas. ¡Las estatuas de Washington y *Jefferson* deben ser derribadas!"

Hasta la fecha de escritura de este libro, los monumentos a Washington y Jefferson siguen en pie en Washington, pero la estatua de George Washington en Portland ya ha sido derribada. La *Tumba del Soldado Desconocido* fue vandalizada y profanada en el Washington Square de Filadelfia y la policía observó cómo los monumentos a Cristóbal Colón fueron destruidos en varias ciudades. En Boston, su monumento fue "decapitado" para que todo el mundo lo viera. El monumento a Francis Scott Key, quien escribió nuestro himno nacional, "La bandera estrellada", también fue vandalizado en California. Increíblemente, los alborotadores en Madison, Wisconsin, ¡destruyeron una estatua de Hans Christian Heg, un inmigrante y líder del movimiento abolicionista! Y mientras escribo esto, aunque suene increíble, hay quienes están haciendo un llamado para derribar un monumento de Abraham Lincoln, ¡quien liberó a los esclavos! La lista de monumentos profanados es larga y sigue creciendo.

Todo esto fue significativamente "precipitado por el asesinato de George Floyd en Minneapolis". Definitivamente podemos entender la ira que generó este horrible incidente injusto. Cuando vi el video, quise gritar: "¡No! ¡Ustedes no pueden hacer eso!" En respuesta, todos queríamos justicia y una reforma policial razonable. Muchos afroamericanos que durante años se han sentido injustamente perseguidos por la policía encontraron en esto un llamado para impulsar cambios significativos, y apoyo totalmente a los manifestantes pacíficos que querían hacer saber su indignación. Pero los disturbios que siguieron no se trataban de reforma policial; el caos no era sobre racismo sino sobre *revolución*.

Las multitudes no podrían haber pedido más. En algunas ciudades, nuestros funcionarios electos le dijeron a la policía que se mantuviera al margen, por lo que no había fin para la sed de venganza de las multitudes contra sus opresores percibidos, ya fueran reales o imaginarios. Mientras la policía misma se apresuraba a abandonar sus comisarías en sumisión a los radicales en Minneapolis y luego en Seattle, nuestros funcionarios electos se encogían de hombros. En la mente de las multitudes, la destrucción de negocios (muchos en las comunidades minoritarias más pobres que las multitudes afirmaban querer ayudar) estaba justificada. Estaban en una misión sagrada para destruir la "supremacía blanca", y en su lugar, surgiría "una sociedad justa" cuando ellos (los radicales) finalmente llevaran a cabo la transformación de la sociedad que buscaban.

Aquí en la ciudad de Chicago, la policía y los manifestantes chocaron en una estatua de Cristóbal Colón en Grant Park. Los manifestantes lanzaron botellas de agua congelada, piedras y fuegos artificiales a la policía, hiriendo al menos a 18 agentes. Cuando 1.000 de estos "manifestantes pacíficos" se presentaron en la casa de la alcaldesa, exigiendo que se "desfinanciara" a la policía y que se retiraran dos estatuas de Cristóbal Colón en la ciudad, ella se sometió a las demandas de la multitud. A las 3:00 a.m. de la mañana siguiente, un equipo de la ciudad retiró ambas estatuas. Esto, por supuesto, solo dio más fuerza a la multitud, y pronto insistieron en que se cumplieran otras demandas.

¿Qué sigue? ¿Tu iglesia? Cuando una mentalidad de rebaño (n. del t.: se refiere a la tendencia de los individuos a adoptar los comportamientos, creencias o actitudes de un grupo más grande, a menudo sin pensar críticamente ni hacer un juicio personal. Generalmente ocurre cuando las personas están en una multitud o en un entorno grupal y comienzan a conformarse con las acciones u opiniones del grupo, a veces llevando a comportamientos que no exhibirían por sí mismos) se apodera de un país, al parecer nadie puede detenerlos. El 22 de junio de 2020, el activista Shaun King escribió en su página de Twitter: "Todas las pinturas murales y vitrales de un "Jesús blanco, y su madre europea y sus amigos blancos" también deberían ser retirados. Son una forma repugnante de supremacía blanca. Creados como herramientas de opresión. Propaganda racista. Todos deberían ser retirados". Su *tuit* ha sido eliminado desde entonces, pero existen capturas de pantalla en muchos lugares diferentes. Sí; las pinturas murales y las imágenes de Jesús podrían ser las próximas en ser retiradas.

El silencio de algunos de nuestros funcionarios electos ante el saqueo y el incendio muestra que podríamos estar perdiendo la batalla por la civilización misma. La palabra en la calle es que América no puede ser buena a menos que sea perfecta. Y como está claro que no es perfecta, sus estructuras sociales, culturales y legales deberían ser destruidas. Y al otro lado de la revolución, habrá justicia e igualdad. Los revolucionarios se ven a sí mismos como inocentes de todos los pecados y males que ven tan claramente en los demás.

Los radicales saben exactamente lo que están haciendo, incluso si los medios de comunicación complacientes no lo hacen. Estamos siendo testigos del desmoronamiento de América.

Milán Kundera, un conocido escritor e historiador checo que se opuso a la toma del poder soviético en Checoslovaquia en 1968 y autor del libro "La Revolución de Terciopelo" de 1989, escribió sobre una conversación que tuvo con un amigo. Él escribe:

> Mi amigo Milan Hübl, casi ciego, vino a visitarme un día en 1971 a mi pequeño apartamento en la calle Bartolomejska. Miramos por la ventana las agujas del Castillo y estábamos tristes. "El primer paso para liquidar a un pueblo", dijo Hübl, "es borrar su memoria. Destruir sus libros, su cultura, su historia. Luego hacer que alguien escriba nuevos libros, fabricar una nueva cultura, inventar una nueva historia. Pronto la nación comenzará a olvidar qué es y qué fue".

Sí, una vez que se haya destruido el pasado, podemos esperar que surja una nueva cultura y una nueva historia. Olvidaremos quiénes éramos una vez. Y quiénes somos.

Robin West, en su libro *Constitucionalismo Progresista*, escribe: "La historia política de los Estados Unidos... es en gran medida una historia de una brutalidad casi inimaginable hacia los esclavos, un odio genocida hacia los nativos americanos, una devaluación racista de los no blancos y las culturas no blancas, una devaluación sexual de las mujeres..." Para ella, esto resume el pasado de América. Por supuesto, todos sabemos que podemos hacerlo mejor en las relaciones raciales. Pero, ¿es el camino a seguir aprender del pasado o simplemente vilipendiarlo? Ante nuestros ojos, toda nuestra historia compartida está siendo borrada.

Imagínese saliendo por la puerta de un impresionante edificio del siglo XVI y caminando por la calle. Cuando mira hacia atrás, puede ver claramente de dónde se originó su viaje. Pero supongamos que dobla una esquina; ahora, cuando mira hacia atrás, ve un edificio del siglo XXI que no le recuerda en nada de dónde provino. Los secularistas insisten en que doblemos una esquina para que perdamos de vista la influencia judeocristiana de nuestro pasado. Y si elegimos mirar hacia atrás, quieren que veamos nuestra historia religiosa como una mancha, no como una bendición. Quieren que sustituyamos con su cosmovisión nuestras raíces religiosas históricas. Saben que, si perdemos nuestra historia, perderemos nuestro futuro, un futuro que desean controlar.

Detengámonos por un momento y pongámonos de acuerdo en que la esclavitud es una abominación; pero hay mucho más que decir sobre la fundación de América que tan solo una letanía de cosas malas. Allan Bloom, en *El cierre de la mente estadounidense*, anticipó lo que vendría cuando escribió: "Estamos acostumbrados a escuchar que los Fundadores son acusados de ser racistas, asesinos de indios, representantes de intereses de clase... debilitando nuestras convicciones sobre la verdad o la superioridad de los principios americanos y nuestros héroes"[14].

Los radicales seculares tienen un objetivo: negarnos el conocimiento de quiénes somos, destruyendo así los principios sobre los cuales se construyó la nación. La estrategia es acentuar los crímenes y pecados de los antepasados, destruir la reputación de sus héroes y utilizar nuestra historia para dividirnos en lugar de enseñarnos y unirnos.

Para nuestro caso, quieren, sobre todo, ignorar el hecho de que Estados Unidos ha logrado la mayor civilización de la historia y es la envidia del mundo entero. Basta preguntar adónde desean ir la mayoría de los inmigrantes, y algunos mencionarán ciertas naciones de Europa occidental, pero para la gran mayoría, Estados Unidos encabeza la lista.

Los secularistas radicales creen que no basta con reconocer las formas en que los fundadores de Estados Unidos tuvieron defectos y luego aprender cómo podemos seguir adelante, inspirados para hacerlo mejor. Los secularistas quieren purgar todo el legado y crear un nuevo Estados Unidos totalmente. Ellos creen que ésta es la única manera en que todos los males del pasado pueden ser rectificados. Sólo entonces Estados Unidos podrá ser gobernado por personas que estén libres de avaricia, explotación, injusticia y racismo. Pero dicen que eso no puede suceder hasta que nuestra memoria de quiénes somos sea vilipendiada y dejada atrás.

El amigo de Milán Kundera (citado anteriormente) tenía razón: En poco tiempo, nuestra nación olvidará lo que fue. Y quiénes somos.

Una Historia Marxista de los Estados Unidos

Si sus hijos regresan de la escuela odiando a América, la razón podría deberse a la lectura de libros de texto como "Una historia del pueblo de los Estados Unidos" de Howard Zinn, un marxista confeso que cree que América fue fundada en la tiranía y con fines de lucro. Él escribe: "La revolución americana... fue un trabajo de genio, y los Padres Fundadores merecen el tributo reverente que han recibido a lo largo de los siglos. Crearon el sistema de control nacional más efectivo ideado en tiempos modernos..."

Zinn continúa diciendo que la Declaración de Independencia "no fue una declaración revolucionaria de derechos, [fue] un medio cínico para manipular a grupos populares para derrocar al Rey de Inglaterra en beneficio de los ricos."

Su libro desprecia a los Estados Unidos en su esencia misma. No dice ni una palabra sobre los logros de América, su progreso científico envidiable y las muchas grandes invenciones que han hecho que la vida de las personas sea mucho más llevadera y satisfactoria en todo el mundo.

Muy convenientemente, este libro de texto omite cualquier relato de la brutalidad del comunismo y su fracaso en cumplir la promesa de la utopía. Juzga a América por sus ideales más elevados y nunca se atrevería a compararla con otros países y culturas porque sabe —o al menos debería saber— que América brillaría intensamente contra la opresión, la pobreza y el atraso de muchos otros países del mundo.

Como veremos en un capítulo posterior, la libertad que Zinn tuvo para publicar un libro de texto que aboga por el marxismo es precisamente la libertad que el marxismo le quita a otros.

¿Comenzó América en 1619?

La revista New York Times ha completado un proyecto que busca "reconceptualizar" la historia de América para marcar el año 1619 como su verdadera fundación. Este es el año en que llegaron los primeros esclavos a Jamestown, que ellos ven como el evento central en la fundación de América. Concluyen que la esclavitud es fundamental para el comienzo de América y, junto con ella, llegó la plantación, el inicio del capitalismo.

Según el New York Times, estos dos males muestran que "los ideales fundacionales de nuestra democracia eran falsos cuando fueron escritos". En otras palabras, los autores de la Declaración de Independencia, quienes escribieron que "todos los hombres son creados iguales, que son dotados por su Creador de ciertos derechos inalienables", no creían en lo que escribían.

La editora del proyecto, Nikole Hannah-Jones, escribió un ensayo en 1995 en el que dijo que la raza blanca "es el mayor asesino, violador, saqueador y ladrón del mundo moderno". La raza blanca está compuesta por "diablos bárbaros, chupasangres" y Colón no fue diferente de Hitler. Claramente, el proyecto que supervisó estaba destinado a reflejar sus puntos de vista.

¿Es esta una lectura justa o precisa de la historia estadounidense? Una vez más, repito que la esclavitud es una abominación. He leído historias sobre el comercio de esclavos que deberían hacer llorar a una piedra. Ninguna persona debería poseer a otra, y la historia de comprar y vender esclavos debe ser documentada y denunciada en todos sus aspectos horribles. Y ciertamente, solo la comunidad afroamericana conoce de manera experiencial el impacto continuo de la esclavitud en su historia.

Es cierto que la esclavitud no terminó en el momento en que se firmó la Declaración de Independencia. Continuó durante muchos años con algunas victorias y muchas derrotas. Pero esa declaración inició a América en un viaje que pocos otros países han emprendido. Y ninguna nación ha trabajado tan duro como América para enmendar los errores del pasado. Sí, absolutamente hay más que podemos hacer, pero debemos hacerlo juntos, no vilipendiando a nuestros Padres Fundadores, sino aprendiendo de ellos, separando lo bueno de lo malo y aprendiendo cómo podemos hacerlo mejor.

Lamentablemente, la esclavitud es tan antigua como la civilización misma. Para cuando los esclavos llegaron a Jamestown, los españoles y los portugueses llevaban más de 100 años esclavizando personas. La esclavitud era generalizada en la antigüedad, y tristemente, hoy todavía hay 40 millones de esclavos en el mundo, principalmente en India y África. En agosto de 2017, CNN capturó en video la subasta de esclavos en Libia.

¡Todavía existen cuarenta millones de esclavos en otros países del mundo!

Al escuchar hablar a los radicales, pensarías que Occidente inventó la esclavitud. Olvidamos, como ha señalado Pat Buchanan, que "Occidente no inventó la esclavitud; Occidente puso fin a la esclavitud". Y fueron cristianos comprometidos como William Wilberforce quienes trabajaron incansablemente para poner fin al comercio de esclavos en Inglaterra.

¿Reescribirá la revista New York Times la historia de otros países basándose en cuándo comenzaron a permitir la propiedad de esclavos? Puedes estar seguro de que no lo harán. El Proyecto 1619 es un esfuerzo direccionado a mostrar que Estados Unidos debe ser odiado y que es una nación racista y capitalista cuyas raíces deben ser destruidas y reconstruidas sobre una base marxista cultural que traerá igualdad y justicia para todos.

Las personas detrás del Proyecto 1619 saben, demasiado bien, que *no puedes hacer que la gente odie a América si la comparas con otros países*. El hecho es que Estados Unidos puso fin a la esclavitud hace más de 150 años, mientras que todavía se practica hoy en muchos lugares del mundo. Al mismo tiempo, todavía no estamos donde queremos estar en las relaciones raciales; los fracasos del pasado deben ser reconocidos, y el perdón y la reconciliación son el camino a seguir.

Corriendo el riesgo de ser acusado de repetición, permíteme decir una vez más que no debemos pasar por alto los vicios, escándalos y crímenes que han marcado la historia temprana de América. Pero los períodos oscuros de esa historia no son toda la historia. La memoria de los errores específicos de nuestro pasado no debe cancelar las victorias logradas y el bien que se ha logrado. Hemos avanzado mucho en superar nuestro pasado y esperamos alcanzar mucho más en el futuro.

Prácticamente todos los países han comenzado con agresión, guerras o esclavitud. Los secularistas radicales están juzgando a Estados Unidos por un estándar imposible, condenando lo bueno junto con lo malo.

Las manchas en el pasado no deben minimizarse, pero tampoco debemos ignorar la Constitución estadounidense con su Carta de Derechos, las convicciones religiosas de nuestros Padres Fundadores y los principios judeocristianos sobre los que se construyeron nuestras libertades.

Las fallas de América no dan a los secularistas radicales el derecho de excluir a Dios de la plaza pública y evitar que aquellos que deseen ejercer su fe en la plaza pública lo hagan.

No pierdas de vista el objetivo de los radicales: deslegitimar a los Padres Fundadores y el patrimonio judeocristiano de América. Y, por lo que respecta, deslegitimar toda la historia occidental y condenar a quienes nos trajeron la civilización que disfrutamos hoy.

Denunciando la Civilización Occidental
A medida que los secularistas promueven su versión de la historia, las grandes obras de la civilización occidental están

siendo denunciadas con mayor frecuencia. Por ejemplo, un requisito de larga data para los estudiantes de literatura inglesa en la Universidad de Yale era tomar un curso que cubriera a Chaucer, Spenser, Milton y Wordsworth. En 2016, una petición de estudiantes pidió poner fin a ese requisito. La queja era que leer a estos autores "crea una cultura que es especialmente hostil para los estudiantes de color". Esto expresa el desprecio moderno por las contribuciones de la cultura occidental a las artes, la literatura y la historia.

Todos los historiadores seleccionan lo que creen que es más importante sobre el pasado y lo que debe ser ignorado. Pero es injusto abordar la historia con una agenda para probar algo cuando los hechos dicen lo contrario. El racismo y varios otros pecados están bastante distribuidos entre todos los pueblos del mundo; debemos distinguir las contribuciones positivas de las negativas y las victorias de las derrotas, independientemente del grupo o raza del que estemos hablando.

Recordemos que la Alemania que nos dio a Hitler también es la Alemania que nos dio la imprenta de tipos móviles. Esta misma Alemania nos dio la Reforma, que fue la semilla de la libertad de conciencia. Cuando Martín Lutero dijo: "Mi conciencia está cautiva por la Palabra de Dios. No puedo ni quiero retractarme", rompió con 1.000 años de opresión religiosa. Hasta entonces, era impensable que un hombre pudiera decir que su conciencia superaba al papa o la tradición. Lutero despertó la conciencia del sacerdocio del creyente y los derechos de la conciencia individual, lo que eventualmente resultó en la libertad de religión. La Alemania del Holocausto también es la Alemania de Goethe y Schiller, los padres de la Ilustración alemana.

La Inglaterra que es ampliamente criticada por su imperialismo es el país que nos dio la Carta Magna, que presentó la novedosa idea de que incluso el rey debería estar sujeto a la ley. Es Inglaterra la que nos dio a John Wycliffe, quien insistió en que la Biblia fuera traducida al inglés y estuviera disponible para todos los que quisieran leerla. Es Inglaterra la que nos dio los escritos de John Locke, reconocido como el padre de la Ilustración inglesa y cuyas ideas se reflejan en la Constitución estadounidense. Es Inglaterra la que nos dio a William Wilberforce, cuyos esfuerzos para poner fin a la esclavitud en Inglaterra y más allá fueron exitosos.

La América cuya historia está manchada por los males de la esclavitud, la América cuyos Padres Fundadores mantenían esclavos, —esa misma América nos dio la Constitución, la Declaración de Derechos e inventos como el teléfono, el marcapasos, las bombillas eléctricas, la primera computadora digital electrónica e Internet. Es América la que envió a 12 hombres a caminar en la luna y promovió la exploración espacial y el progreso científico. Es América la que ha hecho posible una civilización que ha afectado positivamente a muchos otros en todo el mundo a través de avances en educación, tecnología, medicina e incluso filantropía.

La mezcla de bien y mal que se encuentra en las naciones también se aplica a los individuos. Muchas personas que han hecho grandes contribuciones al cristianismo y la civilización han tenido puntos ciegos que nos sirven de advertencia. Consideremos, por ejemplo, a Martín Lutero, quien comenzó la Reforma y dio a Alemania la Biblia en su propio dialecto legible. Este hombre, este mismo Lutero, escribió ataques odiosos contra el pueblo judío. Thomas Jefferson, quien escribió las maravillosas palabras "todos los hombres son creados iguales", era dueño de esclavos.

Nuestros libros de texto deberían estar equilibrados con las contribuciones de la historia negra y sus héroes, que estuvieron involucrados en la lucha por los derechos civiles, la música, el ejército, la ciencia y más. Luego están mujeres como Bessie Coleman, una matemática que fue excluida del entrenamiento de vuelo en Estados Unidos debido a su raza y género. Viajó a París, donde se le permitió estudiar aviación y convertirse en la primera mujer en recibir una licencia internacional de aviación. Cuando regresó a Estados Unidos, participó en espectáculos aéreos, realizando acrobacias como giros y *looping*. Como brillante matemático, contribuyó en gran medida al campo de la aviación. Las contribuciones de los afroamericanos a otras disciplinas como el emprendimiento, la predicación y los deportes son, por supuesto, legendarias.

Mi súplica es que trabajemos juntos por una "unión más perfecta", pero esto no se puede hacer mientras nos neguemos a poner nuestro pasado en perspectiva y asumamos la responsabilidad personal y colectiva de avanzar hacia un futuro mejor. La mayoría de nosotros que vivimos en

América somos originarios de diferentes países. Tenemos diferentes colores de piel, diferentes expectativas y diferentes dones y habilidades para ofrecer. Debemos escucharnos mutuamente mientras hablamos sobre las injusticias de nuestra historia compartida, reconociendo que tanto el arrepentimiento como el perdón son necesarios. Pero luego debemos seguir adelante, o nunca podremos progresar en las relaciones raciales.

A los ojos de los secularistas radicales, América tiene disparidades raciales, económicas y políticas sistémicas que "solo el marxismo cultural puede resolver". Para construir América sobre una mejor base, la religión debe ser reemplazada por valores humanistas. Después de todo, dicen, la religión, especialmente el cristianismo, se utiliza como un instrumento de opresión y control social, y se dice que el privilegio blanco es la fuente de nuestros males sistémicos.

Reescribiendo la Constitución

El principal obstáculo para la agenda secularista es la Constitución de los Estados Unidos, el documento fundacional que garantiza nuestras libertades básicas, la separación de poderes y el debido proceso. Cada vez que hay una vacante en los tribunales, especialmente en la Corte Suprema se dibujan las líneas de batalla. ¿Por qué tanto hiper partidismo? El debate gira en torno a si el nuevo nombramiento seguirá la Constitución o tendrá la libertad de votar por leyes que estén en línea con las cambiantes normas culturales. Los secularistas están enojados porque hay algunos jueces constitucionales recientemente nombrados en la Corte Suprema que no se adhieren al punto de vista ni cosmovisión secularista.

Los secularistas radicales tienen una propuesta para establecer un control permanente sobre el poder en el gobierno. En enero de 2020, la prestigiosa Harvard Law Review (revista independiente de la universidad de Harvard) publicó el artículo "Pack the Union (Abarrotar la Unión de USA): Una Propuesta para Admitir Nuevos Estados con el Propósito de Enmendar la Constitución para Garantizar una Representación Equitativa".

Leemos:

> Una forma "más fácil" de enmendar la Constitución sería que el Congreso admitiera un gran número de nuevos estados cuyos representantes en el Congreso se aliarían de manera confiable con la mayoría existente en números suficientes para proponer y ratificar nuevas enmiendas que resuelvan el problema de la representación desigual. Dado que el Congreso puede admitir nuevos estados con una mayoría simple, esto proporcionaría un umbral político más alcanzable."

El artículo explica que se crearían 127 nuevos estados dentro del Distrito de Columbia para contrarrestar cualquier mayoría conservadora en el Congreso. El propósito de esto no es sutil, sino que la agenda secularista está claramente establecida. Una razón por la que estos nuevos estados deberían crearse dentro del Distrito de Columbia es porque

"cada subdivisión mensurable del D.C. votó abrumadora-
mente por el partido Demócrata en las elecciones de 2016,
por lo que el caucus Demócrata en el Congreso podría estar
seguro de que los nuevos estados creados dentro del Distrito
elegirían delegaciones afines al Congreso".

Una vez que este nuevo "Congreso" esté en su lugar, se en-
mendaría la Constitución. El papel del Senado se cambiaría
para parecerse a la Cámara de los Lores en Inglaterra, una
cámara alta más o menos ceremonial que podría revisar la
legislación aprobada por la Cámara, pero no podría evitar
que se convierta en ley. Y el Colegio Electoral, que ayuda a
garantizar que los 50 estados tengan voz en la arena política
nacional, sería abolido.

¿Qué más? Para empezar, a los residentes ilegales se les
permitiría votar y la Segunda Enmienda (el derecho a
portar armas) sería derogada. Después de eso, se podrían
hacer otros cambios según sea necesario. Los secularistas podrían estar seguros de que la historia religiosa de
América finalmente sería suficientemente vilipendiada
como para hacer espacio a su nueva agenda progresista.
Se podrían nombrar jueces que no tendrían que doble-
garse ante la Constitución; podrían proponer leyes de su
agrado que se adapten a la cultura y los valores seculares.
Aunque no se menciona en este artículo, la propiedad
privada podría ser abolida y los derechos estatales serían
sustituidos por los derechos otorgados por Dios. Por fin,
la visión radical de un estado totalmente socialista se convertiría en realidad.

Dicen ellos que la Constitución está obsoleta; que fue escrita por propietarios de esclavos como un instrumento de "privilegio blanco". La radical propuesta delineada en el mencionado artículo de la revista *Harvard Law Review* nos liberaría de nuestro pasado judeocristiano y nos liberaría para reconstruir sobre una base puramente secular.

La Fundación de los Secularistas

Hace años, leí el Manifiesto Humanista, pero hasta hace poco había olvidado que era un documento marxista y globalista. La versión original fue escrita en 1933, pero aquí cito la segunda versión (1973), editada por Edwin H. Wilson y Paul Kurtz. Muchos consideran a Kurtz como el padre del humanismo secular.

Como era de esperar, el documento niega el sobrenaturalismo en todas sus formas. "Las promesas de salvación inmortal o el miedo al castigo eterno son ilusorios y perjudiciales." La especie humana "es una emergencia de fuerzas evolutivas naturales" y no hay evidencia creíble de que la vida sobreviva a la muerte del cuerpo. Se considera que el universo es auto existente.

El *Manifiesto Humanista* aboga firmemente por el globalismo:

> Lamentamos la división de la humanidad por motivos nacionalistas. Hemos llegado a un punto de inflexión

en la historia humana donde la mejor opción es trascender los límites de la soberanía nacional y avanzar hacia la construcción de una comunidad mundial... Por lo tanto, buscamos el desarrollo de un sistema de ley mundial y un orden mundial basado en un gobierno federal transnacional.

Conectado a esto está la cooperación en relación con el cambio climático: "El planeta Tierra debe considerarse un ecosistema único... Es la obligación moral de las naciones desarrolladas proporcionar... asistencia técnica, agrícola, médica y económica masiva... a las partes en desarrollo del globo."[26]

Entonces, un país como Estados Unidos debe proporcionar una asistencia masiva a otros países para combatir el cambio climático. El objetivo del globalismo es la ciudadanía mundial para que se puedan fomentar la libertad universal y los derechos humanos para toda la humanidad. Los humanistas argumentan que las economías de los países deben estar entrelazadas para que se puedan lograr estos objetivos. El artículo Catorce del documento original de 1933 dice simplemente: "Los humanistas exigen una vida compartida en un mundo compartido." Reflexione sobre eso por un momento.

Tenga en cuenta que a los ojos de los secularistas radicales, aquellos que adquieren riqueza lo hacen a expensas de los pobres, y la justicia social requiere que su riqueza sea redistribuida. Y si se piensa a nivel global, supuestamente Estados Unidos se ha enriquecido en detrimento de otros países;

así, para ellos Estados Unidos le debe al resto del mundo. ¿Cómo redistribuir mejor esta riqueza sino dando a otros países los recursos para luchar contra el cambio climático?

No es de extrañar que el patriotismo deba ser denunciado. No se puede lograr una agenda globalista mientras el "excepcionalismo estadounidense" esté vivo y coleando. Quizás ahora entendamos por qué los secularistas ven la bandera de EE.UU. como un símbolo de racismo, opresión, privilegio blanco, nacionalismo corrosivo y capitalismo. En una ciudad de Minnesota, se intentó prohibir el Juramento de Lealtad a la bandera porque fomenta el patriotismo y es demasiado doloroso para las minorías. En Australia, algunos musulmanes dicen que cantar el himno nacional es nada menos que una "asimilación forzada". ¿Cuánto tiempo pasará antes de que escuchemos eso y que América debe ser derrocada?

Para superar estos obstáculos al globalismo, los humanistas promueven lo que equivale a fronteras abiertas porque para ellos incluso el concepto de ciudadanía nacional debe ser borrado. Tener una frontera segura y controlada no es propicio para el desarrollo de una comunidad mundial. Por eso los humanistas anhelan un mundo sin fronteras.

El logro de fronteras abiertas avanza dos de los objetivos más preciados de los humanistas. El primero es que la presencia de millones de personas de diferentes países eventualmente contrarrestará la influencia continua de la cultura blanca y supuestamente racista que ha dominado América desde su fundación.

El segundo beneficio de la inmigración no controlada es que millones de personas terminarán siendo dependientes del gobierno, un gran beneficio para aquellos que luchan por un estado socialista. Como veremos en un capítulo futuro, el socialismo solo puede avanzar mediante la dependencia del gobierno. Al darles vivienda gratuita, atención médica gratuita y otros beneficios gratuitos a todos los que cruzan nuestras fronteras, esas personas siempre votarán por el partido político que promete más incentivos gubernamentales. Todo esto se vende bajo las banderas de la compasión y la justicia.

Por supuesto, como podríamos esperar, prácticamente no se dice nada sobre las pandillas, las drogas, la trata de personas y los delincuentes que utilizan las fronteras abiertas para ingresar a nuestro país. Sin un control fronterizo como disuasivo con penas severas, nos encontramos siendo anfitriones de personas que se aprovechan de nuestra amabilidad. A cambio, los delincuentes que cruzan ilegalmente a nuestro país perpetúan el crimen y son parásitos de nuestra civilización. Y dañan la reputación de los inmigrantes legales, trabajadores y bienvenidos que acogemos con gusto en América. Una política sensata de inmigración legal es más que necesaria. (Para una discusión más detallada sobre la inmigración, sugiero el capítulo "islam, Inmigración y la Iglesia" en mi libro *La Iglesia en Babilonia*).

Como nota al margen, rechazo la idea de que aquellos de nosotros que creemos en fronteras seguras seamos racistas y carezcamos de compasión. Recibimos con gusto a la madre que viene a nosotros con un bebé en brazos (a diferencia de los fanáticos de las fronteras abiertas que están decididos a pintarnos como indiferentes). Ojalá pudiéramos acoger a todas las madres y niños desesperados del mundo, aunque eso es imposible. Pero sin un control fronterizo aplicado, hemos perdido, de facto, nuestro país. Las consecuencias a largo plazo son devastadoras.

Pero aquí estamos.

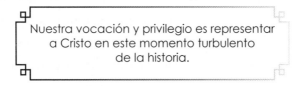

Nuestra vocación y privilegio es representar a Cristo en este momento turbulento de la historia.

Aprendiendo de la Historia

Preguntas difíciles, respuestas no tan fáciles.

¿Qué hacemos como cristianos cuando la historia de nuestro país está siendo reescrita o incluso borrada? ¿Y cómo respondemos cuando el terreno cultural bajo nuestros pies está cambiando? Nuestra llamada y privilegio es representar a Cristo en este momento turbulento de la historia.

Nos enfrentamos a preguntas: ¿Confrontaremos honestamente nuestro pasado? ¿O solo reaccionaremos a lo que está sucediendo a nuestro alrededor? ¿Seguiremos teniendo libertad, o seremos presionados para ceder ante las demandas imposibles de los radicales? ¿Qué tipo de país queremos que hereden nuestros hijos y nietos? ¿Seguirá siendo América un faro de esperanza y libertad para el mundo?

Permítanme parafrasear el comentario de Arthur Schlesinger de que, si una persona pierde su memoria, no sabe quién es. Cuando una nación pierde su historia, se convierte en lo que la gente dice que es. Y usualmente las voces más fuertes y enojadas ganan.

Este no es un momento para negar las partes negativas de nuestra historia y pintar un cuadro que ignore los pecados y el racismo del pasado. Podemos aprender de la historia sin necesidad de destruirla. América ha demostrado estar dispuesta a aprender de su historia. ¿Cuántos niños recibirán una mejor educación en nuestras escuelas porque las tiendas han sido saqueadas y los monumentos destruidos? ¿Cómo se abordará mejor la adicción a los opioides, que mata a más de 70.000 personas cada año, al eliminar las estatuas confederadas en la capital de nuestra nación, como propuso uno de nuestros líderes congresistas? Estos monumentos son parte de nuestra historia y deben servir como oportunidades de enseñanza que nos advierten e instruyen tanto lo bueno como lo malo.

También debemos hacer algunas preguntas a los radicales. ¿Cómo mantendremos el crimen bajo control si desfinanciamos a la policía? Esta no es una pregunta teórica. Aquí hay un titular: "Fin de semana mortal en Seattle, Chicago, Minneapolis mientras que la ciudad de Nueva York informa un aumento en los tiroteos." El artículo continúa diciendo:

"Las principales ciudades de Estados Unidos reportaron fines de semana sangrientos en medio de llamados crecientes para desfinanciar y disolver los departamentos de policía después de la muerte de George Floyd bajo custodia policial." Ese fin de semana, 104 personas fueron baleadas en Chicago, 15 personas murieron.

Sí, por supuesto que debemos examinar a aquellos policías que han abusado de su poder y se han mostrado indignos de llevar su placa. Aquellos que han cometido crímenes deben ser procesados. Pero la gran mayoría sale de sus hogares todos los días y arriesgan su vida para "servir y proteger". Son nuestra última línea de defensa contra la anarquía. ¿Cómo llegamos a la idea de que las fuerzas policiales de todo el país son los verdaderos agentes de opresión, pero los anarquistas no lo son? El 31 de mayo de 2020, cuando las pandillas estaban saqueando tiendas y las empresas perdieron millones de dólares en mercancías, Chicago experimentó su fin de semana más sangriento en 60 años. Dieciocho personas fueron baleadas hasta la muerte en un período de 24 horas. ¿Tienen los radicales una solución para el creciente problema del crimen en las ciudades?

¿No importan TODAS las vidas negras?

Estamos en crisis. Estados Unidos no puede seguir dando esperanza al mundo a menos que tengamos valores básicos compartidos. El tipo de libertad ordenada que disfrutamos solo puede mantenerse si los estadounidenses son, en general, un pueblo virtuoso. John Adams, el segundo presidente de Estados Unidos, hablando a la primera Brigada de la Tercera División de la Milicia de Massachusetts en 1798, advirtió sobre aquellos que asumen "el lenguaje de la justicia y la moderación" mientras practican "la iniquidad y la extravagancia", y termina con esta famosa declaración: "*La avaricia, la ambición, la venganza o la galantería, romperían los cordones más fuertes de nuestra constitución como una ballena atraviesa una red. Nuestra constitución fue hecha solo para un pueblo moral y religioso. Es totalmente inadecuada para el gobierno de cualquier otro*".

El secularismo radical, acompañado de promesas ilusorias, siempre buscará eliminar la libertad de expresión y el libre ejercicio de la religión. "Los hombres luchan por la libertad", dice D.H. Lawrence, "y la ganan con duros golpes. Sus hijos, criados con facilidad, la dejan escapar de nuevo, pobres tontos. Y sus nietos vuelven a ser esclavos". Cuando nos despedimos de la libertad, damos la bienvenida a la tiranía. Pero, ¿qué hay de la iglesia? ¿Deberíamos correr y escondernos?

América, la Iglesia y Nuestro Futuro

Este no es un momento para rendirnos ante los radicales. Dios nos ha traído a esta hora y es hora de que tomemos la alta posición moral y digamos con Martín Lutero: "¡Aquí estamos; no podemos hacer otra cosa!"

La Biblia nos enseña, como cristianos, a amar a nuestros enemigos (Mateo 5:44), y como alguien ha señalado, eso significa que también debemos amar a nuestros enemigos ideológicos. Responder con ira solo aviva más ira a cambio. Debemos recordar que, para algunas personas, las emociones superan la razón y la civilidad, por lo que puede ser difícil tener una discusión racional sobre estos temas.

Y sí, debemos respetar a las personas que no están de acuerdo con nosotros. Debemos usar estas discrepancias para evaluar nuestros propios argumentos e interpretaciones de la historia; necesitamos la humildad para admitir que podríamos estar equivocados en algunas de nuestras perspectivas. También debemos escuchar a aquellos que dicen que están tratando de mejorar el mundo, aunque sea de maneras que veamos como destructivas. Y aunque estemos en desacuerdo con sus puntos de vista, debemos liderar valientemente, pero de manera diferente; debemos defender la verdad, pero no sucumbir a los insultos que podemos esperar recibir. Debemos luchar por la libertad, pero recordar que "la ira del hombre no produce la justicia de Dios" (Santiago 1:20).

Dicho esto, no podemos quedarnos de brazos cruzados y rendirnos a los radicales por miedo a ser llamados racistas. Me alegró y entristeció a la vez ver el titular: "Pastores se comprometen a 'defender' lugares de culto, y 'no permitir que el patrimonio cristiano sea borrado'". Me alegró ver que los pastores en Seattle se habían unido para defender sus iglesias; me entristeció pensar que tal titular alguna vez apareciera en los periódicos.

El artículo afirmaba que Brian Gibson, pastor y fundador del movimiento *Reunirse pacíficamente*, se unió con otros pastores a través de líneas raciales para decir: "El llamado de los líderes de Black Lives Matters a destruir imágenes de Cristo y profanar lugares de culto no es más que una amenaza terrorista para las personas de fe... Los cristianos en toda América deben oponerse a esta violenta discriminación religiosa y estar dispuestos a proteger terreno sagrado". El pastor Kedrick Timbo del Centro de Oración Mundial Evangelístico en Louisville estuvo de acuerdo, diciendo: "Después irán por las cruces".

Los pastores acordaron enjuiciar a cualquiera que dañara sus iglesias. También saben que, si llaman a la policía, y estoy seguro de que lo harán si es necesario, corren el riesgo de ser llamados racistas. Oramos para que no llegue el momento en América en que nosotros, el pueblo (incluidos los pastores y sus congregaciones), tengamos que defender nuestra propiedad.

Podemos estar agradecidos de que mientras escribo estas palabras, algunos de los anarquistas y manifestantes detrás de los disturbios que tuvieron lugar después de la muerte de George Floyd están siendo llevados tardíamente ante la justicia. Pero cientos más nunca serán procesados por sus crímenes.

¿Cómo deberíamos como cristianos responder a estos problemas si nos dividen?

Como creyentes, debemos separar las preocupaciones legítimas de nuestros hermanos y hermanas negros, de las acusaciones de los radicales que han secuestrado las protestas y buscan destruir nuestra historia. Debemos escuchar cuidadosamente la forma en que los secularistas interpretan nuestra historia y discutir las diferencias con otros creyentes a la luz de la verdad bíblica mientras luchamos por la unidad que tenemos en Cristo. Este es un momento para mostrar a la comunidad multinacional que Dios nos ha llamado a ser.

Se han escrito muchos libros sobre la reconciliación racial, así que no es mi intención tratar eso aquí. Pero la iglesia debe liderar el camino hacia la reconciliación y no alejarse de ella. Me gusta lo que escribió Eric Mason, fundador y pastor de Epiphany Fellowship (Confraternidad Epifanía) en Filadelfia: "No tenemos que parecer iguales. Hay belleza en las variaciones de nuestro color de piel. Pero podemos alegrarnos de que en nuestro interior todos estamos tratando de parecernos a la misma persona. Todos estamos tratando de parecernos a nuestro hermano mayor, Jesús, porque somos familia, y somos santos".

Sí, tratar de parecernos a nuestro hermano mayor, Jesús, no es fácil. Involucra escuchar, entender, arrepentirse y actuar. Es nuestro privilegio y nuestro llamado.

> Con frecuencia a lo largo de la historia, la iglesia ha prosperado en medio de la oposición y persecución que surgen en una cultura en desintegración.

Pero ¿cómo debemos responder a las preguntas más amplias sobre la trayectoria de nuestra nación y la destrucción de nuestra historia? Necesitamos volver a los fundamentos aquí.

"Si se destruyen los cimientos, ¿qué pueden hacer los justos?" (Salmo 11:3).

Primero, una palabra de esperanza, luego una advertencia grave.

La palabra de esperanza es que debemos reaprender lo que ya sabemos: La iglesia de Jesucristo no fue construida sobre la Constitución de los Estados Unidos. La iglesia fue lanzada 18 siglos antes de la Constitución y la Declaración de Derechos. La iglesia no es un americanismo; no está construida sobre los cimientos de nuestros Padres Fundadores, por importantes que sean sus contribuciones. No hay duda de que el cristianismo en América se ha beneficiado de las raíces judeocristianas de la nación, pero debemos aprender a sobrevivir sin este apoyo. Si respondemos correctamente, la iglesia puede fortalecerse incluso mientras nuestros apoyos culturales se debilitan. Con frecuencia a lo largo de la historia, la iglesia ha prosperado en medio de la oposición y persecución que surgen en una cultura en desintegración.

Cuando Jesús hizo la declaración "Sobre esta roca edificaré mi iglesia, y las puertas del Hades no prevalecerán contra ella" (Mateo 16:18), estaba de pie en Cesarea de Filipo, el centro de la adoración pagana. Así que, estando en tierra pagana, Jesús predijo que construiría una comunidad multinacional. Esta iglesia no sería ni negra ni blanca, ni occidental ni oriental. Jesús estaba, y todavía está, construyendo una comunidad donde las culturas y razas se encuentran en pie delante de la cruz. Debemos volver intencionalmente al propio fundamento de la iglesia.

Hasta aquí, todo bien.

Ahora la advertencia: Arrepiéntanse, o de lo contrario...

¿Descansa el futuro de la iglesia únicamente en Jesús, en nosotros, o en ambos? Recientemente, un artículo de un servicio de noticias llevaba este titular: "La Iglesia de Canadá Podría Desaparecer para 2040".[38]

Sí, un informe de noticias pronosticó que no habrá ni asistentes ni contribuyentes en la Iglesia Anglicana en Canadá para 2040. La Iglesia Anglicana está en caída libre tanto financieramente como numéricamente, y si la tendencia continúa, desaparecerá del país.

¿Quién o qué es responsable de este declive? Hace décadas, las principales ramas de la Iglesia Anglicana se apartaron del evangelio para centrarse en cuestiones de justicia social con el fin de ser más aceptables para la cultura predominante. Sus líderes eran demasiado sofisticados para creer en los milagros de la Biblia, así que fueron reinterpretados para adaptarse a las mentalidades de las personas en los siglos XX y XXI. Al haber sido absorbida por la cultura, no tenía nada eterno ni trascendente que presentar a sus miembros. Aparentemente, hay poco motivo para que sobreviva.

Pero un rector, al responder a este informe sombrío, se consoló con las palabras del ex Arzobispo de Canterbury, Rowan Williams, quien dijo una vez: "La iglesia no es nuestra para salvar". El rector observó: "Solo se nos llama a ser buenos mayordomos de aquello que se nos ha dado. Dios hará lo que Dios deba hacer".

La iglesia no es nuestra para salvarla.

¿Realmente?

En un sentido, este comentario es completamente cierto. Como se indicó, Jesús estableció la iglesia hace 2.000 años, y es Suya para salvar. Como firme creyente en la soberanía de Dios, estoy de acuerdo en que solo Dios puede salvar a la iglesia. Está en Sus manos, no en las nuestras.

Pero, y esto es crucial, nosotros como cristianos desempeñamos un papel en la supervivencia y el impacto continuo de la iglesia de Jesucristo. Consideremos lo que Jesús escribió a la iglesia de Éfeso: elogió su compromiso con la verdad, sus obras y su resistencia, y luego dijo: "Sé que has sufrido tribulaciones y pobreza, pero eres rico" (Apocalipsis 2:9). ¡Qué informe tan elogioso: ¡buenas obras, buena doctrina y resistiendo las presiones de su cultura! Cualquier consultor de iglesias les daría una A+.

Entonces luego viene esta bomba:

> Pero tengo contra ti que has abandonado el amor que tenías al principio. Por tanto, recuerda de dónde has caído, arrepiéntete y vuelve a practicar las obras que hiciste al principio. Si no te arrepientes, vendré a ti y quitaré tu candelero de su lugar, a menos que te arrepientas. (versículos 4-5).

¡Vendré a quitar tu candelero!

Si su candelero sería removido o no dependía de su arrepentimiento. La iglesia no era de ellos para salvarla, sin embargo, su continuación dependía de si regresaban a su primer amor mediante el arrepentimiento y buenas obras. Aparentemente, no lo hicieron y su candelero fue removido, pues no ha habido una iglesia en Éfeso durante muchos siglos.

Nosotros en América hemos sido bendecidos con la libertad ordenada que ha ayudado a mantener la iglesia: un gobierno que ha permitido a los seguidores del cristianismo observar libremente su fe, una creencia compartida en las libertades constitucionales, valores morales cristianos generalizados y generalmente aceptados, etc. Pero a medida que estos apoyos están siendo desmantelados, ¿puede sobrevivir la iglesia en los Estados Unidos sin ellos?

Quizás sí. Quizás no.

Qué trágico que, en este tiempo de oscuridad creciente, algunos candeleros están titilando y otros se están apagando.

Con demasiada frecuencia estamos viviendo de las bendiciones pasadas, renuentes a arrepentirnos de nuestros valores mundanos y nuestra respuesta apasionada a Cristo. Jesús predijo: "Y por haberse multiplicado la maldad, el amor de muchos se enfriará" (Mateo 24:12).

El que hablemos de arrepentimiento, o que realmente nos arrepintamos depende de cuán desesperados estemos por los cimientos que están cambiando debajo de nosotros. ¿Estamos dispuestos a no solo leer las palabras de Jesús sino realmente obedecerlas?

En su época, David reflexionaba: "Si los fundamentos son destruidos, ¿qué puede hacer el justo?" (Salmo 11:3). Afortunadamente, él mismo responde su propia pregunta en el siguiente versículo: "El Señor está en su santo templo; el trono del Señor está en los cielos; sus ojos ven, sus párpados examinan a los hijos de los hombres. El Señor prueba al justo" (versículos 4-5).

Dios sigue estando en control incluso mientras prueba a los justos. Si pasamos la prueba, nuestro candelero aún puede estar encendido y mostrarle a una nación confundida el camino de regreso a Dios y a la cordura. Pero el precio es el arrepentimiento sostenido y el sacrificio personal. Y eso podría ser más de lo que algunos de nosotros estamos dispuestos a pagar.

> Aun cuando hemos presenciado importantes cambios culturales, sepamos que el reino de Dios permanece inquebrantable.

Agustín amaba la ciudad de Roma. Cuando le dijeron que los vándalos la habían saqueado, se dice que respondió: "Lo que los hombres construyen, los hombres destruyen. Así que sigamos construyendo el reino de Dios". Aun cuando hemos presenciado importantes cambios culturales, sepamos que el reino de Dios permanece inquebrantable. Dios nos está pidiendo que nos unamos a Él para volver a nuestro primer amor y encender muchas lámparas por todo el mundo. Necesitamos mantenernos diligentes en sustentar la iglesia como un faro de luz que brilla en la oscuridad del secularismo y el humanismo de hoy. Si nos arrojamos a los pies de Cristo con humildad y fe, y le obedecemos con valor renovado, entonces nuestra lámpara permanecerá y no será quitada.

> El único fundamento de la iglesia
> es Jesucristo, su Señor;
> Ella es su nueva creación
> por el agua y la Palabra:
> Desde el cielo Él vino y la buscó
> para ser su santa esposa;
> Con su propia sangre la compró,
> y por su vida Él murió.

La iglesia no nos pertenece para salvar. Pero sin arrepentimiento y sacrificio personal, nuestro candelero podría ser removido. La historia confirma que esto ha sido frecuentemente así.

Corrie ten Boom dijo: "Lo maravilloso de orar es que sales de un mundo en el que no puedes hacer algo, y entras en el reino de Dios, donde todo es posible".

Una Plegaria que todos debemos elevar

Padre nuestro, venimos a Ti hoy en el nombre de Jesús, buscando misericordia y gracia. Te agradecemos que cuando Josafat fue informado de que un gran ejército venía contra él, "puso su rostro en buscar a Jehová, y pregonó ayuno a todo Judá" (2 Crónicas 20:3).

Enséñanos a buscar tu rostro en nombre de nuestras iglesias y nuestro país. Ayúdanos a ser agentes de reconciliación y esperanza en tiempos de conflicto y discordia. Haz que veamos nuestra gran necesidad de arrepentimiento y sabiduría. Sabemos que detrás de escena de la historia se libran batallas cósmicas entre el bien y el mal, Dios y Satanás. Reconocemos nuestra dependencia de Ti, porque como Josafat, confesamos: "No sabemos qué hacer, pero nuestros ojos están puestos en ti" (versículo 12).

Te agradecemos que después de que Josafat y su pueblo ayunaron y oraron, les diste la seguridad: "No temáis, ni os amedrentéis... porque la batalla no es vuestra, sino de Dios" (versículo 15). Mientras alababan y adoraban a Ti, trajiste liberación a tu pueblo. Ayúdanos a enfrentar el futuro con optimismo y alegría, porque somos tuyos.

Oramos para que tu iglesia, compuesta por todas las razas y antecedentes, pueda unirse para cantar tus alabanzas y dar gracias a tu nombre. Enséñanos a amarnos unos a otros y a mostrar la unidad por la cual nuestro Salvador oró.

Señor, que hoy no nos sintamos abrumados por los pecados de los demás, sino por nuestros propios pecados, por nuestras propias necesidades y fallas. Que no usemos la oración como una excusa, sino más bien, que hablemos con autoridad y confianza, —y enfrentemos a nuestros contendores con un oído dispuesto a escuchar.

¡Escuchemos, aprendamos y resistamos!

En el nombre de Jesús, amén.

3

UTILIZA LA DIVERSIDAD PARA DIVIDIR Y DESTRUIR

*Cómo las ideologías culturales perjudiciales
mantienen a las razas en un conflicto perpetuo
e interminable*

¡No resuelvas problemas; úsalos para tu provecho!

Así describió un compañero de trabajo de Saul Alinsky la filosofía del famoso organizador comunitario radical en Chicago. Alinsky es el autor del libro Reglas para Radicales, al que dedicó a "Lucifer... el primer radical... que se rebelo contra la estructura jerarquica de Dios y lo hizo tan efectivamente que al menos ganó su propio reino". Alinsky murió en 1976, pero su manual todavía es seguido por la izquierda radical en su búsqueda para "transformar fundamentalmente a América".

Tuve la oportunidad de conocer a uno de los compañeros de trabajo de Alinsky mientras mi esposa y yo estábamos de vacaciones en Colorado. A principios de los años 1970, este hombre se unió a Alinsky con el deseo de ayudar a las comunidades empobrecidas de Chicago. Pero él nos dijo que Alinsky bloqueaba cualquier plan de ayuda social porque veía esos problemas como oportunidades para impulsar sus agendas políticas y económicas.

Según David Horowitz, cuando Alinsky preguntaba a los organizadores comunitarios por qué se unían a él, ellos decían "para ayudar a los pobres y oprimidos". Entonces Alinsky gritaba: "¡No! ¡Quieres organizarlos para ganar poder!" Alinsky estaba de acuerdo con la organización izquierdista *Students for Democratic Society* (Estudiantes por una sociedad democrática), que afirmaba: "El problema nunca es el problema. ¡El problema es siempre la revolución!"

Escuchemos las palabras de Saul Alinsky:

> Un organizador debe avivar la insatisfacción y el descontento... Debe crear un mecanismo que pueda aliviar la culpa subyacente por haber aceptado la situación anterior durante tanto tiempo. A partir de este mecanismo, surge una nueva organización comunitaria.

Avivar el descontento. Utilizar los problemas. Generar culpabilidad.

Alinsky no ocultó el hecho de que era un marxista comprometido que creía que el conflicto entre los oprimidos y los opresores debía ser continuo, interminable y sin una resolución satisfactoria, a menos que, por supuesto, haya una revolución que traiga las "igualdades" de un estado marxista. Hablaba de lo que podría describirse como "el paraíso del comunismo".

Para Karl Marx, el conflicto era principalmente entre los capitalistas y el proletariado, los ricos y los pobres. Alinsky vio este conflicto no solo a través de los ojos de la economía, sino también de la raza. El racismo sería utilizado para fomentar la revolución que buscaba. Así que el llamado al cambio nunca se trata realmente de raza, género o estatus económico, sino de revolución y poder.

Anteriormente, mencioné que los disturbios que siguieron al trágico asesinato de George Floyd por parte de un oficial de policía de Minnesota demostraron que, para algunos, el problema no era la raza ni siquiera la brutalidad policial. Las pandillas que saquearon las tiendas y gritaron "¡Sin justicia, no hay paz!" simplemente seguían el dictamen de Saul Alinsky de que la raza era el pretexto, el poder era el objetivo. Y miles de personas sinceras se arrodillaron para expresar su solidaridad contra el racismo, probablemente sin ser conscientes de la agenda destructiva más amplia que está detrás de los disturbios.

Hubo un tiempo en el que la reconciliación racial era una búsqueda de terreno común, buscando comprensión entre las razas, minimizando nuestras diferencias y centrándonos en nuestras similitudes y compromisos compartidos. Creíamos que el progreso se lograba al incluir a los diversos grupos étnicos y raciales en empresas, instituciones educativas e iglesias. Estábamos comprometidos a honrarnos mutuamente.

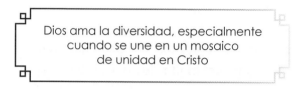

Dios ama la diversidad, especialmente cuando se une en un mosaico de unidad en Cristo

En la Iglesia Moody de Chicago, donde serví como pastor principal durante 36 años, estábamos agradecidos de que más de 70 países estuvieran representados en la congregación cada domingo por la mañana. Siempre supimos que no estábamos donde queríamos estar, pero estábamos en camino. La Iglesia Moody sigue siendo una iglesia que refleja la diversidad de nuestra ciudad. Esperamos el día en que todos alaben al Cordero, "porque fuiste inmolado, y con tu sangre compraste para Dios a gente de toda tribu, lengua, pueblo y nación" (Apocalipsis 5:9).

Dios ama la diversidad, especialmente cuando se une en un mosaico de unidad en Cristo. La hostilidad racial y étnica es pecaminosa y niega la dignidad inherente de todas las personas, y es particularmente pecaminosa dentro del cuerpo de Cristo. Nosotros, como cristianos, deberíamos estar a la vanguardia de liderar la unidad en medio de la diversidad, y deberíamos trabajar hacia el amor y la aceptación en lugar de la división racial y la sospecha.

Pero a pesar de los muchos avances realizados en la última generación o dos, la brecha racial se está ampliando, no se está estrechando. Ciertamente, una razón es el aumento de la retórica política en nuestro discurso nacional. Nos duele el insulto, las distorsiones y las acusaciones acaloradas en todos los lados del espectro político. Algunos políticos son impulsados no por la razón y la civilidad, sino por el ego y los eslóganes. Otra razón clave para la creciente brecha racial se debe a la aceptación generalizada del marxismo cultural, que fomenta la división racial, no la unidad. Aunque el comunismo ha fracasado en cada país en el que se ha instituido, la visión marxista de una sociedad en la que todos los hombres y mujeres son, por ley, forzados a ser "iguales" no ha muerto. En América, esto se ha re etiquetado como "justicia social y corrección política". Incluso podemos agregar las palabras *diversidad e igualdad*. Estos términos los han acuñado para asegurarse de que el conflicto entre las razas continúe sin esperanza de reconciliación significativa.

Vivimos en lo que se conoce como la generación "woke" (*n. del t.: Que se refiere a un movimiento social y cultural que enfatiza la conciencia sobre las injusticias e inequidades sociales, particularmente aquellas relacionadas con la raza, el género y otras identidades marginadas, y hace hincapié en el uso de un lenguaje inclusivo y no discriminatorio y en asegurar una representación diversa en los medios de comunicación, los lugares de trabajo y otras áreas de la sociedad*). Para algunos, es un término positivo que significa que estás iluminado y entiendes cómo la historia, el racismo y la economía se fusionan para explicar las injusticias de nuestra sociedad. Para otros, es negativo y significa que ven opresión casi en todas partes, incluso en disciplinas rigurosamente científicas como las matemáticas y otras. Para ellos la injusticia y la opresión abundan, incluso en nuestro Juramento a la bandera patria (*n. del t.: El Juramento a la Bandera es una recitación patriótica en la que se afirma la lealtad a la bandera de la nación y a la república que representa. He aquí un resumen detallado:*

«Juro por Dios fidelidad a mi bandera y a mi Patria, de la cual es símbolo, una Nación soberana e indivisible, regida por principios de libertad, orden y justicia para todos, ¡si juramos! si así lo hiciéramos que Dios y la patria nos premie y si no, que Él y ella nos condenen»).

Para asegurarnos de entender lo que está en juego aquí, echemos un vistazo más de cerca a este concepto de igualdad.

Los Muchos Rostros de la Igualdad

Un buen punto de partida es este texto a menudo citado, escrito por Thomas Jefferson en el preámbulo de la Declaración de Independencia de los Estados Unidos: "Sostenemos como evidentes por sí mismas estas verdades: que todos los hombres son creados iguales". Abraham Lincoln hizo eco de estas palabras en su famoso Discurso de Gettysburg, diciendo que esta nación fue "concebida en libertad y dedicada a la consigna de que todos los hombres son creados iguales." Todos los seres humanos son creados con igual valor ante Dios y tienen derecho a la vida, la libertad y la búsqueda de la felicidad.

Sin embargo, algunos dicen que la igualdad significa que deberíamos buscar la igualdad en todos los aspectos de la vida y usar persuasión, leyes, intimidación y avergonzamiento para lograrlo. Pero ni Jefferson ni Lincoln afirmaron que se esperara que todos fuéramos iguales en capacidad, educación, oportunidad, ingresos, etc. Ellos creían en la igualdad en cuanto a los derechos dados por Dios, a saber, la vida, la libertad y la búsqueda de la felicidad. Igualdad en valor ante Dios, sí; igualdad en dones, ingenio, inteligencia e ingresos, no.

Hoy en día, la palabra *igualdad* se aplica a toda causa social imaginable. Tenemos "igualdad en el matrimonio" (matrimonio entre personas del mismo sexo), "igualdad económica" (socialismo), "igualdad reproductiva" (aborto) y "igualdad en la atención médica" (atención médica gratuita/socializada), "igualdad de género" (protección legal para personas trans); y el objetivo positivo de "igualdad racial", que, sin embargo, debe ser cuidadosamente definido.

El canal Hallmark en EEUU presentó un comercial con dos mujeres besándose y luego lo retiró cuando los espectadores reaccionaron con críticas. Pero cuando se retiró el comercial, hubo una reacción negativa por parte del lobby LGBTIQ+. La compañía cuyo anuncio fue retirado insistió en que todos los besos y parejas son iguales y retiró toda su publicidad del canal Hallmark. Hallmark terminó revirtiendo su decisión. Según los secularistas, esto es lo que requiere la "igualdad". Quizás más preocupante, la Ley de Igualdad, aprobada por la Cámara de Representantes en 2019 pero aún no en el Senado, destruiría toda libertad religiosa en las prácticas de contratación; permitiría que los niños trans usen los baños de niñas y viceversa.

Permítanme repetir que Dios creó a todos los hombres y mujeres a su imagen

Entonces dijo Dios: Hagamos al hombre a nuestra imagen, conforme a nuestra semejanza; y señoree en los peces del mar, en las aves de los cielos, en las bestias, en toda la tierra, y en todo animal que se arrastra sobre la tierra. [27] Y creó Dios al hombre a su imagen, a imagen de Dios lo creó; varón y hembra los creó. (Génesis 1:27) y, por lo tanto, son iguales en valor. Pero en las Escrituras, hombres y mujeres tienen lugares y roles distintivos en el mundo.

Dios no dispensa bendiciones y favores de manera igual. Dios no trató a Hammurabi como trató a Abraham. No trató a los asirios como trató a los judíos. Jesús tuvo doce discípulos, pero dio privilegios especiales a tres de ellos (solo Pedro, Santiago y Juan estuvieron con Él en el Monte de la Transfiguración, y solo estos tres fueron invitados a orar con Él en Getsemaní). Ciertos tipos de desigualdad están incorporados en la naturaleza del mundo y de la naturaleza humana.

Lo que la Biblia *enseña* es una responsabilidad igual basada en los dones y talentos que se nos han dado. "porque a todo aquel a quien se haya dado mucho, mucho se le demandará; y al que mucho se le haya confiado, más se le pedirá".

(Lucas 12:48). Mayores dones significan mayor responsabilidad. "Hermanos míos, no muchos de ustedes deberían ser maestros, porque ustedes saben que nosotros, los que enseñamos, seremos juzgados con mayor severidad" (Santiago 3:1). Y nuevamente, "¿Qué tienes que no hayas recibido? Y si lo recibiste, ¿por qué te jactas como si no lo hubieras recibido?" (1 Corintios 4:7).

Jesús contó una parábola en la que un hombre se fue de viaje y confió su propiedad a tres mayordomos diferentes. "A uno le dio cinco talentos, a otro dos, y a otro uno, a cada uno según su capacidad" (Mateo 25:15). El hombre de cinco talentos y el hombre de dos talentos duplicaron sus inversiones y escucharon a su amo decir: "Bien, buen siervo y fiel. Has sido fiel en lo poco; te pondré sobre mucho. Entra en el gozo de tu señor" (versículos 21, 23).

Pero el que recibió un talento se negó a invertirlo. En su lugar, lo escondió en la tierra, sin querer usar lo que se le había confiado para el bien del amo. El amo se enojó y dijo: "Siervo malo y perezoso... debiste haber entregado mi dinero a los banqueros, y a mi regreso habría recibido lo mío con intereses" (versículos 26-27). El resto de la historia no fue bien para el siervo perezoso, y fue severamente juzgado.

Jesús no esperaba que el hombre de un talento ganara cinco talentos; él, al igual que los otros, simplemente debía duplicar la inversión. La equidad de Dios no se ve en la distribución de talentos, sino en la expectativa de nuestra fidelidad con lo que tenemos. Seremos juzgados por lo que tenemos; no seremos juzgados por lo que no tenemos.

A los judíos se les dieron privilegios que los gentiles no tenían, pero junto con estos privilegios tenían la responsabilidad de ser luz para otras naciones. Fracasaron, y por esto fueron juzgados. Aquellos que tienen privilegios tienen la responsabilidad de ayudar a aquellos que tienen menos privilegios. Si no lo hacen, son responsables ante Dios por ello. Sin embargo, no debemos vivir con la ilusión de que alguna vez lograremos la igualdad en ingresos, estilo de vida o logros.

Marx insistía en la igualdad de ingresos, estatus y poder a través del control estatal. Este es el sueño de los utópicos que no comprenden ni la historia ni la naturaleza humana. Pero la libertad requiere desigualdad de resultados. Las teorías sobre imponer la igualdad económica sofocan la libertad en ingenio, herencia y dones.

Años antes de que colapsara la Unión Soviética, mi esposa y yo visitamos un país comunista en el que a todos se les pagaba básicamente el mismo salario. Los médicos ganaban solo un poco más que aquellos que limpiaban las habitaciones del hospital. Gracias al estado, todos tenían igualdad de ingresos. ¿Es de extrañar que hubiera escasez de médicos en este país? Como dijo Winston Churchill, "El vicio inherente del capitalismo es la desigual distribución de las bendiciones. La virtud inherente del socialismo es la igual distribución de las miserias."

En nuestro contexto, muchos profesores universitarios enseñan que todos deben ser recompensados por igual, independientemente de sus logros. Algunos educadores incluso se resisten a realizar exámenes porque aquellos que fallan serán vistos como menos que iguales a aquellos que tienen éxito. Y si no tienes éxito como los demás, te dicen que no es tu culpa porque tienes derecho a la igualdad. Supuestamente, el éxito de otra persona se obtuvo a tu costa. Si no tienes éxito, la responsabilidad recae en "tus opresores".

Es cierto que la opresión existe y deja a muchas minorías con una cuesta más alta (a veces imposible) por escalar. Por eso, como cristianos, debemos defender vigorosamente a los oprimidos y buscar un campo de juego nivelado de oportunidades. Pero la igualdad de *oportunidades* no puede garantizar la igualdad de *resultados*.

Jude Dougherty, decano emérito de la Escuela de Filosofía de la Universidad Católica, tenía razón cuando dijo: "Los hombres difieren en fuerza, inteligencia, ambición, coraje, perseverancia y todo lo demás que contribuye al éxito. No hay método para hacer a los hombres tanto libres como iguales."

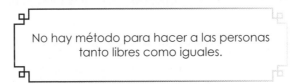

No hay método para hacer a las personas tanto libres como iguales.

Como veremos, como cristianos tenemos la responsabilidad de luchar por leyes justas y ayudar a los oprimidos. Pero no debemos esperar que el estado imponga una igualdad artificial que, por necesidad, sofoca nuestras libertades (en un capítulo posterior sobre el socialismo discutiremos esto con más detalle). Tampoco debemos defender los muchos tipos diferentes de igualdad forzada que exige el secularismo.

La Búsqueda de la Justicia Social

Cuando las personas te dicen que están trabajando hacia la justicia social, necesitas preguntar qué quieren decir. No debemos juzgar rápidamente, sino escuchar rápido y hablar despacio. Si definen la justicia social como defender a los pobres, ayudar a los enfermos, dar voz a los marginados y trabajar por igualdad de oportunidades, estas son responsabilidades de todos los cristianos. Buscar la justicia se enseña repetidamente en las Escrituras, especialmente para las viudas, las víctimas de injusticia y los pobres. El buen samaritano fue más allá de la justicia y mostró misericordia. Estrictamente hablando, no le debía al hombre herido tiempo ni dinero, sin embargo, fue generoso en ambos aspectos y fue elogiado por mostrar misericordia (ver Lucas 10:37). Como cristianos, deberíamos ir más allá de la justicia y mostrar misericordia a los necesitados incluso a gran costo personal.

Bíblicamente, la justicia significa que insistimos en la igualdad ante la ley, que nos oponemos a la opresión y tomamos el lado de los necesitados y los pobres (ver Isaías 10:1-2). Martin Luther King Jr., en su "Carta desde la Cárcel de Birmingham", nos dio una definición sucinta de una ley justa. Escribió: "¿Cómo se determina si una ley es justa o injusta? Una ley justa es un código hecho por el hombre que coincide con la ley moral o la ley de Dios. Una ley injusta es un código que está en desacuerdo con la ley moral. Para ponerlo en los términos de Santo Tomás de Aquino, una ley injusta es una ley humana que no está arraigada en la ley eterna y natural". Bien dicho.

La lucha de King contra la segregación racial y contra la desigualdad de derechos para los afroamericanos fue justa, porque este es el tipo de igualdad y justicia que hizo parte de la visión original de nuestros Padres Fundadores, y tal igualdad y justicia se alinea con la enseñanza bíblica de que todas las personas son creadas a imagen de Dios. Lamentablemente, algunos en la iglesia evangélica se opusieron a la visión de King de igualdad racial, que se basaba en la enseñanza bíblica de que todos los seres humanos tienen igual valor. Él luchó por lo que todos debemos luchar, y eso es la igualdad ante la ley. Y en la medida de lo posible, la igualdad de oportunidades.

Pero, —y aquí es donde debemos hablar con cuidado— este no es el entendimiento de la justicia que prevalece en muchas de nuestras universidades y en la cultura popular. Hoy en día, la justicia se ha separado de la ley divina y, al igual que la palabra igualdad, se adjunta a muchas agendas diferentes.

La justicia se ha convertido en un término inflado; como se mencionó anteriormente, tenemos políticos y activistas que exigen justicia ambiental, justicia de género, justicia educativa, justicia migratoria, justicia económica y justicia reproductiva. No debemos tomar la palabra justicia y aplicarla a valores que son pecaminosos o malvados.

He escuchado a los llamados "guerreros de la justicia social" citar el famoso texto de Miqueas 6:8: "Te ha declarado, oh hombre, lo que es bueno, y qué pide Jehová de ti: solamente hacer justicia, y amar misericordia, y humillarte ante tu Dios". Luego, utilizan la frase "hacer justicia" como trampolín para hablar sobre sus propias opiniones acerca de lo que la justicia requiere, a menudo basadas más en el marxismo que en la Biblia.

Hoy en día, la justicia social se define más frecuentemente como la redistribución, de recursos y poder, a las minorías oprimidas. Los opresores deben ser identificados y culpados por los fracasos de los otros (oprimidos). En una sola palabra, la justicia social puede ser definida como una forma de socialismo. Este tipo de justicia se basa en lo que se conoce como Teoría Crítica de la Raza (TCR), que enseña que la raza es una construcción social creada por el grupo dominante para mantener su superioridad. Propone que la supremacía blanca y el poder racial son la raíz de los males de nuestra sociedad. Según ellos, estos grupos dominantes utilizan la ley, el lenguaje y diversas formas de poder para mantener a las minorías subordinadas y oprimidas.

Neil Shenvi, cuyo análisis cuidadoso de estos asuntos debería ser leído por todos nosotros, lo expresa así: "La teoría crítica contemporánea ve la realidad a través del prisma del poder, dividiendo a las personas en grupos oprimidos y grupos opresores a lo largo de varios ejes como raza, clase, género, orientación sexual, capacidad física y edad".

En la TCR (Teoría Crítica de la Raza), las personas son clasificadas por grupos con poca o ninguna distinción entre individuos. Si un grupo tiene un rendimiento inferior, es culpa de los que tienen éxito; si un grupo es pobre, es culpa de los ricos, es lo que dicen ellos. Recuerda, el objetivo no es fomentar la unidad o buscar el terreno común, sino asignar la culpa y asegurarse de que las personas sean ubicadas por categorías para que las tensiones entre los distintos grupos puedan ser avivadas y mantenidas.

Esto ha dado lugar a toda una letanía "de clases" en nuestras universidades que hacen hincapié en la opresión y la victimización. Como lo expresó Heather Mac Donald, "Los estudiantes especializados en la teoría crítica de la raza incesantemente juegan "la carta de la raza" contra sus compañeros y sus profesores, y utilizan la diversidad para dividir y destruir creando una atmósfera de autocensura nerviosa».[13] A los que se oponen a estas "teorías de justicia social" se les llama racistas, homófobos, intolerantes, o cosas peores.

Introducción a los Estudios de Diversidad
No tengo duda de que muchos estudiantes de nuestras universidades que se inscriben en clases de justicia social, no solo tienen buenas intenciones, sino que, a menudo se be-

nefician de tales estudios para ayudar a lograr la reconciliación racial. Pero también estoy convencido de que muchos cursos en el aula y discursos en la Internet están diseñados para alimentar las diferencias, enfurecer a aquellos que se dice que "están oprimidos" y señalar a los "supuestos opresores". Se les dice a "las víctimas" que deben enfrentarse a sus opresores. No se les anima a buscar ningún terreno común entre ellos, o punto de conciliación, lo que imposibilita que lleguen a un acuerdo o entendimiento, ya que eso lograría disminuir esa supuesta medida en que algunos grupos "han sido oprimidos". Nunca hay concesiones suficientes, para ellos, no importa cuántas concesiones o compromisos se hagan, nunca serán suficientes. Siempre demandarán más, y ninguna cantidad de acuerdos o sacrificios logrará satisfacer sus expectativas o demandas.

El filósofo marxista germano-estadounidense Herbert Marcuse tenía una estrategia para destruir la influencia del cristianismo y la moral tradicional. Buscaba lo que podríamos llamar una coalición de víctimas. Explotaría a grupos que estaban siendo oprimidos y luego culparía al cristianismo y al capitalismo por su opresión. Según él, esto aceleraría la caída de los enemigos del marxismo y ayudaría a establecer el estado marxista. En todo esto, Dios era visto como el más grande opresor.

Se han dedicado campos enteros de estudio sobre el tema de la diversidad: cuestiones de raza, etnicidad, sexualidad e identidad de género. Quién eres depende del grupo al que perteneces, ya sea entre los oprimidos o los opresores. Y puesto que estamos "atrapados por una sociedad que creó nuestros roles", debemos estudiar formas en que algunos grupos han sido oprimidos para beneficiar a sus opresores. Se nos hace creer que la intolerancia está presente en todas partes y que se manifiesta de diversas maneras, incluso en formas que pueden no ser inmediatamente evidentes, o evidentes solo en pequeños detalles.

Y, en un mundo caído, todo el mundo es victimizado por alguien.

El objetivo teórico de la justicia social es la emancipación de las minorías atacando el poder y la supremacía del "grupo dominante". La TCR aboga por la justicia social y destaca o hace énfasis en temas como: los blancos han oprimido a los afroamericanos, los hombres han oprimido a las mujeres, los heterosexuales han oprimido a los homosexuales, los cristianos han oprimido a los musulmanes, y así sucesivamente. Todo esto se vende bajo la bandera de "buscar justicia para los oprimidos".

Se han realizado estudios solo para demostrar que podrías ser víctima de microagresiones, que has sido oprimido por personas bien intencionadas pero que, sin embargo, te hacen sentir inferior. Por ejemplo, si conoces a alguien que habla con acento y le preguntas: "¿De dónde eres?", esa persona podría decir que se siente ofendida y que se siente como sin sentido de pertenencia. Como escribe Heather Mac Donald, "En el proceso, están creando lo que la ley de responsabilidad civil llama 'demandantes de cáscara de huevo' —individuos preternaturalmente frágiles heridos por los más mínimos choques con la vida. Las consecuencias nos afectarán durante años".

En este ambiente, se dice que los opresores deben ser confrontados y se les dice que es su turno de sentarse y escuchar. Y si es necesario, los victimizados deben cerrar una escuela o negocio para que sus quejas puedan ser escuchadas. Los defensores de este enfoque dicen que, si tú te opones a tácticas despiadadas, solo demuestras que estás del lado de los opresores. Y si eres un opresor (generalmente un blanco, heterosexual cisgénero), se dice que la única forma de sobrevivir es confesar tu intolerancia y juicio, y admitir que eres culpable del pecado de ser una persona privilegiada.

Se dice a los victimizados que cuando se enfrenten a lo que perciben como opresión, deben exigir un "lugar seguro" donde puedan lidiar con la ansiedad y los sentimientos heridos resultantes (esto se llama seguridadismo). No se trata de seguridad física, sino de apoyo emocional y curación debido al daño que se dice que se les ha causado. Esta postura incluso determina a qué invitados no se les permite hablar en un campus universitario. Si los estudiantes afirman que un orador podría decir algo considerado "ofensivo" o "desencadenante" para otra persona, entonces se des invita al orador o se le dice que no venga. (Trataremos esto más detalladamente en el próximo capítulo, que tiene que ver con la libertad de expresión).

La interseccionalidad

La idea de la interseccionalidad fue desarrollada a través del trabajo de la profesora de derecho —de tendencia izquierdista— Kimberlé Williams Crenshaw. Como lo describe Robbie Soave, la interseccionalidad es "un marco filosófico que ha llegado a dominar el pensamiento activista progresista". En resumen, existen múltiples fuentes de opresión relacionadas con la raza, clase, género, orientación sexual, etc. Estas pueden intersectarse en la vida de una persona de maneras que la pongan en riesgo de múltiples capas de opresión. Todo esto, nos dice Crenshaw, tiene que ver con el poder; es hora de que los opresores (predominantemente los blancos) escuchen a los oprimidos. "No se trata de preguntar, se trata de exigir... se trata de cambiar la misma cara del poder en sí mismo". Se han inventado estudios para demostrar "sesgos inconscientes", lo que significa que podrías ser intolerante y no saberlo. Las acusaciones, ya sean reales o imaginarias, contra los "opresores", abundan por todos lados.

Val Rust, un profesor galardonado de educación en la UCLA (Universidad de California en Los Ángeles), fue un pionero en el campo de la educación comparada y pasó su tiempo orientando a estudiantes de todo el mundo. Sus estudiantes lo elogiaban por su compasión e integridad. Pero en una clase de nivel de posgrado sobre preparación de disertaciones, se convirtió en blanco de protestas estudiantiles. Fue criticado por las implicaciones políticas de lo que él consideraba era una calificación adecuada, insistiendo en que los estudiantes siguieran el *Manual de Estilo de Chicago* para darle forma a sus documentos escritos o ensayos.

Esto eventualmente resultó en que estudiantes radicales entraran a su salón de clases, y entre otras cosas, lo acusaran de microagresiones raciales que habían sido "dirigidas a nuestras epistemologías; al cómo sabemos lo que sabemos, es decir al rigor intelectual y la forma en que se desarrolla y valida el conocimiento y la comprensión, y a una construcción errónea de las genealogías metodológicas que comparte toda la clase".[19]

En todo esto, ni la administración ni sus colegas defendieron a Rust. Incluso cuando el decano anunció que a Rust no se le permitiría enseñar durante un año, esto no fue suficiente para los radicales. La escuela lo presionó para que renunciara, y la administración se inclinó ante los estudiantes.

No se dijo nada sobre las claras exhibiciones no justificadas de victimización narcisista, pero se formó un comité para discutir el asunto. Su informe final declaró: "Recientemente, un grupo de nuestros estudiantes nos ha desafiado valientemente a reflexionar sobre cómo llevar a cabo [nuestra] misión en nuestra propia comunidad. Les debemos a estos estudiantes una deuda de agradecimiento". La lección está clara: puedes ser llamado un intolerante y perder tu trabajo por corregir la gramática y la ortografía de un estudiante.

Contrario a lo que podrías pensar, este no es un ejemplo aislado y extremo. Incidentes como este ocurren con cierta regularidad en algunas de nuestras universidades (afortunadamente no todas). Temiendo la acusación de sesgo, racismo u odio, tanto profesores como estudiantes se esfuerzan mucho en autocensurarse por si acaso dicen una palabra que los marque como racistas o intolerantes.

La Teoría Crítica de la Raza (TCR) en la Iglesia

En el mundo de lo políticamente correcto, los argumentos se resuelven mediante la fuerza social y el avergonzamiento, no mediante la discusión, la evaluación de evidencia o la civilidad. Este tipo de histeria es poco propicio para la reconciliación racial. Las teorías de justicia social también han infiltrado algunas iglesias, especialmente aquellas de orientación liberal que dicen ser inclusivas, lo que significa que aceptan el matrimonio entre personas del mismo sexo y cosas por el estilo.

Estoy de acuerdo con Neil Shenvi, quien está angustiado por la aceptación de la TCR incluso en algunas iglesias evangélicas. Algunos cristianos aparentemente no entienden que estas teorías son antitéticas (se oponen) al cristianismo en prácticamente todos los puntos. La TCR enseña que la identidad de una persona no puede separarse del grupo al que pertenece.

Si naces blanco, te etiquetan como opresor, independientemente de tu carácter o actitud personal; la individualidad se pierde dentro del grupo al que perteneces. Y si naces blanco y optas por defenderte contra la acusación de racismo, esto sólo demuestra que, en efecto ¡eres racista! Los afroamericanos ricos no son considerados personas privilegiadas, pero una persona blanca nacida en la más absoluta pobreza es considerada una persona privilegiada. No hay espacio para la individualidad, la bondad, el perdón o la reconciliación significativa.

Aún más importante, en la aplicación puramente secular de la TCR, la redención se ve como la separación de un grupo, de opresores, no como la necesidad de ser liberado del pecado mediante el evangelio de la gracia salvadora de Dios. La salvación, en la visión radical de la TCR, es obtener poder sobre tus opresores. Hasta que los oprimidos triunfen sobre sus opresores, el conflicto debe continuar. Marx en su máxima expresión.

Como señala Shenvi, la TCR también está de acuerdo con Marx en que la *experiencia* vivida es mucho más confiable que la verdad objetiva; se dice que los oprimidos ven la realidad de una manera única que no está revelada a los opresores. Es por eso que se nos dice que, para poder interpretar la Constitución o la Biblia, debemos someternos a ser miembro de un grupo oprimido. Detrás de todo esto está la idea de Marx de que la verdad es solo aquello que los opresores usan para mantener a los oprimidos sometidos. Entonces, no hay verdad objetiva hacia la cual podamos esforzarnos para fomentar la unidad. Los oprimidos tienen una perspectiva única, y los opresores deben sentarse y escuchar.

Hemos escuchado la expresión peyorativa "muerte a los viejos hombres blancos europeos". Se dice que son opresores en, por lo menos, tres maneras. Por ser europeos, por ser blancos y por ser hombres. Se les debe menospreciar independientemente de cualquier contribución que pudieran haber hecho a la ciencia, la medicina, la educación o cualquier otra cosa relacionada con el bienestar de la humanidad. Esto explica por qué muchos de los grandes logros y obras de la civilización occidental están siendo denunciados en estos días.

Dicho esto, aquellos que son blancos deben ser sensibles a las preocupaciones de sus hermanos y hermanas de otros orígenes étnicos.

He oído estudiantes negros del seminario decirme que, sus cursos de historia de la iglesia estaban dominados por los teólogos blancos de Europa, y anhelaban tener un libro escrito por alguien con quien pudieran identificarse; —alguien de su trasfondo cultural que comparta sus experiencias de vida. Debemos escuchar estas preocupaciones y asegurarnos de que la historia y los escritores negros se incluyan en las discusiones sobre la historia del cristianismo desde los primeros teólogos del norte de África. Sin rechazar el pasado, podemos ser más inclusivos y equilibrados en nuestros seminarios e iglesias.

Pero la TCR no es la respuesta.

Hay evidencia creciente de que la conciencia social y las teorías de justicia social han infiltrado la Convención Bautista del Sur (CBS). En 2019, una resolución que tenía la intención de denunciar la TCR fue modificada o cambiada por progresistas para abogar porque la TCR sea considerada al menos en cierta medida. Los delegados adoptaron la resolución No. 9, reescrita, que afirmaba que la interseccionalidad y la TCR es "una herramienta analítica" aunque no una cosmovisión. En la mente de muchos delegados, esto fue una prueba más de que la TCR estaba ganando un amplio apoyo no solo en las iglesias de la CBS sino también en los seminarios bautistas.

Más tarde, el Dr. Albert Mohler, presidente del Seminario Teológico Bautista del Sur y líder clave en la Sociedad Bautista, quien votó en contra de la resolución, sintió la necesidad de aclarar dónde se encuentra:

> "Tanto la teoría crítica de la raza como la interseccionalidad son parte del continuo marxismo transformador que ahora es tan dominante en la educación superior y cada vez más en la política. La teoría crítica de la raza surgió de cosmovisiones y de pensadores que eran directamente contrarios a la fe cristiana".[23]

Aquí debemos hablar con cuidado, pero he notado que los ataques racistas evidentes contra "la blancura" y "el privilegio blanco" a menudo se disfrazan bajo el estandarte de "la reconciliación racial". Pero pronto queda claro que hay poco interés en una reconciliación real, simplemente culpan a una raza en favor de otra. Se ignoran las diferencias individuales y la responsabilidad individual.

Y aún no hemos terminado con este análisis. Ahora debemos dirigir nuestra atención hacia otro aspecto de la TCR —el llamado tema de la culpa blanca.

La Controversia sobre la Culpa Blanca

Siendo yo una persona procedente de Canadá, mi primera introducción a la experiencia de los afroamericanos bajo segregación fue al leer el libro *Let Justice Roll Down* (Que la Justicia Fluya Como Agua), escrito por John Perkins. Según todos los informes, es uno de los grandes héroes de la reconciliación racial, un querido hermano a quien invité a hablar en la Iglesia Moody. Quedé maravillado por su perdón de gran corazón a pesar de la injusticia y victimización que experimentó creciendo en el *Deep South* (***n. del t.***: *El término "Deep South" se refiere a una subregión en el sureste de los Estados Unidos, tradicionalmente reconocida por sus características culturales, sociales, económicas e históricas distintivas, como su economía de plantaciones fuertemente dependiente del trabajo esclavo para la producción de algodón y otros cultivos comerciales*) durante la era de Jim Crow. También te beneficiarías al leer su libro más reciente, *One Blood* (Una sangre: Palabras de Despedida a la Iglesia sobre la Raza y el Amor).

Podemos estar agradecidos de que la segregación racial sea en gran medida ya un asunto del pasado, pero no debemos ser ciegos a la realidad de que ciertas formas de racismo aún existen. Para dar un ejemplo: muchas comunidades afroamericanas en Chicago han sido explotadas por propietarios blancos que compran propiedades y cobran altos alquileres, pero nunca reinvierten sus ganancias en la comunidad. Habla con nuestros hermanos negros, y te darán múltiples ejemplos de racismo, a menudo invisibles y aún menos entendidos por quienes están en las comunidades blancas.

Sin embargo, al mismo tiempo, en los últimos años, aquellos que son blancos han sido estigmatizados con lo que se denomina la "culpa blanca": es decir, se les dice a las personas blancas como colectividad que no solo deben sentirse culpables por el pasado, sino también por el presente. Intrínsecamente tienen "privilegio blanco", que según dicen es en detrimento del progreso negro en cuanto a los trabajos, la educación, la vivienda y más.

Estoy de acuerdo en el pensamiento acerca de que las personas blancas tienen una ventaja en nuestra cultura. Nunca he tenido que preocuparme si seré aceptado en una iglesia u otro entorno debido al color de mi piel. El racismo explica muchas de las desigualdades en nuestra cultura que deben ser abordadas. Pero también hay otro lado de esta historia.

El líder negro Shelby Steele escribió el libro *White Guilt: How Blacks and Whites Together Destroyed the Promise of the Civil Rights Era* (La culpa blanca: Cómo los negros y los blancos juntos destruyeron la promesa de la era de los derechos civiles). Aunque no todos estarían de acuerdo con Steele, es ampliamente elogiado por sus obras. El periódico *Chicago Sun-Times* respaldó el libro, diciendo: "Cualquier persona preocupada por el enfrentamiento interminable de las relaciones entre negros y blancos en este país tiene el deber de leer a Shelby Steele".

Steele también experimentó las injusticias raciales de la supremacía blanca, pero cree que la transición de la supremacía blanca a la culpa blanca no ha sido buena para la comunidad negra. En resumen, argumenta que, durante la segregación, los afroamericanos tenían responsabilidad, pero sin recompensas; ahora, con los avances en los derechos civiles, los afroamericanos a veces han buscado recompensas sin responsabilidad. Aunque los afroamericanos han sido victimizados por la supremacía blanca del pasado, ahora reprende a algunos líderes afroamericanos y les advierte que están utilizando la culpa blanca para promover una victimización continua de los negros como una identidad.

Hablando de lo que sucedió después de la legislación de los derechos civiles, él escribe:

> La prueba decisiva para ser negro requería aceptar la victimización racial no como un evento ocasional en la vida de uno, sino como una identidad continua. Cuando la victimización es identidad, entonces la ira apasionada de la víctima puede ser invocada incluso donde no hay victimización real... La culpa blanca era el poder, y esta identidad era la palanca que los líderes militantes usaban para acceder a ese poder. Desafortunadamente, todo esto dio a los negros una identidad política sin un propósito real más allá de la manipulación de la culpa blanca.[25]

Ya sea que estemos de acuerdo con Steele o no, él sostiene que la "culpa blanca" está siendo utilizada por algunos afroamericanos (aunque no por todos) como un medio para obtener recompensas y reivindicaciones sin asumir sus propias responsabilidades. Recordamos la directriz del difunto marxista Saul Alinsky, quien les dijo a sus seguidores que deberían explotar la "culpa latente". Algunos dirían que la culpa se utiliza como un medio por el cual las minorías pueden insistir en la búsqueda de privilegios no merecidos ni ganados. Esto anima a las víctimas a sentirse con cierto derecho y culpar a todos.

¿Qué mantiene a gran parte de la comunidad afroamericana en la pobreza sistémica? El pastor afroamericano Reverendo Bill Owens, quien marchó con Martin Luther King Jr. en la lucha por los derechos civiles, probablemente estaría de acuerdo con Steele. En su libro *A Dream Derailed: How the Left Hijacked Civil Rights to Create a Permanent Underclass* (*Un Sueño Descarrilado: Cómo la Izquierda Secuestró los Derechos Civiles para Crear una Clase Subordinada Permanente*), Owens, después de presentar lo que él cree que es evidencia documentada de que el estado de bienestar fue creado para mantener a los afroamericanos como una clase permanentemente subyugada, argumenta que son las políticas sociales liberales las que han robado el orgullo a los afroamericanos.

Para los afroamericanos... cuanto más el gobierno federal proporciona servicios supuestamente "gratuitos" y ayudas subsidiadas y que son pagadas por los contribuyentes, más se incentiva a los afroamericanos a depender del gobierno. Con este sistema asistencialista, es menos probable que menos afroamericanos busquen recibir educación, o trabajar arduamente por sus familias y mucho menos que se conviertan en empresarios, profesionales y líderes empresariales. Con este sistema, menos afroamericanos tendrán el orgullo de mantener a sus familias y su propia dignidad. Nuevamente, observe nuestras ciudades interiores. ¿Te gusta lo que ves?[26]

En todos los debates sobre la culpa y privilegio blancos, sería prudente recordar las palabras de Martin Luther King Jr., quien nos recordó que no deberíamos juzgarnos unos a otros por el color de nuestra piel, sino por el contenido de nuestro carácter. ¿Qué podría ser más racista que juzgar a todo un grupo de personas simplemente por el color de su piel? No podemos cambiar el color de nuestra piel, pero podemos escucharnos mutuamente y preguntarnos cómo podemos avanzar en las relaciones raciales sin desviarnos innecesariamente por debates que intentan elevar a un grupo de personas a expensas y a costa de otro.

Cuando le pregunté a uno de nuestros miembros en la Iglesia Moody, (que se considera un verdadero afroamericano porque nació en Ghana, pero creció en el Sur de Chicago) qué pensaba de los planes de estudio de justicia social en muchos campus universitarios, él dijo: "Cada día nos están separando cada vez más y nos dicen que no puede haber reconciliación de nuestra parte a menos que "los blancos cumplan con ciertas demandas" que ellos quieren hacerles.

Y como estas demandas son imposibles, el punto muerto persiste".

Espero que después de las manifestaciones y disturbios del 2020, se realicen los cambios necesarios para combatir lo que a menudo se llama racismo sistémico, que se define de diversas maneras. Pero también estoy convencido de que para los progresistas más acérrimos, nada de lo que se haga será suficiente. Su objetivo es una retaliación interminable, no la verdadera reconciliación.

La Aritmética se transforma a la cultura Woke

La justicia social se está extendiendo a disciplinas que normalmente habríamos pensado que estaban inmunes al racismo. Seguramente, las llamadas ciencias duras como las matemáticas son objetivas, no están sujetas a las teorías de justicia social y raza que se aplican a disciplinas como la sociología, la historia y la política. Pero ya no es así; estas teorías ahora se están aplicando a las matemáticas también. 'Las Escuelas Públicas de Seattle Comenzarán a Enseñar que las Matemáticas son Opresivas' es el titular escrito por Robby Soave el 22 de octubre de 2019. 'Un nuevo plan de estudios de estudios étnicos enseñará a los estudiantes que el 'conocimiento matemático antiguo ha sido apropiado por la cultura occidental''. Las matemáticas son acusadas de fomentar 'una larga lista de crímenes más serios: imperialismo, deshumanización y opresión de personas marginadas'.[27]

El plan de estudios de matemáticas propuesto está impregnado de problemas de justicia social, centrándose en casos de "poder y opresión", así como en la "historia de la resistencia y la liberación". Nuevamente, permítanme afirmar que esto está en el campo de *las matemáticas*. Hasta ahora, el plan de estudios no es obligatorio; sin embargo, se ofrece como un recurso para aquellos profesores que deseen introducir estudios étnicos en el aula de matemáticas. El objetivo es "infundir estudios étnicos en todas las materias en todo el espectro del sistema educativo K-12, que se refiere a la educación que abarca desde el jardín de infancia ("Kindergarten", que es la "K") hasta el 12º grado (12º curso de educación secundaria).

Soave dice que el marco propuesto está 'repleto de jerga de justicia social que suena inteligente pero que en realidad es vacía'. ¿Qué significa cuando dice... 're-humanizar las matemáticas a través del aprendizaje experiencial' y facilitar el aprendizaje 'de manera independiente e interdependiente'?" [28]

La propuesta establece que los estudiantes estarán capacitados para "identificar las desigualdades inherentes del sistema de pruebas estandarizadas utilizado para oprimir y marginar a personas y comunidades de color" y "explicar cómo las matemáticas dictan la opresión económica".[29]

¿No podemos todos estar de acuerdo en que 2 + 2 = 4 sin tener una discusión sobre raza? Aparentemente ahora no.

Al igual que un incendiario que al mismo tiempo es bombero y es enviado a apagar las llamas de un incendio que él mismo inició, así los "guerreros de la justicia social" pretenden buscar soluciones a problemas que ellos mismos crearon. De hecho, ni siquiera Saul Alinsky podría haber esperado un mejor esquema para mantener a las razas en un conflicto perpetuo e irresoluble. Casi podemos escucharlo gritar desde la tumba: "¡*Crea* problemas! ¡Y luego *úsalos para tu propio provecho*!"

El papel crítico de las familias en nuestras luchas nacionales

¿Existe el racismo sistémico? Sí, hay sistemas establecidos que a lo largo de los años han favorecido las desigualdades y marginado a las comunidades negras. Y aun cuando declaramos que hay igualdad ante la ley, el racismo puede existir de muchas maneras, a veces de manera visible, a veces de manera sutil. Solo nuestros hermanos negros pueden decir lo que es experimentar esto. Y debemos hacer todo lo posible para corregir las injusticias cometidas contra diversas personas y grupos, sin importar quiénes sean, no solo contra los negros.

Pero, —y esto es crucial— creo que hay problemas serios dentro de las culturas que no pueden resolverse desde afuera. Incluso si todos los problemas de racismo sistémico que escuchamos fueran abordados adecuadamente, esto no eliminará la raíz de los problemas fundamentales en nuestra cultura. Hay problemas sistémicos dentro de las culturas que solo pueden ser abordados desde dentro de esas culturas. Y desde dentro de nuestros hogares.

Sin cambios significativos dentro de nuestros hogares, ningún curso universitario ni programa social nacional puede remediar los problemas raciales y económicos de nuestra nación. Constantemente nos dicen que la gente blanca debe cambiar, y deberían hacerlo. Pero *cada* comunidad, incluida la comunidad negra, debe ser responsable de sus propios problemas sistémicos internos. En última instancia, la solución de estos problemas "dentro de la cultura" depende de la responsabilidad de cada individuo dentro de cada una de nuestras familias, sin importar la raza o la etnia.

Independientemente de sus inclinaciones políticas, tómese el tiempo para leer el discurso del ex presidente Barack Obama en el Día del Padre en la Iglesia Apostólica de Dios en Chicago el 15 de junio de 2008. Estaba hablando predominantemente a la comunidad negra, pero lo que dijo se aplica a todos nosotros. Aquí, solo he extraído un par de párrafos:

> *Si somos honestos con nosotros mismos, admitiremos que demasiados padres están ausentes, ausentes de demasiadas vidas y de demasiados hogares. Han abandonado sus responsabilidades, actuando como niños en lugar de hombres. Y los cimientos de nuestras familias son más débiles por causa de ello. Tú y yo sabemos lo cierto que es esto en la comunidad afroamericana. Sabemos que más de la mitad de*

todos los niños afroamericanos viven en hogares con un solo padre, —el número se ha duplicado—, se ha duplicado, desde que éramos niños. Conocemos las estadísticas: que los niños que crecen sin un padre tienen cinco veces más probabilidades de vivir en la pobreza y cometer delitos; nueve veces más probabilidades de abandonar la escuela y veinte veces más probabilidades de terminar en prisión. Tienen más probabilidades de tener problemas de comportamiento o escaparse de casa o convertirse en padres adolescentes ellos mismos. Y los cimientos de nuestra comunidad son más débiles por ello...

Pero también necesitamos familias para criar a nuestros hijos. Necesitamos que los padres se den cuenta de que la responsabilidad no termina en la concepción. Necesitamos que se den cuenta de que lo que te hace hombre no es la capacidad de tener un hijo, sino el coraje de criar uno.[30]

Bien dicho.

Permíteme enfatizar que la comunidad blanca también tiene su parte creciente de hogares monoparentales, divorcio, abuso de drogas desenfrenado y crimen. Lo que dijo el ex presidente se aplica igualmente a todas las culturas, razas y comunidades étnicas.

El psiquiatra Theodore Dalrymple, en su libro *"Life at the Bottom: The Worldview That Makes the Underclass"* (La vida en el fondo: La cosmovisión que crea la clase baja), muestra que la influencia más poderosa que mantiene a las personas como parte de una clase baja no es la raza, sino el relativismo moral. Para constancia, el padre de Dalrymple era comunista. Él mismo es ateo, pero argumenta que las visiones socialmente liberales y progresistas minimizan la responsabilidad individual y producen una clase baja afectada por la violencia, las enfermedades de transmisión sexual, la dependencia de los subsidios del gobierno y el consumo de drogas.

Entonces, ¿qué causa una clase baja permanente? Él dice,

> De esta patología social nada es más cierto que el sistema de relaciones sexuales que prevalece en la clase baja, con el resultado de que el 70 por ciento de los nacimientos en mi hospital son ahora ilegítimos (una cifra que se acercaría al 100 por ciento si no fuera por la presencia en la zona de un gran número de inmigrantes del subcontinente indio).[31]

Según él, el principal propiciador de la clase baja son las relaciones sexuales sin compromiso auténtico, es decir fuera del pacto matrimonial. Las personas del subcontinente indio (Asia sur central) se casan, permanecen juntas, obtienen una educación y trabajan arduamente, por lo que la mayoría no forma parte de la clase baja.

Dalrymple continúa:

> La conexión entre este relajamiento moral y la miseria de mis pacientes es tan obvia que requiere considerable

sofisticación intelectual (y deshonestidad) para poder negarla. El clima de relativismo moral, cultural e intelectual —un relativismo que comenzó como un simple juguete de moda para los intelectuales— ha sido transmitido con éxito a aquellos que son menos capaces de resistir sus efectos devastadoramente prácticos.

Sospecho que la inmoralidad, la libertad sexual y los embarazos en adolescentes no casados, junto con las adicciones a los opioides y otros vicios como el alcoholismo y el juego, garantizarán siempre que haya lo que Dalrymple llamó una "clase baja permanente", e incluirá a todas las razas, culturas y etnias que no enfrentarán los problemas morales internos que los mantienen cautivos en su situación. Si una persona está siendo esclavizada por un problema que solo puede ser resuelto asumiendo su propia responsabilidad, es decir por sí mismo, es hora de que esa persona deje de culpar a otros por el problema y asuma su propia vida.

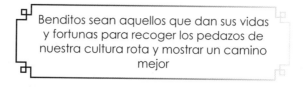

Benditos sean aquellos que dan sus vidas y fortunas para recoger los pedazos de nuestra cultura rota y mostrar un camino mejor

En medio de este resquebrajamiento, la iglesia debe asumir su responsabilidad y ser verdaderamente la iglesia. Admiro enormemente a esos pastores en nuestras comunidades más desfavorecidas en las ciudades, que están en las trincheras trabajando con familias, compartiendo recursos y sosteniendo ministerios evangelísticos para dar esperanza a personas atrapadas en ciclos de pobreza y desesperación total.

A continuación, daré un ejemplo de un ministerio que está abordando directamente esta necesidad al brindar a niños y familias la visión de que las cosas pueden ser diferentes. Esto es desafiante, pero debe hacerse; benditos sean aquellos que dan sus vidas y fortunas para recoger los pedazos de nuestra cultura rota y mostrar un mejor camino. Me regocijo cuando veo que la iglesia es la verdadera iglesia donde la necesidad es más grande.

La Iglesia en una Cultura Tóxica

¿Qué hace la iglesia en medio de esta cacofonía de voces enojadas, cada una clamando por sus "derechos" y la "justicia" que creen merecer? El marxismo no es la respuesta, el evangelio sí lo es. No debemos simplemente reaccionar ante la cultura, sino ser proactivos, ir más allá y liderar el camino.

Primero, no debemos permitir que las teorías de justicia social nos mantengan divididos; las enseñanzas de la nueva justicia social o la TCR (Teoría Crítica de la Raza) han dificultado tener conversaciones honestas sobre raza y género porque insisten en que nos estereotipemos uno al otro, basándonos en el grupo al que pertenecemos, y que asignemos características específicas a alguien basándose en su pertenencia a un grupo social (género, raza, etnia, etc.), aunque estas características suelen ser generalizaciones exageradas que no reflejan la realidad de cada individuo. Denny Burk, profesor de estudios bíblicos y director del Centro para el Evangelio y la Cultura, está de acuerdo y escribe:

La interseccionalidad (TCR) es el sistema de legalismo más implacable, despiadado e inmisericorde que he visto nunca. Si cruzas la línea, no hay absolución ni redención. No hay expiación del "pecado original de ser un privilegiado". Solo hay un agujero negro de vergüenza y desgracia.

El discurso retórico de la TCR puede ser tan intimidante que el miedo a ser malentendido puede tentarnos a retirarnos hacia la seguridad del guardar silencio. Esto sería un error. Afortunadamente, la mayoría de los líderes afroamericanos dan la bienvenida a la discusión honesta sin prejuzgar a las personas por el color de su piel. Y eso debería ser cierto para todos nosotros.

¡Y ahora, algunas noticias geniales!

> A los pies de la cruz confesamos que hay un terreno común entre toda la diversidad racial y étnica en el mundo

El evangelio hace lo que la TCR no puede hacer. La iglesia tiene una ventaja que la TCR no tiene: Creemos que la causa raíz del mal no son solo los sistemas externos, sino más bien, el pecado que yace dentro de cada corazón humano. Por lo tanto, buscamos la comunión entre las razas, no acentuando nuestras diferencias. A los pies de la cruz confesamos que hay un terreno común entre toda la diversidad racial y étnica en el mundo. Nos mantenemos juntos como pecadores confesando nuestra necesidad común de redención personal. Vemos la fuente del mal no fuera de nosotros, sino dentro de nosotros. Reconocemos, como alguien ha dicho, que no tenemos un problema de piel, sino un problema de *pecado*.

Confesamos que hemos recibido el perdón de Dios y la transformación de nuestros corazones, también conocida como el nuevo nacimiento. Confesamos que el evangelio no es lo que podemos hacer por Jesús, sino lo que Jesús ha hecho por nosotros. Martín Lutero lo expresó simplemente: "Tú, Señor Jesús, eres mi justicia, pero yo soy tu pecado".

¿Y luego qué? La iglesia evangélica debe arrepentirse de su pasividad, de su indiferencia hacia las disparidades raciales. Me gusta lo que dice Tony Evans: Debemos comenzar con amistades con personas que son diferentes a nosotros; debemos conectarnos intencionalmente como familias y socios. Debemos demostrar que estamos dispuestos a desfavorecernos por el bien de los demás. Jesús renunció a los privilegios y al poder para redimirnos. Él es nuestro ejemplo de humildad y sacrificio. Un buen punto de partida es preguntarnos: ¿Cómo puedo personalmente poner las necesidades de mis hermanos y hermanas por encima de las mías?

No tenemos que gritarnos a través de las barreras raciales. Podemos sentarnos, hablar, escuchar y ayudarnos mutuamente a reflejar la unidad que ya ha sido establecida por Cristo. Este humilde reconocimiento es el núcleo de toda reconciliación significativa.

En el siglo primero d.C., la hostilidad entre judíos y gentiles era profunda. Pero notablemente, Cristo cambió todo eso. "Porque él mismo es nuestra paz, quien nos ha hecho de ambos pueblos uno y ha derribado en su carne el muro de separación que era de enemistad... para que creara en sí mismo un solo hombre nuevo en lugar de los dos, haciendo la paz, y reconciliará a ambos con Dios en un solo cuerpo por medio de la cruz, matando así la enemistad" (Efesios 2:14-16). En Cristo, estamos de acuerdo con Martin Luther King Jr. en que no deberíamos ser juzgados por el color de nuestra piel sino por el contenido de nuestro carácter.

¡Matar la enemistad!

Cristo creó algo nuevo: La iglesia no es una colección de individuos con un interés común, sino un grupo de personas que comparten una *vida* común. En Colosenses, Pablo enumera personas con diferencias raciales, étnicas, culturales y sociales. Sin embargo, en lugar de dividirlos en diferentes categorías, los ve unidos en Cristo. "Aquí no hay griego ni judío, circunciso ni incircunciso, bárbaro, escita, esclavo, libre; pero Cristo es todo, y en todos" (Colosenses 3:11). Verdaderamente radical.

Por cuestiones de espacio, resistiré la tentación de exponer el resto de la enseñanza de Pablo sobre la unidad traída por el evangelio. Es suficiente decir que no solo tenemos el mismo Salvador, sino que compartimos la misma vida y somos piedras en el mismo templo (1 Pedro 2:5).

Ahora que Cristo nos ha reconciliado, tenemos que preguntarnos: ¿Cómo podemos ayudarnos mutuamente? Comenzamos por escuchar. Los afroamericanos ven cosas que los blancos no perciben; cada uno de nosotros ve la vida a través de nuestra propia lente, nuestro propio trasfondo, nuestras propias experiencias familiares y, ciertamente, nuestras propias percepciones. Como hombre blanco, no puedo ponerme adecuadamente en los zapatos de mis hermanos negros y entender cómo es ser negro en una sociedad dominada por blancos. Solo una conversación honesta, sin miedo a ser etiquetado, nos permitirá superar los estereotipos y malentendidos. Tenemos mucho que aprender el uno del otro y sobre el otro.

Debemos aprovechar cualquier privilegio que tengamos en beneficio de aquellos que no nacieron con las mismas oportunidades económicas, raciales y culturales que otros. Nos preguntamos: ¿Qué podemos hacer juntos para lograr más igualdad y oportunidad?

De las muchas organizaciones a las que podría hacer referencia que están superando y ayudando a enfrentar y superar las profundas divisiones, hostilidades y conflictos basados en la raza que afectan a nuestras comunidades, me gustaría presentarte una que está haciendo una diferencia permanente y estratégica en cuatro de los vecindarios más necesitados de Chicago. Es un ejemplo maravilloso de lo que puede suceder cuando las personas que son bendecidas con recursos los invierten para cambiar la vida de miles de niños y tener un impacto duradero en la próxima generación.

D.L. Moody ya no está, pero Dios ha levantado una nueva generación que continúa su legado en la ciudad de Chicago. Una de nuestras miembros, Donnita Travis, se ofreció como voluntaria a través de la Iglesia Moody para ayudar a estudiantes —de una conocida unidad residencial— con sus tareas escolares. Conmovida por el amor hacia los niños, sintió que era guiada a comenzar un programa integral después de clases, con la visión de ayudar a los niños de los barrios más peligrosos y carentes, de Chicago, a experimentar la vida abundante que Jesús prometió (Juan 10:10). En 2001, lanzó lo que ahora se conoce como el *Club By The Hand For Kids* (Club de la Mano para Niños). Comenzando con 16 estudiantes, el ministerio ha crecido hasta incluir casi 1.600 niños de cuatro de los vecindarios más desfavorecidos y afectados por el crimen.

Donnita y su equipo, junto con cientos de voluntarios, literal y figurativamente toman a los niños de la mano y caminan junto a ellos desde el momento en que se inscriben hasta que terminan la universidad. El Club adopta un enfoque para nutrir y educar a los niños que abarca todos los aspectos de su ser, en lugar de centrarse solo en un área del desarrollo infantil, cuidando a los niños en su mente, cuerpo y alma. Cada niño tiene mentores y tutores. El ministerio es tan exitoso que el 83 por ciento de los estudiantes de primer año han logrado graduarse de la escuela secundaria. Y el 87 por ciento de sus graduados de secundaria se han inscrito en una universidad o escuela técnica, en comparación con el 68 por ciento de los estudiantes de Chicago en general. Muchos han llegado a confiar en Cristo como su Salvador y

Señor. Por favor, familiarícese con este increíble ministerio visitando su sitio web, https://bythehand.org.

Durante la Primera Guerra Mundial, algunos soldados franceses llevaron el cuerpo de un camarada a un cementerio para su entierro. El sacerdote les dijo amablemente que ese era un cementerio católico romano, por lo que necesitaba preguntar si el fallecido era católico. Respondieron que no, no lo era. El sacerdote lo lamentó mucho, pero si ese era el caso, no podía permitir el entierro en el cementerio. Así que los soldados, con tristeza, llevaron el cuerpo de su amigo y lo enterraron justo afuera de la cerca del cementerio.

Al día siguiente regresaron para marcar la tumba, pero para su asombro, no pudieron encontrarla. Sabían que la habían enterrado justo al lado de la cerca, pero la tierra recién excavada no estaba allí. Cuando estaban a punto de irse, el sacerdote los vio y les dijo que su conciencia lo había inquietado por decirles que no podían enterrar a su amigo dentro del cementerio. Tan preocupado estaba que temprano en la mañana movió la cerca para incluir la nueva tumba dentro de los límites del cementerio.

Cuento esta historia no para minimizar las diferencias entre protestantes y católicos, sino para mostrar que nosotros, como iglesia, debemos estar dispuestos a "mover las cercas" que tan fácilmente nos separan. No las cercas doctrinales que definen nuestra fe (de hecho, eliminar tales cercas es uno de nuestros problemas más serios), sino aquellas cercas culturales y raciales que mantienen dividido al cuerpo de Cristo.

Edwin Markham, en su poema "Outwitted" (Desconcertado), escribió:

Él dibujó un círculo que me dejó fuera—
Hereje, rebelde, una cosa para despreciar.
Pero el Amor y yo tuvimos la astucia para ganar:
Dibujamos un círculo que lo incluyó a él.

Los débiles deben ser protegidos. Los abusados, sanados. Los rechazados, aceptados. Y los mayores pecadores deben ser invitados a recibir el perdón de Cristo. Solo a través de la cruz podemos mostrar al mundo cómo es la reconciliación. El mundo puede hacer cualquier cosa que la iglesia pueda hacer, excepto una: no puede mostrar gracia. Y agregaré que no puede mostrar gracia porque no se inclina ante la cruz, donde la gracia se da a los pecadores. El mundo puede tener unión, pero no unidad; interés propio, pero no desinterés.

Cristo nos ha llamado a mostrar el camino.

Una plegaria que todos debemos elevar

Padre, enséñanos el significado completo de las palabras de Jesús en Juan 17:20-22:

> *» No te pido solo por estos discípulos, sino también por todos los que creerán en mí por el mensaje de ellos. Te pido que todos sean uno, así como tú y yo somos uno, es decir, como tú estás en mí, Padre, y yo estoy en ti. Y que ellos estén en nosotros, para que el mundo crea que tú me enviaste».*

Les he dado la gloria que tú me diste, para que sean uno, como nosotros somos uno.

Te agradecemos que ya nos has unido; enséñanos qué significa esto para nosotros como individuos y como iglesia. Y que ningún sacrificio sea demasiado grande para hacer tus palabras una realidad más visible.

En el nombre de Jesús, amén.

4

LIBERTAD DE EXPRESIÓN PARA MÍ, NO PARA TI

La tendencia creciente a silenciar y avergonzar a aquellos que sostienen cosmovisiones conservadoras o cristianas

Muchos de nosotros hemos sido críticos con la iglesia en la Alemania nazi. Nos hemos preguntado por qué los cristianos no se levantaron en oposición a la propaganda del Tercer Reich. Pero después de los disturbios que siguieron al asesinato de George Floyd, ahora debemos ser más comprensivos con el silencio de la Iglesia en aquel entonces. Es difícil hablar en una cultura llevada por una mentalidad de turba: sométete o sufre las consecuencias.

¿Cómo comienzan las revoluciones?

Las revoluciones comienzan con un momento cultural, un pretexto que ocultará la agenda real para justificar la revolución. Necesitas (1) el triunfo de una ideología sobre la ciencia, la razón y las libertades civiles. Luego (2) reclutas personas dispuestas a avanzar la revolución de la anarquía en nombre de la justicia y la igualdad. Y finalmente, (3) debes silenciar todas las voces disidentes. La sumisión a la ideología se impone ya sea por vergüenza, por medio de leyes o simplemente por exclusión, como sucede cuando despiden a las voces opositoras que se levantan, del lugar de trabajo.

Dado que este es un capítulo sobre la libertad de expresión, comentaré solo sobre el último de los tres factores que he mencionado anteriormente: En una revolución, "las voces disidentes deben ser silenciadas".

Considera este titular de noticias del 6 de junio de 2020: "Stan Wischnowski renuncia como editor jefe del periódico *Philadelphia Inquirer.*"

Leemos:

Stan Wischnowski, el editor jefe del *Philadelphia Inquirer*, ha anunciado su renuncia, días después de que el malestar entre el personal del periódico estallara por un titular en una columna [publicada el 2 de junio] sobre el impacto de los disturbios civiles tras el asesinato policial de George Floyd en Minneapolis.

¿Cuál fue su infracción? Permitió que se publicara un artículo titulado "Los edificios también importan", escrito por la crítica de arquitectura del periódico. La autora comenzó diciendo que las vidas, por supuesto, son más importantes que los edificios, pero luego describió algunos de los saqueos que ocurrieron en Filadelfia durante los disturbios y el vandalismo de la arquitectura. El periódico recibió tantas críticas que emitió una disculpa y cambió el título del artículo a "Las vidas de los negros importan. ¿Importan los edificios?" y nuevamente, "Dañar edificios perjudica desproporcionadamente a las personas que los manifestantes están tratando de levantar". Pero eso no fue suficiente para los radicales. La mera sugerencia de que de alguna manera los disturbios eran ilegítimos debido a la destrucción física que crearon, fue demasiado para el espíritu de turba que prevalecía en todo el país. Su principal editor durante 20 años tuvo que irse. Todo en nombre de la diversidad. Drew Brees, mariscal de campo de los New Orleans Saints, hizo esta declaración a *Yahoo Finance*:

Nunca estaré de acuerdo con alguien que falte el respeto a la bandera de los Estados Unidos de América o a nuestro país. Permíteme simplemente decirte lo que veo o lo que siento cuando se toca el himno nacional y cuando miro la bandera de los Estados Unidos. Veo a mis dos abuelos, que lucharon por este país durante la Segunda Guerra Mundial... Ambos arriesgando sus vidas para protegerlo e intentar hacer de nuestro país y de este mundo un lugar mejor. Así que cada vez que me pongo de pie con la mano en el corazón mirando esa bandera y cantando el himno nacional, eso es lo que pienso.

La mecha se encendió...

Lo que dijo Brees provocó tal reacción que decidió aclarar aún más sus comentarios en ESPN: "Amo y respeto a mis compañeros de equipo y estoy totalmente con ellos en cuanto a luchar por la igualdad racial y la justicia." Su convicción de que la bandera debe ser respetada fue demasiado lejos para la "guardia del pensamiento". Se disculpó por esa declaración no una, sino dos veces; el pensamiento independiente y la libertad de expresión no fueron permitidos.

Podría enumerar varios ejemplos más como este que han llamado mi atención. Estoy seguro de que has leído sobre muchas personas que fueron despedidas o criticadas porque expresaron una opinión diferente a la del grupo o los líderes. Los radicales tienen poco interés en la discusión racional. La libertad de expresión es lo que ellos se conceden a sí mismos, pero no a los demás. Buscan un dominio cultural no impugnado, en otras palabras, ellos quieren poder expresar sus opiniones sin restricciones, pero al mismo tiempo buscan silenciar o restringir las voces de quienes tienen opiniones diferentes.

Así es como funciona la cultura de la cancelación: dice sí, tú tienes la Primera Enmienda. Puedes ejercer tu libertad de expresión. Pero si lo haces, nos aseguraremos de que seas despedido. Serás vilipendiado y marginado. Cancelado.

¿Suena la cultura de la cancelación como parte de un país que está en camino a la grandeza, o como de un país en declive? Recuerda, las multitudes solo pueden destruir; no pueden construir. Y cada victoria los impulsa a más demandas. Muchos políticos y empresas salieron en apoyo de los radicales y canalizaron millones de dólares en su causa, sin duda señalando que estaban libres de racismo y esperando que la multitud no fuera tras ellos. Se le atribuye a Churchill haber dicho: "Un apaciguador es aquel que alimenta a un cocodrilo esperando que lo coma al final."

Y ¿qué pasa si te quedas en silencio, sin querer ceder al espíritu de la multitud? Los letreros lo decían todo: "El silencio es violencia". Inclina la rodilla, o de otro modo...

¿Cómo llegamos aquí? Aquellos grupos o instituciones que históricamente se han conocido por promover la tolerancia y la aceptación (como universidades, medios de comunicación, movimientos liberales, etc.) ahora están demostrando un nivel de intolerancia que incluso supera al de los fundamentalistas religiosos, quienes a menudo son criticados por su falta de tolerancia hacia diferentes creencias y estilos de vida. La intolerancia de los secularistas radicales de izquierda no es un fenómeno nuevo.

En 1997, el psicólogo Nicholas Humphrey dio la conferencia de Amnistía de Oxford de ese año, cuyo propósito era "argumentar a favor de la censura, en contra de la libertad de expresión"; específicamente, era censurar "la educación moral y religiosa", especialmente la educación que un niño recibe en casa.

Los niños tienen derecho a no tener sus mentes trastornadas por tonterías. Y nosotros, como sociedad, tenemos el deber de protegerlos de eso. Así que no deberíamos permitir que los padres enseñen a sus hijos a creer, por ejemplo, en la verdad literal de la Biblia, o que los planetas gobiernan sus vidas, más de lo que deberíamos permitir que los padres les arranquen los dientes a sus hijos o los encierren en un calabozo.

¿En serio?

¿Enseñar a los niños la verdad de la Biblia es equivalente a arrancarles los dientes? ¿O encerrarlos en un calabozo? Los críticos más severos de la libertad de expresión son los izquierdistas seculares que se enorgullecen de su supuesta tolerancia. Supuestamente son quienes están a favor de la inclusión y no de la exclusión, del pluralismo y no del fanatismo. Eso es cierto, por supuesto, solo si estás de acuerdo con su cosmovisión.

El Valor de la Libertad de Expresión

Recordemos lo que dice la Primera Enmienda de los Estados Unidos:

El Congreso no hará ley alguna por la cual adopte una religión oficial, ni prohibirá el libre ejercicio de la religión, ni coartará la libertad de palabra o de imprenta, ni el derecho del pueblo a reunirse pacíficamente y a presentar peticiones al gobierno para que remedie sus quejas.

En algún momento, la libertad de expresión fue un derecho que la izquierda radical aplaudió. El Movimiento por la Libertad de Expresión, como se le llamó, fue una protesta considerable y prolongada en el campus de la Universidad de California, Berkeley, durante el año escolar 1964-1965. Los estudiantes protestaron contra una norma administrativa que prohibía las actividades políticas en el campus y exigieron que la universidad reconociera su derecho a la libertad de expresión. Este movimiento fue respaldado por los activistas sociales de izquierda de la época y dio impulso tanto al movimiento por los derechos civiles como al movimiento contra la guerra.

Mi esposa y yo vivíamos en Skokie, Illinois, en 1977 cuando el Partido Nacional Socialista de América quería marchar en este suburbio donde vivían cientos de judíos que sobrevivieron a los campos de concentración de Hitler. Al principio, a estos defensores nazis se les negó un permiso para marchar y propagar su odio contra los judíos. Pero fueron defendidos por la ACLU (*American Civil Liberties Union*- Unión Americana de Libertades Civiles), que insistió en que la libertad de expresión era libertad de expresión, sin importar lo ofensiva que fuera. La Corte Suprema de los Estados Unidos emitió su veredicto en lo que se conoce como el conflicto entre el Partido Nacional Socialista de América y el Pueblo de Skokie, afirmando que los neonazis tenían derecho a manifestarse y hablar. Este caso de libertad de expresión a menudo se enseña o se cita en clases de derecho constitucional.

Eso fue entonces; esto es ahora.

Las instituciones que antes favorecían la libertad de expresión ahora están limitando el discurso, argumentando que este derecho es injusto, desigual e insensible. Dicen que la libertad de expresión debería permitirse para algunos grupos, pero no para otros. Casi la mitad de los *millenials* creen que se debería prohibir el "discurso de odio". Hoy en día, sin embargo, el discurso de odio suele definirse como el discurso de un oponente político con el que uno no está de acuerdo. Por ejemplo, si estás a favor de asegurar las fronteras de Estados Unidos, eso puede considerarse discurso de odio racista por aquellos que creen que Estados Unidos debería tener fronteras abiertas. O afirmar que solo existen dos géneros se considera ofensivo y, por lo tanto, se considera discurso de odio (más sobre esto en el próximo capítulo). El lema de aquellos que quieren silenciar el discurso con el que no están de acuerdo es "Si no puedes vencerlos, prohíbelos".

Argumentos para Prohibir la Libertad de Expresión

Comencemos con el filósofo marxista al que ya hemos sido presentados, Herbert Marcuse, quien fue muy influyente durante la década de 1960 y cuyo legado continúa. Atribuyó todos los males de la sociedad al capitalismo porque creía que una élite adinerada controlaba los medios de producción. Los trabajadores empleados por los capitalistas trabajaban más duro de lo necesario; consciente o inconscientemente, simplemente estaban alimentando la codicia de los capitalistas. Marcuse creía que el marxismo remediaría estas desigualdades. Pero ¿cómo lo llevaría a cabo el marxismo? No mediante la libertad de expresión, de la cual él decía, "está cargada y dominada por las élites existentes, que sesgan el debate para favorecer su posición". No es un campo de juego nivelado, decía, porque los capitalistas tienen la ventaja de engañar a las masas con su retórica, lo que ha resultado en violencia, racismo y opresión de diversos tipos. Mientras el capitalismo sobreviva, la gente carecerá del discernimiento para saber qué es realmente cierto.

¿Qué se debe hacer?

Marcuse se lamentaba: "La tolerancia se extiende a políticas, condiciones y modos de comportamiento que no deberían ser tolerados porque están obstaculizando, o mejor destruyendo, las posibilidades de crear una existencia sin miedo y miseria" (es decir, el estado marxista utópico). Para decirlo simplemente: la libertad de expresión permite que los capitalistas se mantengan en el poder; por lo tanto, la libertad de expresión no debe ser tolerada. Permitir la libertad de expresión a los no marxistas es retrasar, si no prevenir, la posibilidad de que prevalezca el marxismo.

¿Qué restricciones pensaba Marcuse que se debían imponer a la libertad de expresión?

Estas incluirían la retirada de la tolerancia del discurso y la reunión de grupos y movimientos que promuevan políticas agresivas, armamentismo, chauvinismo, discriminación por motivos de raza y religión, o que se opongan a la extensión de los servicios públicos, la seguridad social, la atención médica, etc.

Si crees en el armamentismo (patriotismo) y la discriminación por motivos de religión y raza, no tienes derecho a la libertad de expresión para defender tus puntos de vista. Una vez que el marxismo esté firmemente establecido, la libertad podría ser restaurada, pero algunas restricciones continuarán. Marcuse escribió:

Además, la restauración de la libertad de pensamiento [una vez que el marxismo esté firmemente establecido] puede requerir nuevas y estrictas restricciones sobre las enseñanzas y prácticas en las instituciones educativas que, por sus propios métodos y conceptos, sirven para encerrar la mente dentro del universo establecido de discurso y comportamiento.[13]

¿Qué deberíamos concluir?

Jeffery A. Tucker, director editorial del *American Institute for Economic Research* (Instituto Americano de Investigación Económica), comenta:

Marcuse dice que, si te opones a políticas como la seguridad social o el Obamacare, se te debería negar la libertad de expresión y de reunión. Deberías ser silenciado y golpeado. El camino hacia la verdadera libertad es a través de una opresión masiva en el mundo real. *Si tienes opiniones equivocadas, no tienes derechos.*

Recapitulemos. Marcuse estaba frustrado porque el marxismo aún no había prevalecido y culpó a la oposición capitalista. Por lo tanto, a los capitalistas se les debía negar la libertad de expresión. Tucker, con un toque de sarcasmo, comenta: "Dado que él y sus amigos son parte de un sacerdocio de la verdad, ¿no deberían simplemente ser declarados los ganadores y las opiniones contrarias suprimidas?" Después de todo, como dijo Marcuse, "La supresión de las políticas y opiniones regresivas es un requisito previo para el fortalecimiento de aquellas progresistas".[16]

¿Qué pasa con el liberalismo que defendía la libertad? Marcuse escribió que debemos poner fin al "credo liberal de discusión libre e igualitaria" y ser "militantemente intolerantes", es decir imponer las creencias o el rechazo a los demás de manera enérgica y a menudo agresiva. La política liberal de libertad de expresión debe ser denunciada.

¡La izquierda radical debe ser militantemente intolerante!

¿Quién debería hacer la distinción entre las opiniones progresistas del marxismo y las opiniones represivas del capitalismo? La respuesta es los intelectuales adecuadamente iluminados como Marcuse y sus amigos. Marcuse describe a la persona que debería decidir quién tiene permiso para hablar como alguien que debería estar "en la madurez de sus facultades como ser humano".

¿Entendiste eso? Entonces aquellos de nosotros que no somos marxistas "somos inmaduros"; se deduce que los que determinan lo que se puede y no se puede decir son aquellos que "tienen madurez de facultades". Déjame decirlo nuevamente: Marcuse creía que los marxistas deberían tener libertad de expresión, y los capitalistas no. Los marxistas son pensadores maduros; por lo tanto, no deberíamos discutir con ellos. Cuando la izquierda radical habla, solo quieren escuchar el eco de su propia voz.

Las ideas tienen consecuencias.

La mayoría de los profesores y estudiantes en nuestras universidades probablemente nunca han leído a Herbert Marcuse. Pero su influencia se ha filtrado en el ámbito académico. Para citar a Jeffrey Tucker una vez más, "No significa que la gente esté leyendo literalmente a Marcuse o incluso que sus profesores lo hayan hecho. La filosofía funciona así. Las malas ideas son como termitas: no puedes verlas de manera visible, hasta que de repente toda la casa se cae."

Tucker tiene razón. Las termitas represivas están por todas partes en el ámbito académico, permitiendo solo ideas progresistas. Solo piensa en lo difícil, o incluso imposible, que es tener a un conservador hablando en una universidad. Reconocemos humildemente que Herbert Marcuse ganó el argumento. Y utilizó la libertad de expresión para lograrlo.

Cerrando la Libertad de Expresión

Ahora bien, no tengo objeción a que las universidades tengan códigos éticos de discurso, razonables, para que la gente no pueda decir cualquier cosa. El viejo adagio de que no puedes gritar "¡Fuego!" en un teatro abarrotado a menos que realmente haya un incendio es solo un ejemplo de dónde se restringe la libertad de expresión. Las universidades podrían tener códigos de discurso que prohíban los insultos, el uso de apodos, las burlas a otros, etc., pero estos códigos no deberían ser tan restrictivos que el llamado discurso ofensivo sea prohibido porque el término ofensivo puede ser interpretado tan ampliamente como para incluir a cualquiera que simplemente discrepe con la agenda de los secularistas en cuanto a raza, género y política. La nuestra es una generación en la que muchos se sienten ofendidos simplemente por puntos de vista opuestos legítimos.

Los profesores de justicia social empapados en la Teoría Crítica de la Raza están listos para dar una aplicación contemporánea a las opiniones de marxistas como Herbert Marcuse. Como la Policía del Pensamiento de George Orwell, ellos son los guardianes, llevando la cuenta y determinando quién puede hablar y quién debe escuchar. A los ojos de los radicales, los opresores no deben recibir simpatía. Como David Horowitz describe a la izquierda radical, "Respetar los derechos de los opresores es apoyar las injusticias que cometen. Si se quiere lograr la justicia social, se debe suprimir a los perpetradores de injusticia privándolos de sus derechos. Por eso los progresistas —marxistas culturales— son tan intolerantes y buscan suprimir la libertad de expresión de aquellos que se oponen a ellos."[20]

Permítanme presentarles a Stanley Fish, autor de *There's No Such Thing as Free Speech, and It's a Good Thing, Too (No existe tal cosa como la libertad de expresión, y además es algo bueno)*. Él escribe,

> El individualismo, la equidad, el mérito: estas tres palabras están continuamente en la boca de nuestros modernos y actualizados respetables fanáticos que han aprendido que no necesitan ponerse una capucha blanca ni negar el acceso a las urnas para lograr sus objetivos."[21]

Léanlo nuevamente si es necesario. Aquellos de nosotros que creemos en la libertad de expresión somos comparados con el Ku Klux Klan y llamados fanáticos. Stephen R.C. Hicks resume la idea de esta manera: "Así que, para igualar el desequilibrio de poder, se requiere de manera explícita y sin disculpas el uso de estándares dobles en la izquierda posmoderna."[22]

¡Se requiere de manera explícita y sin disculpas el uso de estándares dobles!

Esta es la razón por la cual la izquierda radical ha cambiado su posición de defender la libertad de expresión a prohibirla y permitir que solo los grupos que para ellos son "oprimidos", hablen. El argumento es que las minorías, como por ejemplo las comunidades LGBTIQ+, han sido discriminadas y, por lo tanto, para nivelar el campo de juego, debemos frenar el poder social del "grupo dominante" que durante mucho tiempo ha utilizado la libertad de expresión para mantener su posición de poder. El racismo y el sexismo deben ser atacados vigorosamente,[23] y una manera de hacerlo es negar a ciertos grupos el derecho a hablar. Para ellos solo tienen derecho a guardar silencio.

El filósofo Stephen Hicks cree en la libertad de expresión y resume de manera útil los argumentos contemporáneos contra la libertad de expresión de esta manera: "El discurso es un arma en el conflicto entre grupos desiguales."[24] Por lo tanto, la izquierda radical argumenta, que es necesario proteger a los grupos más débiles de los grupos dominantes (los blancos, los hombres y los capitalistas) que usarán el poder del discurso a su favor a expensas de las minorías y las mujeres.

Para explicar más, "El argumento posmoderno implica que, si todo vale, eso da permiso a los grupos dominantes para seguir diciendo cosas que mantienen a los grupos subordinados en su lugar. El liberalismo [la libertad de expresión] significa, por lo tanto, ayudar a silenciar a los grupos subordinados." Entonces, desde la perspectiva de la izquierda radical, los códigos de expresión diseñados para censurar las voces conservadoras según ellos no son censura sino "formas de liberación" para los grupos oprimidos porque su voz será la única que se escuchará. Las opiniones contrarias sobre cuestiones de justicia social no están abiertas a discusión; deben ser silenciadas. En otras palabras, *cuanto más oprimido estoy, mayor es mi derecho a callarte.*

Algunos argumentan en contra de la libertad de expresión basándose en el "bienestar emocional" de los grupos oprimidos. La "retórica ofensiva" incluye libros "racistas" como los de Platón, Aristóteles, John Locke, etc. Se dice que estos libros, que pertenecen a la tradición occidental, hacen que las minorías se sientan oprimidas. Por eso han sido eliminados de muchos cursos de literatura o filosofía. Recientemente, la Universidad de Yale abandonó su curso altamente valorado "Introducción a la Historia del Arte: del Renacimiento al Presente" porque ponía el arte europeo en un pedestal a expensas de otras tradiciones artísticas. En su lugar, la escuela enseñará mini-clases sobre "arte y política"; cuestiones de "género, clase y raza"; y la relación del arte con el capitalismo y el cambio climático.[26]

Se han perdido las ricas tradiciones y contribuciones de la historia europea, incluyendo las de Leonardo da Vinci, Miguel Ángel y Rembrandt. Y decenas de otros. Los efectos de esta acción, se extenderán y afectarán muchos aspectos de la vida. El impacto que tendrá es significativo y generalizado, influyendo en diversas situaciones, personas o sistemas más allá del alcance inmediato u obvio.

Intimidación en el Campus

Según los secularistas radicales, la expresión no aprobada debe ser silenciada, incluso con violencia si es necesario. En marzo de 2017, una multitud en el Middlebury College en Vermont se negó a permitir que el científico social Charles Murray hablara. Los estudiantes que protestaban gritaban, golpeaban las paredes e incluso activaron alarmas de incendio. Agredieron a una profesora, causándole una conmoción cerebral, y Murray mismo estuvo cerca de ser golpeado. Su investigación llegó a ciertas conclusiones sobre la raza, el sistema de bienestar y la experiencia estadounidense que no cumplían con los "criterios de la guardia del pensamiento" (dichos criterios giran en torno a la imposición de la conformidad ideológica y la supresión de cualquier pensamiento disidente de la izquierda).

No he leído los escritos de Murray, así que no es mi intención defender su punto de vista. Mi único punto es que se le debería haber permitido compartir su investigación, especialmente porque fue invitado por un grupo de estudiantes para hacerlo. ¿Por qué no estar al menos dispuestos a debatir sus puntos de vista?

Por si acaso piensas que el evento en Middlebury fue un caso aislado de violencia contra la libertad de expresión, 177 profesores en los Estados Unidos firmaron una carta abierta culpando al Middlebury College, no a los estudiantes, por el caos. La presencia de Murray fue una "amenaza para los estudiantes". Y la protesta fue descrita como "resistencia activa contra el racismo, sexismo, clasismo, homofobia, transfobia, capacitismo, etnocentrismo, xenofobia y todas las demás formas de discriminación injusta".[27]

Mi opinión es que, si no están de acuerdo con Murray, ¿por qué no dejar que él mismo exponga sus argumentos y luego refutar sus argumentos con investigación alternativa? Aquellos que objetaron lo que tenía que decir podrían haber optado por mantenerse alejados e incluso advertir a otros sobre sus puntos de vista. O aún mejor, podrían haber invitado a otro orador para responder a su presentación. Pero no, el discurso de Murray tuvo que ser silenciado con violencia. No se necesita refutación de sus teorías propuestas; la violencia se considera un sustituto aceptable del pensamiento racional.

En incidentes como estos, el colegio o la universidad suele emitir una declaración que comienza con "Creemos en el derecho a la libertad de expresión, pero..." y luego da una lista de razones para prohibir la libertad de expresión. Luego, la administración casi siempre complace a las protestas de los estudiantes, por más escandalosas que sean, declarando que "necesitamos tener una conversación más profunda".

La pérdida de nuestras libertades puede tomar un giro inusual. El caso judicial de la *Christian Legal Society (Sociedad Legal Cristiana) Vs. Martínez* surgió cuando la Universidad de California, *Hastings College of the Law* insistió en que la Sociedad Legal Cristiana no podía exigir que sus líderes se adhirieran a un determinado conjunto de creencias y comportamientos, sino que debían estar abiertos a todos los estudiantes, sin discriminación. Esto significa, entre otras cosas, que un ateo podría convertirse en presidente de la Sociedad Legal Cristiana en ese campus. Esta acción por parte de la universidad fue una negación de la libertad de asociación y del libre ejercicio de la religión. La noción de que los grupos estudiantiles en la universidad no pueden tener requisitos religiosos, políticos o morales para el liderazgo desafía el sentido común y socava el propósito mismo de tales grupos.

¿Qué subyace en el centro de la intolerancia en el campus? Heather Mac Donald escribe: "En su centro hay una cosmovisión que ve a la cultura occidental como endémicamente racista y sexista. El objetivo principal del establecimiento educativo es enseñar a los jóvenes dentro de la creciente lista de clasificaciones oficiales de víctimas a verse a sí mismos como existencialmente oprimidos. Uno de los resultados de esa enseñanza es el silenciamiento forzado del discurso contrario".

Reconocerás que los argumentos contra la libertad de expresión son básicamente los mismos que los comunistas usaron durante su reinado de terror en Rusia y Europa del Este. El argumento es simple: la libertad de expresión socavaría los derechos de los oprimidos y los pobres, a quienes el estado desea ayudar. La libertad de expresión debe ser prohibida por el bien del pueblo; es decir, para que los derechos de todas las personas estén igualmente representados. Los capitalistas no deberían tener permitido argumentar contra los socialistas; los cristianos no deberían desafiar al ateísmo. Y los librepensadores no tienen derecho a argumentar que hay formas en que el estado podría hacer un mejor trabajo sirviendo al pueblo. La libertad de expresión perturbaría la visión comunista de llevar "igualdad" a todos los grupos y perturbaría la unidad del cuerpo político.

Por favor, escúchame cuando digo que los estudiantes deberían ser enseñados a ser respetuosos con diferentes razas y diferentes puntos de vista sobre razas, sexualidad y filiaciones políticas. La libertad de expresión no debería significar que podemos insultar a las personas, menospreciarlas y usar obscenidades. Pero tampoco deberíamos consentir a las personas hasta el punto de que sus egos sean tan frágiles que un punto de vista alternativo, incluso si se presenta de manera legítima y cuidadosa, no deba ser escuchado de manera justa e imparcial.

Con demasiada frecuencia, el avergonzar y culpar ha reemplazado al escuchar y el razonar.

Los efectos de la intolerancia

Desde la década de 1970, el movimiento radical ha estado estableciendo una base política en nuestras universidades, purgando a los profesores y textos conservadores y transformando disciplinas académicas en cursos de entrenamiento político. Estos programas de adoctrinamiento de izquierda fueron descritos en el capítulo anterior como estudios de opresión, estudios de justicia social, estudios feministas, estudios sobre la blancura, y similares.

Raramente estoy de acuerdo con Andrew Sullivan, un activista de principios liberales, muy prominente, y que recientemente sintió la necesidad de sonar una alarma al respecto. Señaló que este movimiento radical representaba una amenaza existencial para el orden americano del pluralismo y la libertad individual.

Cuando las universidades de élite desplazan por completo su visión del mundo lejos de la educación liberal, como la hemos conocido durante mucho tiempo, hacia los imperativos de un movimiento de "justicia social" basado en la identidad, la cultura más amplia corre el peligro de alejarse de la democracia liberal también. Si las élites creen que la verdad fundamental de nuestra sociedad es un sistema de estructuras de poder interconectadas y opresivas basadas en características inmutables como la raza, el sexo o la orientación sexual, entonces más temprano que tarde, esto se reflejará en nuestra cultura en general. Lo que más importa a la mayoría en estas universidades —tu pertenencia a un grupo que está incrustado en una jerarquía de opresión— pronto será lo que más importe en la sociedad en su conjunto. (*n. del t.*: *"jerarquía de opresión" describe la nueva "estructura social" donde ciertos grupos se clasifican como sistemáticamente desfavorecidos y oprimidos en comparación con otros, basándose en factores como raza, género, estatus socioeconómico u otras características. Estar "incrustado" en esta jerarquía significa que el grupo forma parte inherente de este sistema de desigualdad. La frase sugiere que la posición del grupo en esta jerarquía afecta sus experiencias, oportunidades e interacciones con otros en la sociedad*).

Sullivan continuó describiendo cómo esta noción constituía un asalto al principio fundamental estadounidense de la libertad y la igualdad de los individuos:

El concepto de que un individuo existe aparte de la identidad grupal se está desvaneciendo del discurso por completo. La idea del mérito individual, —en contraposición con diversas formas de "privilegio" no merecido—, es cada vez más sospechosa. Los principios de la Ilustración que formaron la base del experimento americano, como la libertad de expresión sin restricciones, el debido proceso, los derechos individuales (en lugar de los derechos comunitarios), ahora se conciben rutinariamente como meras máscaras del poder "blanco machista", términos acuñados para expresarse y resaltar la "opresión de las mujeres y de los no blancos". Cualquier diferencia en los resultados para varios grupos siempre es una función o resultado del "odio", en lugar de una función natural, una elección, la mera libertad de hacerlo o la propia decisión individual. Y cualquiera que cuestione estas afirmaciones es obviamente un supremacista blanco *per sé*.

Es realmente extraño que en este siglo tengamos que defender realmente la libertad de expresión, un derecho que se ha ganado con tanto sacrificio, incluso hasta el punto de un gran derramamiento de sangre. Si la Ilustración nos enseñó algo, es que la libertad de expresión surgió a través de la disposición de aquellos que tenían puntos de vista opuestos, a participar de manera civilizada, en argumentaciones, discusiones y debates acalorados.

Argumentos a favor de la libertad de expresión

Vivimos en una "generación ofendida". Se nos dice que el derecho de todos a la libertad de expresión debe ser limitado para no ofender a nadie. Se debe silenciar el discurso ofensivo, no importa cuán educada o razonablemente se exprese.

El islam lleva esto a un extremo y reprime la libertad de expresión dondequiera que prevalezca. Desde 2008, la Organización de Países Islámicos (OIC-OPI) ha querido aprobar una legislación a través de las Naciones Unidas que convertiría en un delito toda crítica al islam. Las llamadas "leyes de blasfemia" en muchos países musulmanes criminalizan todas las críticas al islam, a menudo tratando dichas críticas como un delito capital. Incluso ser un cristiano silencioso es blasfemo porque los cristianos creen en la Trinidad y en la deidad del Hijo de Dios, Jesucristo. Ninguna religión en todo el mundo es tan represiva como el islam. Lamentablemente, incluso en las naciones occidentales, ser crítico con el islam es políticamente incorrecto y condenable.

Nadie conoce más sobre la intolerancia del islam que Salman Rushdie, el novelista que fue puesto bajo una fatwa, es decir, una sentencia de muerte musulmana. Su crimen: escribir sobre lo que se llaman "los versos satánicos" que se encuentran en el Corán. Diez años después de que se anunciara la fatwa, fue levantada, pero hasta el día de hoy Rushdie aparece en público con una fuerte escolta.

La defensa de la libertad de expresión de Rushdie es clásica; él argumenta acertadamente que la libertad de expresión significa el derecho a ofender a otros. "La idea de que se puede construir algún tipo de sociedad libre en la que las personas nunca se sientan ofendidas o insultadas es absurda".

Él continúa:

> Una decisión fundamental debe tomarse: ¿queremos vivir en una sociedad libre o no? La democracia no es una suave y tranquila tarde de té donde la gente se sienta a tener conversaciones educadas. En las democracias, la gente se puede enojar enormemente entre sí. Argumentar vehementemente en contra de las posiciones de los demás, sin ningún problema.

Observa su claridad de pensamiento:

> Las personas tienen el derecho fundamental de llevar un argumento al punto en que alguien se sienta ofendido por lo que dicen. No es ninguna magia apoyar la libertad de expresión de alguien con quien estás de acuerdo o cuya opinión te es indiferente. La defensa de la libertad de expresión comienza en el momento en que las personas dicen algo que no soportas. Si no puedes defender su derecho a decirlo, entonces no crees en la libertad de expresión. Solo crees en la libertad de expresión siempre y cuando no te moleste.

Esta declaración debería estar escrita en el pasillo de entrada de cada universidad y colegio: *No crees en la libertad de expresión a menos que otorgues a los demás el derecho de ofenderte con lo que dicen.*

Los argumentos en favor de la libertad de expresión se remontan a la Reforma, cuando Martín Lutero se opuso a unos 1000 años de control eclesiástico y afirmó su derecho a discrepar con papas y concilios. La doctrina bíblica del sacerdocio de los creyentes abrió la puerta a la libertad de conciencia y expresión. Estas ideas fueron ampliadas en la Ilustración. Hombres como John Locke argumentaron que la razón es esencial para conocer la realidad y es parte de lo que somos como individuos. La libertad para pensar, interactuar, criticar y discutir temas es esencial para el bienestar común. Y cuando consideras esos estudios que están especialmente destinados a promover el conocimiento, los estudios científicos, filosóficos y religiosos, la libertad de expresión es esencial. La libertad de expresión es la base de nuestras demás libertades.

George Orwell, a quien todos deberíamos estar leyendo, lo expresó mejor: "Si la libertad significa algo realmente significa el derecho a decir a la gente lo que no quieren escuchar". Eso merece ser repetido: *Si la libertad significa algo en absoluto, significa el derecho a decir a la gente lo que no quieren escuchar.*

Claramente, la izquierda radical desprecia la libertad. La posibilidad de escuchar algo que les resulte ofensivo o que no se ajuste a sus creencias arraigadas los hace retirarse a "lugares seguros" donde puedan lidiar con lo que perciben como su marginación y victimización no apreciada. Anhelan una cámara de eco donde solo escuchan el sonido de sus propias voces y quejas.

Aquí está la ironía: Los censores, los radicales que están demasiado dispuestos a negar la libertad a quienes no están de acuerdo con ellos, son percibidos en nuestra cultura como tolerantes, mientras que quienes desean adherirse a opiniones cristianas o tradicionales son considerados intolerantes. En otras palabras, la filosofía de la izquierda es esta: *Predicar tolerancia, pero practicar una intolerancia inflexible contra cualquiera que tenga el coraje de expresar un punto de vista diferente.*

Herbert Marcuse y Stanley Fish aprovecharon la libertad de expresión cuando escribieron sus libros en contra de la libertad de expresión. La misma libertad que disfrutaban se ganó a un alto costo. Querían negar a otros el mismo derecho que les permitió expresar su perspectiva a través de sus escritos y conferencias.

La libertad de expresión siempre ha sido una de las libertades más sagradas en América. Frederick Douglass declaró en 1860 que "la esclavitud no puede tolerar la libertad de expresión. Cinco años de su ejercicio harían desaparecer el bloque de subastas y romperían cada cadena en el Sur".

Douglass dijo estas palabras en un momento en que los periódicos apoyaban la prohibición del discurso abolicionista. Después de ser atacado por una multitud, Douglass advirtió que "la libertad no tiene sentido donde el derecho a expresar los pensamientos y opiniones ha dejado de existir. Ese, de todos los derechos, es el temor de los tiranos. Es el derecho que primero derriban".

¡La libertad de expresión es el temor de los tiranos!

La Respuesta de la Iglesia

Este no es un momento para almas tímidas.

La audacia es fácil cuando estás en presencia de aquellos que están de acuerdo contigo; es difícil cuando estás solo en medio de personas que buscan tu ruina. La audacia detrás de un púlpito es una cosa; la audacia en una reunión del concejo municipal es otra. La audacia se ve con más claridad cuando has quemado el puente que te habría permitido retroceder hacia la seguridad.

Hay dos formas en que la cultura intenta intimidar a los cristianos. Una es criminalizar lo que dicen o hacen, y la otra es avergonzarlos. Muchos cristianos no serán convencidos de abandonar su fe, pero sí serán avergonzados a causa de ella. La vergüenza hará que muchos cristianos se retiren al silencio.

La legislación sobre discursos de odio efectivamente hará que nuestro testimonio sea ilegal. Que los cristianos hablen en contra de la cultura se definirá como odio, y el odio no tiene lugar en un debate civil. Canadá y otros países ya tienen leyes contra los "discursos de odio". A los pastores cristianos se les prohíbe predicar contra el matrimonio homosexual en televisión, y un hombre, Mark Harding, fue condenado a 340 horas de entrenamiento de sensibilización con un líder imán por hablar en contra del islam.

¿Es importante la libertad de expresión?

Obviamente, las leyes de libertad de expresión en las naciones occidentales han apoyado a los cristianos en la difusión del evangelio en todo el mundo. La libertad de expresión es un regalo especial que no es lo suficientemente valorado por todos nosotros. Pero históricamente, durante la mayor parte de los 2.000 años, la iglesia ha tenido que sobrevivir sin libertad de expresión. La oposición a la libertad de expresión comenzó temprano en la historia de la iglesia. Poco después de que la iglesia naciera, predicar en el nombre de Jesús era considerado un discurso prohibido; era un discurso de odio que llevaba consigo la pena de prisión y a veces incluso la muerte.

Tómate un momento para releer Hechos 4. Pedro y Juan realizaron un milagro en el nombre de Jesús. Pero las autoridades no estaban contentas. Por esto, los dos fueron arrestados. Cuando se les pidió que se defendieran, Pedro proclamó audazmente que el milagro se realizó en el nombre de "Jesucristo de Nazaret, a quien crucificaron... porque no hay otro nombre bajo el cielo dado a los hombres por el cual podamos ser salvos" (Hechos 4:10, 12).

No hay corrección política aquí. "¡Por su acuerdo, dejaron que Jesús fuera crucificado, y si no creen en Él, no tienen salvación!"

> Los mártires que nos precedieron han demostrado que no es necesario tener libertad de expresión para ser fieles

Cuando Pedro y Juan fueron amenazados y advertidos de no hablar más en el nombre de Jesús, respondieron: "Juzguen ustedes mismos si está bien delante de Dios obedecerlos a ustedes antes que a Dios; pero nosotros no podemos dejar de decir lo que hemos visto y oído" (versículos 19-20). ¡Tómenlo o déjenlo! Sus amenazas no nos impedirán predicar el evangelio.

Los mártires que nos precedieron han demostrado que no es necesario tener libertad de expresión para ser fieles. Richard Wurmbrand, en su libro Torturado por la causa de Cristo, escribió sobre padres que enseñaron la fe cristiana a sus hijos. "Si se descubría que enseñaban a sus hijos acerca de Cristo, les quitaban a sus hijos de por vida, sin derecho a visitas."

Dios nos está haciendo humildes. En la década de 1980, mirábamos a la Mayoría Moral para detener la caída moral y espiritual de América. Mirábamos a los tribunales y a la Casa Blanca. Pero poco a poco, nuestra cultura está silenciando nuestro testimonio. Los estudiantes en las universidades de hoy enfrentan desafíos que las generaciones anteriores nunca tuvieron. Asistí a la universidad en un momento en el que podíamos compartir nuestra fe libremente, cuando varios grupos políticos y religiosos podían reunirse en el campus. Asistí en un momento en el que podías ignorar a aquellos con quienes no estabas de acuerdo o dialogar con ellos. Había una disposición general para discutir puntos de desacuerdo. El postulado, "Puedo no estar de acuerdo con lo que dices, pero lucharé hasta la muerte para que tengas derecho a decirlo" se aceptaba como la norma general.

Esos días se han ido, no solo en nuestras universidades, sino también en la fuerza laboral, en el ejército y, tristemente, incluso en nuestras iglesias. Y donde aún no hay leyes para limitar la libertad de expresión, estamos tentados a autocensurar lo que decimos. O al menos hay muchos que están listos para acusarnos de ser culpables, desamorados e intolerantes.

Por supuesto, nuestro discurso debe ser con gracia sazonada con sal. No gritamos a los transeúntes (como vi a un evangelista enojado hacer en Zúrich, Suiza, hace años). La libertad de expresión no significa que hablemos de manera condenatoria a nuestra nación como si estuviéramos libres de nuestras propias debilidades y pecados. Damos razón de la esperanza que hay en nosotros con respeto, mansedumbre y temor (ver 1 Pedro 3:15).

Uno de mis héroes es el reformador del siglo XVI Hugh Latimer. Cuando se le pidió predicar frente al rey Enrique VIII, luchó pensando acerca de que debía decir exactamente. Recordarás que Enrique tenía la reputación de cortar las cabezas de sus enemigos, incluyendo la de dos de sus esposas.

Mientras hablaba, Latimer luchaba consigo mismo: "¡Latimer! ¡Latimer! ¿Recuerdas que estás hablando ante el poderoso rey Enrique VIII, quien tiene el poder de ordenar que te envíen a prisión, y cómo puede hacerte cortar la cabeza, si así lo desea? ¿No cuidarás de no decir nada que ofenda los oídos reales?" Se detuvo por un momento, luego continuó: "¡Latimer! ¡Latimer! ¿No recuerdas que estás hablando ante el Rey de reyes y Señor de señores; ante Él, ante cuyo trono se parará Enrique VIII; ante Él, ¿a quién un día también tendrás que rendir cuentas tú mismo? ¡Latimer! ¡Latimer! Sé fiel a tu Maestro y declara toda la Palabra de Dios."

Latimer proclamó la Palabra de Dios, y aunque Enrique le perdonó la vida, la hija de Enrique, la reina María (María la Sanguinaria), lo mandó quemar en la hoguera en Oxford. Mientras moría entre las llamas, llamó al obispo Ridley, quien también fue consignado a las llamas con él, y se le cita diciendo: "Maestro Ridley, actúa como un hombre; hoy encenderemos una vela, por la gracia de Dios, en Inglaterra, que confío en que nunca se extinguirá".

¿El secreto de la valentía? Temer a Dios más que a las llamas. Tenerle más miedo que a tu reputación. Debemos terminar con el liderazgo pusilánime y tibio. Este es nuestro día para "actuar como hombres" con una verdad y amor audaces e intransigentes, arriesgándolo todo por Dios.

Podemos esperar que las opiniones que difieren de las del pensamiento policial sean boicoteadas, avergonzadas y expuestas. Pero no podrán silenciarnos. Soportaremos la vergüenza, la burla y las penalidades.

Seremos escuchados, y oramos para que la iglesia hable con una sola voz.

Una plegaria que todos debemos elevar

Padre, oramos con palabras tomadas de una reunión de oración celebrada en la iglesia primitiva:

> *Señor soberano, que hiciste el cielo y la tierra y el mar y todo lo que hay en ellos... porque verdaderamente en esta ciudad se reunieron contra tu santo siervo Jesús, a quien ungiste, tanto Herodes como Poncio Pilato, junto con los gentiles y los pueblos de Israel, para hacer lo que tu mano y tu plan habían predestinado que sucediera. Y ahora, Señor, mira sus amenazas y concede a tus siervos seguir hablando tu palabra con todo valor (Hechos 4:24, 27-29).*

Permítenos dar una razón de la esperanza que hay en nosotros con mansedumbre y temor (1 Pedro 3:15). Permítenos defender humildemente la verdad y dejar las consecuencias en tus manos. Enséñanos cuándo hablar y cuándo guardar silencio; que seamos "astutos como serpientes y sencillos como palomas" (Mateo 10:16).

Permítenos no gritar, sino hablar.
En el nombre de Jesús, amén.

5

VENDE LA IDEOLOGÍA COMO UNA CAUSA NOBLE

Cómo se utiliza la propaganda para moldear la percepción de la realidad de una población para que no cambie de opinión incluso cuando se enfrenta a pruebas contrarias convincentes

La propaganda puede cambiar el rumbo de una nación. En Oceanía, el escalofriante estado totalitario de George Orwell en la novela 1984, tenemos una descripción convincente de cómo el llamado Ministerio de la Verdad utilizaba un lenguaje sutil y siniestro, Neolenguaje, para lavar el cerebro a la gente. El lema de Oceanía es "La guerra es paz; la libertad es esclavitud; la ignorancia es fuerza". Los Policías del Pensamiento podían controlar las ideas que determinaban las opiniones políticas y morales de la cultura.

La supresión de las libertades individuales se vendía a la población como un beneficio. La esclavitud al estado se presentaba como el camino hacia la libertad y la prosperidad. La conquista se vendía como liberación. Todo lo hecho siempre era "por el bien del pueblo". Personalmente recuerdo visitar varios de los campos de concentración de Adolf Hitler, descritos como campos de libertad. Las puertas de entrada llevaban el lema *Arbeit macht frei*: "El trabajo te hace libre".

Neolenguaje, Doble pensar (tiene que ver con un mecanismo de manipulación por el que la gente llega a pensar dos cosas contradictorias al mismo tiempo, sin darse cuenta), Policía del Pensamiento, Gran Hermano: todas estas palabras y frases han entrado en nuestro vocabulario gracias a George Orwell. Sus escritos, quizás como ningún otro, expusieron cómo se utiliza la propaganda para controlar un estado totalitario. Orwell ofreció en su libro, perspicacias que todos debemos leer.

El propósito de la propaganda es cambiar la percepción de la realidad de las personas para que, a pesar de las pruebas contundentes en contra, las personas no cambien de opinión. El objetivo es hacer que las personas sean impermeables a los hechos, a las pruebas científicas y al sentido común. Por supuesto, a veces los hechos y las pruebas científicas pueden ser objeto de interpretación. Pero a menudo se dejan de lado argumentos obvios porque las personas creen lo que quieren creer incluso ante la evidencia contraria creciente. Alguien ha dicho que el objetivo final de la propaganda es que nos comportemos como un niño con un dedo en cada oído, gritando: "¡No te escucho!"

Y cuando los radicales escuchan un punto de vista que desafía sus creencias, a menudo "doxean" a la persona que lo está diciendo. Es decir, intentan encontrar alguna información personal perjudicial sobre la persona y luego la publican en las redes sociales. Esto convenientemente "cancela" la necesidad de tratar los problemas que desafían su pensamiento. En otras palabras, "No me gusta el mensaje, así que simplemente destruiré al mensajero". Su respuesta es la indignación en lugar de argumentos racionales.

Solo el poder de la propaganda puede explicar movimientos que claman por desfinanciar a la policía y vilipendian a los agentes del orden como una gran amenaza para nuestra sociedad, mientras, al mismo tiempo, excusan o incluso defienden a los anarquistas. Todo esto está sucediendo en un momento en que las tasas de criminalidad están aumentando en nuestras ciudades y las personas temen tener que defenderse cuando la multitud llegue a su puerta. La destrucción del orden y la ley se vende bajo la bandera del progreso. Y, por supuesto, el objetivo muy noble de la *justicia*.

La propaganda es utilizada por todos los partidos políticos de cualquier inclinación. Tú y yo podemos recurrir a la propaganda cuando intentamos vender una idea o buscamos defendernos. Cuando Dios condenó a Adán por comer del fruto del árbol prohibido, Adán culpó a Eva por sus acciones. Lo que dijo no era exactamente falso, pero tampoco era toda la historia. Utilizó el lenguaje en un intento fútil de cambiar la realidad de lo que sucedió. *Manipulación.*

En el jardín, la serpiente sedujo a Adán y Eva con una fruta que parecía buena pero en realidad les entregaba algo malo. El diablo apeló a sus deseos en lugar de a sus mentes; sabía que los apetitos pueden ser más poderosos que la razón. Como un trampero que ofrece carne, pero oculta una trampa mortal debajo, así la propaganda nos atrae haciéndonos creer que estamos obteniendo una cosa, pero en realidad estamos obteniendo otra. Detrás de la trampa está el trampero, y detrás de la mentira está el mentiroso.

En este capítulo veremos cómo se elabora una agenda radical para engañar a las personas. Veremos cómo lo extraño tiene que ser normalizado bajo el pretexto de traer libertad, y cómo la realidad tiene que ser negada para persuadir a las personas a aceptar una "verdad" alternativa.

Como cristianos, necesitamos ser mejores en reconocer la propaganda e identificar sus usos más atroces en nuestra cultura, en los medios de comunicación y en las redes sociales. Debemos hacer todo lo posible por entender cómo estamos siendo manipulados sin darnos cuenta, y cómo también podríamos estar manipulando a otros. Y debemos estar dispuestos a cambiar de opinión si la evidencia lo justifica.

Cómo opera la propaganda

Edward Bernays, en su libro "Propaganda", defiende el uso de la propaganda y la necesidad de la "manipulación inteligente" de las masas. Él explica: "Quienes manipulan este mecanismo invisible de la sociedad constituyen un gobierno invisible que es el verdadero poder gobernante de nuestro país".

Bernays escribe que "somos gobernados, nuestras mentes moldeadas, nuestros gustos formados, nuestras ideas sugeridas, en gran medida por hombres que nunca hemos oído hablar... Son ellos quienes tiran de los hilos que controlan la mente pública, que aprovechan viejas fuerzas sociales e idean nuevas formas de vincular y guiar al mundo".

Miremos más de cerca su descripción: la propaganda es "un mecanismo invisible", "un gobierno invisible", incluye "nuevas formas de vincular y guiar" a nosotros. Controla lo que pensamos *sin que sepamos que estamos siendo controlados.*

La propaganda toma muchas formas diferentes. A veces oculta la verdad; a veces usa medias verdades; a veces distorsiona la verdad mediante el uso selectivo de hechos o historia, o utiliza afirmaciones unilaterales. Casi siempre busca presentar su argumento apelando a un objetivo más elevado, como "el bien común" o "es una cuestión de derechos" o "justicia". Afirma tener la alta moralidad y se vende como una noble causa.

Apelando a un objetivo superior

Como ejemplo, consideremos cómo una compañía tabacalera convenció a las mujeres de que debían fumar y hacerlo en público. Hasta aproximadamente 1926, se consideraba impropio que las mujeres fumaran en público. La *Ameri-*

can Tobacco Company George Washington Hill (que incluía la marca Lucky Strike) contrató a Edward Bernays para cambiar este obstáculo no deseado para su negocio. Si podían convencer a las mujeres de que fumaran abiertamente, podrían casi duplicar su negocio.

Bernays, que combinó sus filosofías de propaganda con la psicología (su tío era Sigmund Freud), ideó una idea ingeniosa: Recordar a las mujeres que están oprimidas y llamar a los cigarrillos sus "antorchas de libertad".

En 1929, reunieron a un grupo de mujeres que marcharon en el desfile del Domingo de Pascua en Nueva York mientras fumaban, mostrando orgullosamente sus "antorchas de libertad". Para las mujeres, fumar en público ahora se convirtió en un símbolo de inconformismo, de independencia y fortaleza. Fue un signo de rebeldía contra la dominación masculina.

Por supuesto, no se mencionaron los efectos negativos del tabaquismo, su poder adictivo y sus conexiones con las enfermedades pulmonares (para ser justos, en aquellos días, estos efectos no eran ampliamente conocidos). Pero cuando fumar se convirtió en un símbolo de igualdad y liberación para las mujeres, Lucky Strike encontró un nuevo y lucrativo mercado. Y el resto es historia.

A partir de ese momento, la publicidad se basaría no solo en la necesidad, sino en el deseo. De esta manera, las personas se convertirían en consumidores y seguirían comprando lo que no necesitaban. Los hombres comprarían autos nuevos como símbolos de masculinidad o sexualidad; las mujeres estarían dispuestas a comprar ropa muy incómoda y usarla con orgullo solo para estar a la moda. Y como los estilos cambiaban constantemente, casi continuamente estarían comprando lo que no necesitaban para mantenerse a la moda. En la publicidad, los deseos ocultos se explotan constantemente para hacernos desear lo que no necesitamos.

Traduce esto a nuestro clima moral. Cualquier causa puede parecer legítima si se vincula a alguna idea noble. Incluso el mal, si se empaqueta correctamente, puede parecer bueno, y lo bueno puede empaquetarse como malo. Isaías escribió: "¡Ay de los que llaman a lo malo bueno y a lo bueno malo, que ponen las tinieblas por luz y la luz por tinieblas, que ponen lo amargo por dulce y lo dulce por amargo!" (5:20). Los secularistas radicales idean estrategias sobre cómo llamar al mal bien, pero incluso entonces su tarea aún no ha terminado. No solo deben llamar al mal bien, sino que también deben llamar al bien mal. Solo entonces pueden vender su agenda. Esto no se hace mediante argumentos racionales, sino apelando al deseo humano. Cuando Edmond White, coautor de "The Joy of Gay Sex" (el gozo del sexo gay), propuso que "los hombres homosexuales deberían llevar sus enfermedades de transmisión sexual como insignias rojas de coraje en una guerra contra una sociedad negativa hacia el sexo", dio un ejemplo de cómo incluso el comportamiento más sórdido y autodestructivo puede venderse como empoderamiento. Vende algo como liberación, y probablemente tendrás éxito. Controla el lenguaje y controlarás el debate.

Saúl Alinsky, el marxista radical, les dijo a sus seguidores cómo enmascarar su verdadera agenda. Hablando de la estructura política actual, dijo: "Ellos tienen las armas y por lo tanto nosotros estamos a favor de la paz y de la reforma a través del voto. Cuando tengamos las armas, entonces será a través de la bala". Nota la decepción: Por ahora, vamos a favor de la paz y la reforma hasta que estemos en el poder. Luego abandonaremos *las urnas* a favor de *la bala*. Predica nobles objetivos. Oculta tu verdadero propósito.

Usa los slogans para enmascarar el mal

Los eslóganes a menudo se utilizan para enmascarar el mal siniestro. Un ejemplo extremo de esto fue cuando Hitler dejó morir de hambre a los niños, lo llamó "ponerlos a dieta baja en calorías". La exterminación de judíos se llamó "limpieza de la tierra". La eutanasia se refería como "lo mejor de la terapia moderna". Los niños considerados inadecuados para la sociedad fueron asesinados en "centros especializados para niños". Los secuaces de Hitler no proclamaban públicamente que iban a matar gente. Incluso cuando hacían planes para exterminar a millones, los líderes nazis hablaban en eslóganes abstractos como "la solución final". Se usaban términos sanitizados, es decir suavizaban ciertos aspectos de sus procedimientos para hacerlos más "aceptables o seguros", para la sociedad alemana y camuflar sus crímenes indecibles. El mal se describía en términos clínicos.

Los musulmanes radicales llaman a los horrores de la ley sharía una nueva forma de liberación, y la crueldad de los ejércitos conquistadores se dice que "trae la paz". Los cristianos vendidos como esclavos se categorizan inocuamente como un pueblo protegido. Expulsar a los cristianos de sus hogares se llama reasentamiento justificable, y la tortura por creer en la deidad de Cristo es honorable por el bien de Alá.

James Lindsay, en una conferencia titulada "La verdad sobre los métodos críticos", dice que aquellos que propugnan la justicia social, saben que la etiqueta que trae en la caja no coincide con el contenido dentro. La etiqueta podría decir "Justicia Social", pero cuando abres la caja, encuentras algo diferente. Descubres que se trata de deconstruir todo en la sociedad y buscar derrocar el orden existente; se trata de un afán de poder.

Durante los disturbios raciales del 2020, el lema "Sin justicia, no hay paz" se usó para justificar la violencia, el robo y el caos. Se creía que la causa era justa, así que, en palabras de un radical, "Si este país no nos da lo que queremos, entonces quemaremos este sistema... Solo quiero liberación negra y soberanía negra, por cualquier medio necesario".

Los eslóganes son utilizados activamente por quienes son proaborto para promover su causa. Aquellos que se oponen al aborto son descritos como que están "en guerra contra las mujeres". Los defensores del aborto están disque "protegiendo la salud de las mujeres" y patrocinando la "Ley de Salud Reproductiva", que legalmente "protegerá el derecho de la mujer a tomar sus propias decisiones de atención médica", sin importar incluso que puedan abortar hasta el momento del nacimiento del bebé.

"Atención médica reproductiva" o "justicia reproductiva" o "interrupción de un embarazo" —todas estas son eufemismos, palabras en clave para matar a los bebés no nacidos. Los políticos hablan de estar a favor del "derecho de la mujer a elegir...", pero rara vez completan la oración. De alguna manera, decir que están a favor del derecho de una mujer a elegir debe completarse con las palabras: elegir matar a su bebé no nacido; pero eso es demasiado honesto, demasiado claro, y demasiado *escalofriante* como para que lo acepten.

Cuando el gobierno en Australia decidió legalizar el aborto, lo hizo simplemente diciendo que ya no sería un problema legal, sino de salud. Los funcionarios estaban simplemente implementando lo que dijeron que era justicia reproductiva. Sin embargo, no se dio justicia al no nacido que es impotente e inocente; los bebés no pueden votar. Los bebés no nacidos son vistos como desechables si van a interferir con el estilo de vida de la madre y del padre del niño. En la cultura desechable de hoy, cualquier cosa que se interponga en el camino de la libertad sexual y la comodidad personal de una persona debe ser desechada, y con la ayuda de los eslóganes, esto es justamente lo que se puede hacer. Si un bebé en las últimas etapas de su gestación aún logra sobrevivir a un intento de aborto y nace, se le dará "atención de confort" mientras se le deja morir de hambre. Hitler lo habría expresado de manera más delicada: "Simplemente pondremos al bebé a dieta baja en calorías".

Más sobre el hombre que dominó la propaganda.

Hitler, la Propaganda y el Poder del Odio

Por favor, entiende que no estoy llamando nazis a los secularistas radicales (demasiado a menudo, "nazi" es una etiqueta dada a cualquiera con quien tengamos una discrepancia). Pero sí quiero hacer referencia a la visión de Hitler sobre la propaganda porque los activistas homosexuales admiten que tomaron prestadas sus ideas sobre cómo usar la propaganda de él. Por ejemplo, Eric Pollard, el fundador de ACT-UP (un grupo homosexual militante), escribe que mentir era una táctica utilizada por los activistas homosexuales, y él menciona el libro de Hitler *Mein Kampf* (Mi lucha) como un modelo que proporcionaba estrategias para el grupo. Hitler mismo dijo: "Mediante el uso astuto y perseverante de la propaganda, incluso el cielo puede ser representado como el infierno para la gente, e, inversamente, la vida más miserable como el paraíso".

Sí, hay formas en que el cielo puede ser representado como el infierno y el infierno como el cielo. "El pueblo alemán debe ser engañado si se requiere el apoyo de las masas", decía Hitler.

Detengámonos un momento y hablemos sobre el uso estratégico de la propaganda de Hitler en Alemania. Todos los estudios que he leído indican que la gente de la Alemania nazi eran ciudadanos comunes capaces de simpatía y disposición para ayudar a sus vecinos. Parecían ser no muy diferentes de la gente que vive en las partes más alejadas de Estados Unidos. Solo había una manera para que Hitler movilizara a estas personas para que se unieran a su causa. El odio. *El odio* haría lo que la razón no podía. Y *el miedo* se aseguraría de que todos cayeran en el engaño.

"El odio", decía Hitler, "es más duradero que la aversión".

Él decía que usaba esa emoción (el odio) para enardecer a las masas, mientras que la razón se reservaba solo para unos pocos. Hitler sabía que la propaganda era importante para preparar a las personas para algo mucho más drástico, es decir, una revolución que los llevaría por un camino diferente. "El éxito más llamativo de una revolución", escribió, "siempre se habrá logrado cuando la nueva filosofía de vida se haya enseñado en la medida de lo posible a todos los hombres, y, si es necesario, más tarde se les imponga". Sí; lo que comenzó como un intercambio de información eventualmente se impuso a las personas. Y aquellos que se oponían eran arrojados a la cárcel, asesinados o avergonzados y acallados.

Enfocar a un enemigo común (los judíos) unificaría a los alemanes, quienes luego recurrieron a Hitler como su "salvador" económico y político. Entonces, a los alemanes se les dieron razones para odiar a los judíos, odiar la democracia y odiar a cualquiera que estuviera en desacuerdo con ellos. Las historias sobre la influencia judía se utilizaban selectivamente y se presentaban bajo la peor luz posible. A los judíos se los describía como traidores, plagas y subhumanos. Se decía que su traición había causado la pérdida de la Primera Guerra Mundial por parte de Alemania. Además, Hitler los acusó falsamente de querer conspirar para tomar el control económico de Alemania.

Una vez que los judíos fueron vistos como un enemigo odiado, el genocidio se pudo vender como necesario y deseable. El odio podía hacer lo que la razón no podía. "Él que pronunció las palabras de Jesús", dijo Robert Waite, "odiaba a toda la humanidad". Si el odio no mantenía a las personas en línea, el miedo lo haría. Perder el trabajo, ser expulsado de la escuela o ser enviado a prisión estaba reservado para las personas que se atrevían a pensar y hablar por sí mismas.

En resumen, el nazismo creó un universo paralelo que identificaba objetivos enemigos, es decir, el comunismo y los judíos, quienes eran vistos como las verdaderas razones de los problemas de Alemania. Luego, se acudía a la ciencia para mostrar que los judíos eran subhumanos; que eran inferiores. Impulsado por eslóganes y simbolismos erróneos, el programa nazi avanzaba. Y todo se hacía por un noble objetivo, "el bien del pueblo". Hitler sabía que las personas dejarían de lado la razón a favor del orgullo nacional irracional, cuya culminación eventualmente desencadenó la Segunda Guerra Mundial.

¿Qué tan poderosa es la propaganda? William Shirer, quien vivió en Alemania como corresponsal, escribió esto en su clásico "*El ascenso y la caída del Tercer Reich*":

Yo mismo iba a experimentar lo fácil que es ser engañado por una prensa y una radio mentirosas y censuradas en un estado totalitario. Aunque, a diferencia de la mayoría de los alemanes, tenía acceso diario a periódicos extranjeros, especialmente los de Londres, París y Zúrich, que llegaban al día siguiente de su publicación, y aunque escuchaba regularmente la BBC y otras emisiones extranjeras, mi trabajo implicaba pasar muchas horas al día revisando la prensa alemana, escuchando la radio alemana, consultando con funcionarios nazis y asistiendo a reuniones del partido. Fue sorprendente y a veces desconcertante descubrir que, a pesar de las oportunidades que tenía para conocer los hechos y a pesar de la desconfianza inherente en lo que uno aprendía de fuentes nazis, una dieta constante durante años de falsificaciones y distorsiones dejaba cierta impresión en la mente y a menudo la engañaba... Me encontraba con las afirmaciones más extravagantes de personas aparentemente educadas e inteligentes. Era obvio que estaban repitiendo algún disparate que habían escuchado en la radio o leído en los periódicos. A veces uno estaba tentado a decirlo, pero... uno se daba cuenta de lo inútil que era incluso intentar establecer contacto con una mente que se había torcido y para la cual los hechos de la vida se habían convertido en lo que Hitler y Goebbels, con su cínico desprecio por la verdad, decían que eran.

Es importante destacar lo que dice, —"*uno se daba cuenta de lo inútil que era intentar establecer contacto con una mente que se había torcido y para la cual los hechos de la vida se habían convertido en lo que Hitler y Goebbels, con su cínico desprecio por la verdad, decían que eran*".

Creando una Corriente Cultural

William Sargant, en su libro de 1957 "Batalla por la Mente: Una Fisiología de la Conversión y el Lavado de Cerebro", escribió que las personas tienen un "juicio temporalmente deteriorado" y muestran "instinto de rebaño" que se ve más claramente en "tiempos de guerra, epidemias graves y en todos los periodos similares de peligro común, que aumentan la ansiedad y la sugestionabilidad masiva en el individuo".

Sargant tenía razón. Identificó correctamente una pandemia como uno de los momentos en los que las personas mostrarán "su juicio cabal temporalmente deteriorado". Durante la crisis de COVID-19, las personas estaban dispuestas a proporcionar toda su información de salud privada a "rastreadores de contactos" desconocidos para que pudieran ser informados si habían estado en estrecho contacto con alguien que dio positivo por el virus. El plan es que eventualmente esta información fuera tan precisa que las autoridades supieran en qué asiento se sentaron durante una película y quién estaba cerca de nosotros. Por supuesto, por ahora, los funcionarios nos aseguran "nuestra privacidad", pero así es como comienza la vigilancia masiva. Los chinos tienen una vigilancia mucho más detallada, control total, con información sobre lo que crees, a dónde vas y quiénes son tus amigos y familiares. Y la participación es obligatoria. ¿Será obligatoria y nuestra información personal se almacenará en una base de datos masiva? Tendremos que esperar y ver.

Según un artículo titulado "ID2020 lanza el Certificado Técnico Mark", hay una organización que reúne a varias compañías tecnológicas junto con economistas que insisten en que cada ser humano reciba un "certificado digital" como documento legal que garantizaría que cada persona esté correctamente identificada. Este certificado registraría toda su información pertinente, incluida su educación, su profesión, su riqueza o la falta de ella. Se dice que esto traería la visión socialista de que los ricos ayuden a los pobres y que los excluidos sean bienvenidos en la comunidad mundial. Un chip digital se usaría para realizar un seguimiento de todas sus transacciones financieras y demostrar que cumple con el nuevo orden económico. Y, por supuesto, podemos estar bastante seguros de que dicho chip documentaría la prueba de que ha recibido la vacuna COVID-19.

¿Y entonces, qué más? Permíteme citar: "Con los procesos de aplicación desarrollados para la Marca de Certificación, tendremos suficientes puntos de datos e información para tomar una instantánea bastante buena. Y si alguna vez nos enteramos (o sospechamos) de incumplimiento o juego sucio, nos reservamos el derecho de revocar la certificación". En otras palabras, cumple o si no… Y no puedes discutir con una computadora. ¿Nos compelerá el miedo a registrarnos a pesar de la obvia y evidente amenaza de una vigilancia inquietante?

También vimos un "instinto de rebaño" evidente durante la pandemia del COVID-19 cuando los profesionales de la salud cambiaron de opinión acerca del valor relativo de la vida humana que luego expresaron durante las manifestaciones raciales. Durante meses, esos profesionales nos advirtieron que deberíamos autoaislarnos y que, si salíamos sin mascarilla y sin practicar el distanciamiento social, estábamos poniendo en peligro la vida de otras personas. Estábamos, de hecho, potencialmente siendo culpables de asesinato.

Pero una vez que comenzaron los disturbios raciales, la ideología triunfó sobre la salud pública. Los profesionales de la salud presentaron un mensaje diferente. Un artículo de CNN del 5 de junio de 2020 se titulaba "Más de 1.000 profesionales de la salud firman una carta que dice, no prohíban las protestas usando preocupaciones sobre el coronavirus como excusa".

Algunos líderes políticos que nos dieron conferencias durante meses sobre el distanciamiento social se unieron a las protestas y se arrodillaron públicamente ante los radicales sin usar mascarillas y sin practicar el distanciamiento social. Estaban señalando que estaban a favor de las protestas, que eran más importantes que la seguridad de las personas.

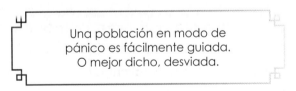

Una población en modo de pánico es fácilmente guiada. O mejor dicho, desviada.

Hitler sabía que un movimiento de masas podía crear un juicio deficiente y un instinto de rebaño. Y sabía que los escépticos que no estaban convencidos se encontrarían en minoría en medio de una mayoría entusiasta. Un movimiento de masas de este tipo haría que los escépticos sucumbieran a lo que él llamaba "la influencia mágica de lo que designamos como 'sugestión de masas'". Y las pocas voces que se atreven a hablar en contra de esta "influencia mágica" de la sugestión de masas son desestimadas o, más ominosamente, vilipendiadas. O lo que es peor silenciadas para siempre.

Una población en modo de pánico es fácilmente guiada. O, mejor dicho, desviada.

El Poder de la Demonización Colectiva

China, Rusia, Alemania y muchos otros países han experimentado corrientes culturales alimentadas por la propaganda que inflamó tanto el odio como el miedo.

Izabella Tabarovsky, que emigró a los Estados Unidos desde Rusia y comprende demasiado bien el marxismo, escribió: "Las demonizaciones colectivas de figuras culturales prominentes fueron una parte integral de la cultura soviética de denuncia que impregnaba cada lugar de trabajo y edificio de apartamentos". Luego continúa hablando sobre todos los que expresaron los cargos inventados contra escritores e intelectuales a los que el estado soviético eligió demonizar: "Algunos de los nombres más importantes de la cultura soviética se convirtieron en objetivo de condenas colectivas". Ya sea que la gente estuviera de acuerdo con el estado o no, lo que dijeran tenía que estar alineado con los dictados del partido comunista o estarían sujetos a la vergüenza, la humillación o a algo peor...

Tabarovsky luego da un ejemplo de esta demonización colectiva que tuvo lugar en los Estados Unidos. Se refirió al fiasco en el *New York Times* cuando el gran editor de opinión James Bennett tuvo que renunciar por permitir que se publicara un artículo escrito por un senador conservador que ejercía su cargo, Tom Cotton. Tabarovsky comentó sobre este incidente, diciendo: "Cuando... el precio de no ser conformes a lo que todos dicen es ser públicamente humillado, expulsado de la comunidad de 'personas de buena voluntad' (otro cliché soviético) y arrancado de las fuentes de ingresos, los poderes establecidos necesitan trabajar menos duro para hacer cumplir las reglas".

La diversidad de opiniones es demonizada. Por esa razón James Bennett tuvo que irse de su periódico. Hitler y sus secuaces perfeccionaron la demonización colectiva contra los judíos y cualquier otro enemigo percibido. Esto tocó las profundidades del odio de las personas e infundió miedo en los corazones de aquellos que no se unieron a su revolución. Todo esto sucedió en un ambiente de euforia nacionalista. Una mujer que vivió en ese tiempo me dijo: "Los estadounidenses nunca entenderán la euforia que Hitler creó. La gente oraba a él". La gente iba a los mítines nazis en Núremberg como escépticos y regresaba diciendo: "Nuestro padre, Adolf, que estás en Núremberg, venga el Tercer Reich".

Sin duda, Freud se equivocó en muchas cosas, pero tuvo razón cuando dijo que los seres humanos no siempre toman sus decisiones basadas en la razón, sino en el *deseo*; quien provoca las pasiones más intensas gana. Un pueblo desesperado se aferrará a promesas delirantes. Y es mejor que te subas al tren.

Quizás la lección más perdurable de la Alemania nazi es que cuando la propaganda se utiliza para atacar a un enemigo y ofrecer falsas promesas, las personas comunes pueden convertirse en parte de un movimiento cultural maligno que deja de lado la razón en favor de esperanzas irracionales y deseos ocultos. El odio y el miedo hacen maravillas.

Solo pregúntale a Dietrich Bonhoeffer o a Martin Niemöller cuánto cuesta resistir una revolución cultural entre un pueblo dispuesto a abandonar la razón para evitar la demonización colectiva. La propaganda puede hacer lo que la razón no puede.

Y hoy en día, las redes sociales se utilizan para vilipendiar a cualquiera que se salga de la línea.

La propaganda y la revolución sexual

Como se mencionó, los radicales admiten tomar una página del libro de jugadas de Hitler. Siguiendo a Hitler, la izquierda radical cree que el odio es más poderoso que simplemente no gustar de algo. No dicen: "No estás de acuerdo conmigo y creo que estás equivocado", sino más bien: "No estás de acuerdo conmigo y eres malvado". Gracias a las redes sociales, todos están indignados por algo o alguien. Todos tienen una queja que necesita resolución. Como se atribuye a George Orwell, "Cuanto más se aleja una sociedad de la verdad, más odiará a aquellos que la hablan".

En 1987, los activistas homosexuales Marshall Kirk y Hunter Madsen publicaron un artículo titulado "La reorganización de Estados Unidos heterosexual", y en 1989, sacaron el libro *"Después de la bola"*. Un resumen de su estrategia se encuentra en el excelente libro *"La agenda homosexual"* de Alan Sears y Craig Osten. Aquí hay algunos detalles de cómo planearon cambiar las actitudes de las personas hacia la homosexualidad.

La mentira era esencial para su agenda declarada de "reorganizar los Estados Unidos heterosexual". Escribieron que los homosexuales siempre deben ser retratados de manera positiva, diciendo: "No importa que los anuncios [que retratan a los homosexuales como íconos de normalidad] sean mentiras, estos no lo son para nosotros... ni para los fanáticos".

La desensibilización era crítica para cambiar la opinión de los ciudadanos. Los homosexuales deberían hablar sobre los gays y la homosexualidad tan alto y tan a menudo como fuera posible. Kirk y Madsen escribieron: "... casi cualquier comportamiento comienza a volverse normal si estás suficientemente expuesto a gran cantidad de él y te ponen en estrecho contacto con él y sobre todo entre tus conocidos".

La intimidación y la victimización eran esenciales. Los homosexuales debían ser retratados como víctimas, no como desafiantes agresivos, una estrategia diseñada para apelar al deseo de la mayoría de los ciudadanos por la equidad y la disposición de defender a los oprimidos. Kirk y Madsen continuaron: "Una campaña mediática que presente a los *gays* como víctimas de la sociedad y anime a los heterosexuales a ser sus protectores debe facilitar que aquellos que responden afirmen eso y expliquen sus nuevas perspectivas".

Luego vino la vilificación de aquellos que estaban en desacuerdo con ellos. Kirk y Madsen escribieron: "Tenemos la intención de hacer que los antigay parezcan tan desagradables que los ciudadanos en general quieran disociarse y alejarse de tales personas".

Aquí está uno de los esquemas más antiguos de propaganda: los radicales ignoran lo que aquellos que están en desacuerdo con ellos realmente están diciendo, encontrando más fácil simplemente despedirlos como "odiadores". Los radicales mismos pueden ser muy odiosos, pero su odio está justificado porque están luchando contra el odio. Cualquiera que esté en desacuerdo con ellos no tiene argumentos válidos; simplemente según ellos, tienen una condición psicológica intolerante y llena de odio.

> Una vez que se crea una corriente cultural de propaganda, por irracional que sea, todos tememos hablar en su contra.

Una vez que se crea una corriente cultural de propaganda, por irracional que sea, todos temen hablar en su contra. Aquellos que se atreven a discrepar son avergonzados hasta ser silenciados.

Lo venden como un Derecho Civil

La mayoría de los ciudadanos probablemente no estaría de acuerdo con la normalización de las relaciones homosexuales a menos que se presentara como una causa noble. Los defensores tenían que encontrar una manera de decir que estaban tomando el camino moral superior; por supuesto, la respuesta fue vincular la causa del matrimonio entre personas del mismo sexo con los derechos civiles. Al recordar a la gente las grandes luchas de los afroamericanos por los derechos de igualdad, unieron una causa con la otra.

Hoy en día, se vende el transgenerismo como un "derecho civil". En el excelente libro *When Harry Became Sally (Cuando Harry se convirtió en Sally)*, que expone la agenda del movimiento transgénero, Ryan T. Anderson escribe: "Pero las élites políticas y culturales han tratado de cerrar la discusión antes de que comience imponiendo una ortodoxia políticamente correcta en la nación, es decir que imponen todo un conjunto de creencias, normas o ideas que ahora son ampliamente promovidas dentro del entorno social, cultural o político. Entonces hay que ser "políticamente correctos" lo cual implica evitar expresiones o acciones que puedan ofender o alienar a determinados grupos de personas, especialmente aquellos que históricamente han sido marginados o discriminados. Quienes se desvíen de esta ortodoxia pueden ser criticados o sancionados socialmente, ya que se percibe que están violando normas de respeto, igualdad o inclusión. Toda una ideología en la que la 'identidad de género' es tanto un asunto subjetivo como una categoría que merece protección de derechos civiles".[25] Según ellos se requiere protección de sus derechos civiles; el derecho de un hombre a identificarse como mujer o viceversa se equipara con la lucha de los afroamericanos por la libertad. Así también la lucha por el "matrimonio igualitario".

Este es un serio ejemplo de su falsa equivalencia. El pastor Bill Owen de Memphis, un pastor negro que marchó con el Dr. Martin Luther King Jr. y conoció el sufrimiento resultado de la segregación racial, disiente profundamente de que se equipare esa lucha con la verdadera situación de violación de derechos humanos. En su libro *A Dream Derailed* (Un Sueño Descarrilado), él escribe:

> Es una desgracia y una mentira decir que los negros marcharon para que los homosexuales tuvieran el derecho a casarse hoy... Yo marché durante el movimiento de derechos civiles con muchas personas que estaban tan sorprendidas como yo al escuchar que los derechos de los homosexuales y transexuales se equiparan con los derechos civiles de los negros. Ninguna persona con la que he hablado, que marchó por los derechos civiles, ha estado de acuerdo con esta comparación... ¿Qué tienen que ver las luchas de los afroamericanos por ser tratados como seres humanos, con la supuesta lucha de ciertos hombres que afirman ser mujeres in-

vadiendo la dignidad y privacidad de mujeres y niñas en espacios públicos?

Los homosexuales y las personas transgénero tienen un aliado importante de su lado: los medios de comunicación, que proporcionan una plataforma para su propaganda. Las comedias, películas y documentales están calculados para hacer que la práctica de la homosexualidad y el transgenerismo parezcan normales. Con este bombardeo de exageración mediática, nos vemos obligados a aceptar su comportamiento como algo normal o nos cansamos de la batalla y nos retiramos del debate cultural.

Así, los homosexuales radicales, cooperando suavemente con unos medios de comunicación dispuestos, siguen empujando a la sociedad tanto como ésta lo tolere. Sí, la historia ha demostrado que es cierto que "casi cualquier comportamiento empieza a parecer normal si estás expuesto a él lo suficiente de cerca y entre tus conocidos". Véndelo como igualdad, justicia, derechos civiles y amor. La propaganda engañosa de hoy se convierte en la "verdad" de mañana.

En Edén, el diablo vendió esclavitud a Adán y Eva, pero lo llamó independencia; les vendió sabiduría, pero resultó ser oscuridad mental; presentó una visión hermosa de aquello en lo que podrían llegar a convertirse, pero su oferta estaba dulcemente envenenada. Les prometió realización y les entregó culpa. Apeló a su orgullo y les dio desesperación y una vida vacía. Les hizo promesas como un dios, pero les pagó como el diablo que era.

Véndelo como amor y compasión (hazle publicidad)

Vende el cristianismo progresista como amor, y atraerás a muchos seguidores.

Eric Hoffer dice que "la propaganda no engaña a la gente; simplemente les ayuda a engañarse a sí mismos." Las personas a menudo no perciben la realidad tal como es, sino como quieren que sea. Al apelar a una comprensión falsa del amor, esto permite a las personas llamar a la luz oscuridad y a la oscuridad luz. Esta desconexión de la realidad bajo la bandera del amor permite a las personas normalizar lo extraño y lo antinatural. "¡Necesitamos más amor, no menos!"

Eso es lo que dijo el popular ex predicador Rob Bell en su defensa del matrimonio entre personas del mismo sexo. Su libro *Love Wins* (El amor vence) es su historia de cómo abandonó el cristianismo histórico en favor de lo que él alega es "un Dios más amoroso, tolerante y aceptador. Cuando el amor gana, los homosexuales tendrán el derecho a casarse entre ellos, y el infierno se redefinirá como "el terrible mal que proviene de los secretos escondidos en lo más profundo de nuestros corazones." Cuando el amor gana, las puertas del cielo se abrirán a una audiencia mucho más amplia que solo aquellos que creen en Cristo. ¡Qué día tan glorioso para todos nosotros cuando el amor gane!"

No es de extrañar que la agenda de los izquierdistas avance a un ritmo tan rápido. Una vez que dices que tus puntos de vista se basan en el alto terreno moral del amor, todos los que no estén de acuerdo contigo seguramente están "llenos de odio y fanatismo irracional".

Cuando el obispo Michael Curry predicó su homilía en la boda del príncipe Harry y Meghan Markle en el Castillo de Windsor, dijo, "Donde se encuentra el amor verdadero, Dios mismo está allí." Pero para él, este "amor verdadero" incluye relaciones inmorales entre personas del mismo sexo. Él habla por muchos que apelan al amor para justificar lo que Dios condena.

Las personas no se dan cuenta de que el amor puede ser pecaminoso; puede ser malvado. Cuando Adán y Eva desobedecieron a Dios en el Jardín del Edén, no dejaron de amar. Más bien, simplemente dejaron de amar a Dios, comenzando a amar otras cosas. Se convirtieron en amantes de sí mismos. "Porque habrá hombres amadores de sí mismos, avaros, vanagloriosos, soberbios, blasfemos, desobedientes a los padres, ingratos, impíos" (2 Timoteo 3:2). Y, como un comentario sobre nuestra cultura, se convirtieron en "amadores de los deleites más que de Dios" (3:4).

No podemos tomar la palabra *amor* y estirarla para justificar deseos pecaminosos solo porque nos resulten agradables. "Si me amáis, guardad mis mandamientos," dijo Jesús (Juan 14:15). Los progresistas entre nosotros quieren encontrar belleza en la ilusión de que los placeres de la carne, divorciados del diseño de Dios, pueden traer plenitud. Pero en momentos de honestidad, muchos admiten que las relaciones inmorales, por más que sean justificadas engañosamente, conducen a la vergüenza, el autodesprecio, el profundo dolor y al arrepentimiento.

El amor y la simpatía pueden ser mal utilizados para anular nuestro mejor juicio. Se sabe que los padres abandonan su visión bíblica del matrimonio entre personas del mismo sexo cuando descubren que tienen un hijo que afirma ser gay. Durante la época de los jueces, "cada uno hacía lo que bien le parecía" (Jueces 21:25). Su moralidad se basaba en el amor, la compasión, la justicia y la equidad tal como ellos lo percibían. Los resultados morales fueron catastróficos.

Esto me lleva a citar una observación que se ha atribuido a Winston Churchill: "El deseo de creer en algo es mucho más persuasivo que un argumento racional".

Gaslighting en nuestra cultura moderna

Gaslighting es una forma de manipulación que "intenta sembrar semillas de duda en la población objetivo. Se utiliza para hacer que cuestiones tu memoria, tu percepción y tu propia cordura." En resumen, el *Psychology Today* (Psicología Hoy, que es el sitio web de ciencias del comportamiento y salud mental más grande del mundo) lo define como "una táctica en la que una persona o entidad, con el fin de ganar más poder, hace que la víctima cuestione su realidad."[31] El término se originó en la manipulación sistemática de una esposa por su marido en la obra de teatro de 1938 Gaslight (posteriormente adaptada a una película).

El propósito del *gaslighting* es desestabilizarte, hacerte cuestionar tu juicio. Una persona que practica el *gaslighting* da la impresión de saber más que tú. En otras palabras, los mensajes enviados están destinados a distorsionar lo que normalmente se considera racional e incluso evidencia científica que intuitivamente pensabas que era verdadera. Como resultado, décadas de observación e investigación científica son descartadas dando credibilidad y paso a la ortodoxia ideológica/cultural moderna.

Por ejemplo, vi un anuncio que mostraba a un adolescente diciendo que estaba "teniendo su período", por lo que le pedía a un empleado de la tienda productos femeninos. Coca-Cola lanzó un anuncio de Sprite en Argentina que celebraba a las madres que ayudaban a sus hijos a vestirse de mujer. Recuerda lo que Kirk y Madsen dijeron: "Cualquier comportamiento comienza a verse normal si estás expuesto a suficiente cantidad de él constantemente".

La ACLU (*American Civil Liberties Union*- Unión americana de libertades civiles) publicó este tuit el 19 de noviembre de 2019:

"No hay una única manera de ser un hombre.
Los hombres que tienen su período, son hombres.
Los hombres que quedan embarazados y dan a luz son hombres.

Los hombres trans y no binarios también pertenecen a este grupo.
#DíaInternacionalDelHombre".

¿Cuántas ilusiones más esperan que creemos?

Los *gaslighters* saben que son más efectivos cuando pueden hablar tonterías con autoridad. Debbie Mirza describe a los gaslighters de esta manera:

> Ellos te lanzarán afirmaciones contundentes que no tienen absolutamente ningún sentido y no tienen base en la realidad, pero hablan de manera tan firme y convincente que te hacen considerar cosas que son tan obviamente falsas. Sus acusaciones contra ti son casi tan ridículas como decir que tú solo eres responsable de la falta de atención médica asequible o del derretimiento de los casquetes polares, y te detienes por un momento para preguntarte si tienen razón. Haces esto porque has sido manipulado durante mucho tiempo. Tu cerebro ha sido lavado, y eso lleva tiempo desenredarlo.

La absurdidad ya no es un argumento en contra de un punto de vista. Si eres progresista, debes desvincularte de la realidad y abrazar con auto derecho lo bizarro. Este es el mundo de los hechos alternativos, y el precio que uno tiene que pagar para ver el mal como bueno y el bien como mal.

No es de extrañar que George Orwell dijera que "ver lo que está delante de la nariz requiere una lucha constante".

Hoy no se nos permite ver lo obvio. Se espera que seamos buenos ciudadanos llevados por una mentalidad de rebaño; se espera que aceptemos una realidad que se doblega para adaptarse a una ideología."

Usar el lenguaje para destruir el género (sexo)
Zachary Evans escribe,

> Merriam-Webster ha actualizado su diccionario con una definición adicional del pronombre personal "they" (ellos), reflejando el aumento en el uso de la palabra como un pronombre que se refiere a aquellos que se conciben a sí mismos no como hombres ni como mujeres, anunció la compañía el lunes en Twitter. La palabra "they" ahora tiene cuatro definiciones...

La intención, por supuesto, es utilizar el lenguaje para destruir el estándar de lo que conocemos biológica y etimológicamente como género; estos tipos de cambios tienen la intención de deconstruir verdades bíblicas profundamente arraigadas sobre la creación, así como la base científica. Recuerda que la propaganda puede tomar el cielo y hacer que parezca el infierno, y hacer que el infierno parezca el cielo.

Peggy Noonan escribió un excelente artículo sobre cómo se están manipulando los pronombres para ajustarse a la corriente cultural transgénero. Ella comienza señalando que Robespierre, uno de los líderes de la Revolución Francesa, era un sociópata que usaba la violencia para lograr sus fines sangrientos. La violencia era una fuente de energía colectiva para los líderes. Robespierre veía la Revolución Francesa como una oportunidad para la instrucción moral de la nación. Así que politizó la realidad renombrándola.

Luego, Noonan menciona el Grupo de Trabajo de Comunicaciones Inclusivas en la Universidad Estatal de Colorado, que ha producido una guía de lenguaje moderna. No llames a las personas "estadounidenses", indica: "Esto borra otras culturas". No digas que una persona está loca o es un lunático, llámalo "sorprendente/salvaje" o "triste". "Eskimo", "novato" y "extranjero ilegal" están fuera de onda, fuera de moda. "Ustedes" debe ser reemplazado por "todos o personas". No digas "hombre" o "mujer"; di "hombre", "mujer" o "género no binario".

Como señala Noonan, hay un aspecto especial de "auto infatuación, de arrogancia, en decirle a las personas que deben reordenar el lenguaje común para adaptarse a sus preferencias ideológicas. Hay algo de locura en pensar que deberías controlar los nombres de las cosas. O tal vez quiera decir sorprendente/salvaje". En última instancia, todo esto se hace con un tono de "Soy tu maestro moral. Como eres incapaz de expresar sensibilidad, yo te ayudaré, tonto campesino. Comenzaremos con el lenguaje que hablas".

Noonan también aborda la insistencia en que todos usen pronombres de género neutro. Las empresas y las escuelas se ven obligadas a lidiar con el uso adecuado de Zie, Sie, Zim, Em, Zir, Hir, Eirself, etc. (se traducirían como pronombres de género neutro que algunas personas utilizan para referirse a sí mismas. Estos pronombres se utilizan en lugar de los pronombres tradicionales como él o ella, y están diseñados para incluir a las personas que no se identifican estrictamente como hombre o mujer). También se recomienda que las personas usen "their" (suyo) y "they" (ellos) porque esos términos son género neutro, incluso si dicho uso hace que una oración sea gramaticalmente incorrecta.

Como resultado, se insta a las personas a mantenerse "al día" con las expectativas en constante cambio de los progresistas culturales y memorizar lo que es apropiado o inapropiado, dependiendo de las últimas determinaciones de grupos que se perciben a sí mismos como minorías acosadas.

Cambiar el lenguaje para disminuir la tasa de criminalidad

¿Alguna vez te has preguntado por qué, cuando ocurren disturbios generalizados, saqueos, destrucción e incendios provocados, los políticos progresistas piden a la policía que no intervenga? Estos llamados progresistas, de la izquierda radical, creen que, si eres amable con los criminales, ellos serán amables contigo.

San Francisco tiene una de las tasas de criminalidad más altas de las 20 ciudades más pobladas de Estados Unidos, y "los guardias del pensamiento" han encontrado una manera de reducir el crimen: "llamarlo de otra manera". La idea es que, si dejamos de llamar a los infractores "criminales", se comportarán mucho mejor.

La ciudad está impulsando un nuevo lenguaje en todo el sistema de justicia penal. En agosto de 2019, un titular del periódico *San Francisco Chronicle* decía: "La Junta de Supervisores de SF sanea el lenguaje del sistema de justicia penal". Y el titular de un artículo publicado en el sitio web del *Law Enforcement Today* decía: "San Francisco: Ya no hay 'delincuentes condenados'. Ahora son 'personas involucradas con la justicia'".

¡La policía del pensamiento está viva y creando! De ahora en adelante, un delincuente condenado será referido como "persona anteriormente encarcelada" o "persona involucrada con la justicia". Los ex convictos son simplemente "residentes que regresan". Los adictos a las drogas y los consumidores de sustancias simplemente tienen "antecedentes de uso de sustancias" (no abuso). Un preso en libertad condicional es una "persona bajo supervisión"; un delincuente juvenil ahora es "una persona afectada por el sistema de justicia". Finalmente, un ladrón podría ser referido como "un residente que estuvo involucrado con el sistema de justicia y que actualmente está bajo supervisión con un historial de abuso de sustancias, y ahora regresa".

¿Por qué?

La meta es noble: No se debe estigmatizar a ningún delincuente. "No queremos que las personas sean etiquetadas para siempre por cosas que han hecho", dijo el supervisor Matt Haney. "Queremos que en última instancia se conviertan en ciudadanos que contribuyan, y referirse a ellos como delincuentes es como poner un letrero rojo sobre sus frentes..."

La idea es que los criminales se sientan mejor consigo mismos, y la esperanza es que, si el lenguaje despenaliza a aquellos que infringen la ley, ya no puedan ser etiquetados como criminales. La esperanza es que comiencen a verse a sí mismos de manera más positiva y se conviertan en ciudadanos productivos.

La ingenuidad de tal razonamiento sobrepasa la imaginación. Una consecuencia muy seria de participar en estos juegos lingüísticos es que pone al hombre que viola a una mujer en el mismo nivel moral que la mujer inocente cuya vida él destruyó. Ambos terminan siendo personas "involucradas con el sistema de justicia".

Hay otra consecuencia devastadora: Este lenguaje de despenalización implica que la razón por la cual existen criminales es "debido a la sociedad". En otras palabras, las personas hacen el mal debido a "influencias externas"; no porque haya maldad dentro de ellos. En el pasado, el lenguaje que hemos empleado ha identificado correctamente a los individuos como responsables de sus acciones. Pero la nueva terminología coloca la culpa en la persona que etiqueta a un delincuente como criminal o felón.

La izquierda radical está buscando seriamente ganar los debates culturales "saneando" el lenguaje que usamos, pero esto dificulta el diálogo honesto, si es que no lo hace imposible. Sus términos recién adoptados obligan a todos a acomodarse a su forma de pensar, y de esta manera, logran sus objetivos en las guerras culturales.

La respuesta de la Iglesia

¿Nos inclinaremos ante las corrientes culturales alimentadas por la propaganda de nuestra cultura impulsada por los medios de comunicación, cargada de racismo porque es "políticamente correcto"? ¿Será la presión demasiado grande para resistir?

Los líderes militares dicen que, si Francia hubiera invadido la Alemania de Hitler en 1939, la insurgencia nazi habría sido derrotada. Pero el ejército francés no estaba de humor para defender su país. Un dicho popular en ese momento era: "Es mejor arrodillarse hablando alemán que ser asesinado hablando francés".

Sabemos lo que pasó. Un año después, Alemania invadió Francia y, sí, muchos en Francia se arrodillaron ante sus captores alemanes. Aceptaron su humillación, pero muchos fueron asesinados a pesar de su sumisión a los nazis. Mirando hacia atrás, estoy seguro de que muchos hubieran deseado morir hablando francés en lugar de arrodillarse hablando alemán.

¿Nos inclinaremos ante estas ideologías cuando estén en riesgo nuestras reputaciones, vocaciones y bienestar a costa de ser vilipendiados, multados e incluso encarcelados? Debemos responder esa pregunta como individuos y corporativamente como iglesia. Tenemos que identificar las mentiras en nuestra cultura, excesivamente cargada de racismo, indignación y sexualidad. ¿Podemos identificar a los lobos entre las ovejas y discernir lo falso de lo verdadero incluso dentro de la iglesia?

Pregúntate a ti mismo: ¿Estoy siendo manipulado para aceptar un punto de vista no bíblico? ¿Están basadas mis opiniones en hechos y verdad, o están mis creencias basadas en la emoción y en un malentendido de la compasión y del amor? ¿Tengo miedo de defender la verdad?

Al mismo tiempo, debemos renovar nuestro compromiso con la integridad en nuestras vidas personales y ministerios. Se dice que el teólogo alemán Helmut Thielicke contó la historia de su viaje en bicicleta por Alemania cuando era estudiante universitario. Una mañana, después de saltarse el desayuno, pasó frente a una tienda con este letrero en exhibición: "Panecillos calientes en venta". Aparcó su bicicleta, su hambre ya generando saliva en su boca. Pero para su consternación, se dio cuenta de que había entrado en una imprenta. No había panecillos calientes: el letrero se colocó en la ventana de la tienda para mostrar el tipo de letra que la tienda podía hacer.

Publicidad engañosa…

Nuestras iglesias pueden poner una publicidad acerca de que allí se anuncia el evangelio, pero una vez dentro, podrías encontrar sencillamente una extensión de la cultura que nos rodea. Podrías escuchar mensajes positivos sobre las virtudes del amor y la inclusión, o sobre nuestra bondad esencial y cómo ser una mejor persona. Podrías ver luces brillantes y música animada; podrías ver clips de películas y anuncios bien programados. Pero lo que quizás no escuches es una palabra de Dios. Podrías escuchar mucho sobre la gracia, pero nada sobre el pecado; podrías escuchar cómo ser bendecido por Dios, pero ni una palabra sobre cómo resistir las presiones culturales que están destruyendo a nuestros hijos y silenciando nuestro testimonio.

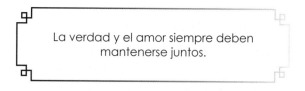

La verdad y el amor siempre deben mantenerse juntos.

La gente acude a la iglesia buscando pan fresco, pero a veces solo encuentran las migajas de un servicio bien empaquetado y organizado. Se van con preguntas sin respuesta y sus corazones tan vacíos como cuando entraron. Se les dan opiniones en lugar de convicciones, placeres en lugar de la verdad. No se les ofrece un camino claro hacia el calvario.

Pablo escribió: "Rechazamos todo lo que se oculta con vergüenza; no actuamos con engaño ni retorcemos la palabra de Dios. Al contrario, mediante la presentación clara de la verdad, nos recomendamos a la conciencia de todos, delante de Dios." (2 Corintios 4:2). La verdad y el amor siempre deben mantenerse juntos.

Debemos distinguir la verdad del error, las medias verdades de las mentiras. Cada uno de nosotros debe preguntarse qué estamos haciendo para promover la verdad no solo en nuestras iglesias, sino también entre nuestros amigos en medio de la cultura que los está engañando. No solo debemos conocer la verdad, sino preguntarnos: "¿Estoy dispuesto a hablar y actuar con base en ella?"

Las limitaciones de espacio no me permiten hacerlo, pero podría escribir todo un capítulo sobre estas palabras que se encuentran en Proverbios: "Compra la verdad y no la vendas" (Proverbios 23:23).

Una vez que hemos encontrado la verdad, ¿la venderíamos si el precio fuera correcto?

Una plegaria que todos debemos elevar

Padre, en una era de furia, en una era de exageración y engaño, ayúdanos a no desviarnos ni a la derecha ni a la izquierda. Enséñanos cuándo hablar y cuándo permanecer en silencio. Concédenos un lugar firme donde estar y hablar, y no avergonzarnos de recordar a esta cultura que Jesús dijo: "Yo soy el camino, la verdad y la vida. Nadie viene al Padre sino por mí" (Juan 14:6).

Afirmemos con Pablo: "Nos hemos apartado de lo oculto y vergonzoso, y no andamos con engaños ni torcemos la palabra de Dios. Al contrario, por la manifestación de la verdad nos recomendamos a toda conciencia humana delante de Dios" (2 Corintios 4:2).

Perdónanos por fluir con los arroyos ideológicos de nuestra cultura que conducen a una vida de derrota, vacío y pérdida. Perdónanos cuando nuestras vidas no estén a la altura de la verdad que profesamos.

Concédenos el coraje de Natán, que habló la verdad a David, y el coraje de Jeremías, que habló la verdad al rey y fue recompensado siendo arrojado a un pozo. Nos falta tal valentía. Pero ayúdanos a saber que amamos mejor a las personas cuando les hablamos la verdad. Porque es la verdad la que libera a las personas.

Recordemos que somos responsables ante Jesucristo, nuestro Señor.

Oramos esto en el nombre de Jesús, amén.

6

SEXUALIZAR LOS NIÑOS

Cómo los planes de estudios escolares y la cultura popular están llevando a nuestros hijos a la confusión sexual y a ideas distorsionadas de la identidad personal

Los padres —y me incluyo en esa mayoría de los padres cristianos—, ya no crían a sus hijos. Más bien, la cultura lo hace, y de manera más significativa, a través de la Internet. Como me dijo una madre: "No sabía que cuando le di a mi hija de trece años un teléfono celular, prácticamente le estaba dando su primera dosis de heroína". Como nación, hemos sometido nuestras mentes a dispositivos electrónicos que ahora moldean nuestro pensamiento y nos proporcionan entretenimiento interminable.

En 2004, las encuestas de *Pew Research* (El Centro de Investigaciones Pew es una organización con sede en Washington D. C. que brinda información sobre problemáticas, actitudes y tendencias que caracterizan a los Estados Unidos y el mundo), mostraron que el 60 por ciento de los estadounidenses se oponían al matrimonio entre personas del mismo sexo. Hoy en día, esos números se han invertido, con solo el 40 por ciento de los ciudadanos en contra. ¿Por qué el cambio? El columnista ganador del Premio Pulitzer del New York Times, Thomas Friedman, observó que el iPhone de Apple se lanzó en 2004. Y eso no es todo. Las aplicaciones de redes sociales Facebook y Twitter fueron lanzadas por ese tiempo también. Google compró YouTube y lanzó su sistema operativo Android. Amazon lanzó su lector electrónico Kindle. Y ahora había más de mil millones de personas accediendo a Internet. Por lo tanto, la tecnología facilitó un cambio cultural más rápido de lo que cualquiera podría haber imaginado.[1]

El teléfono celular en manos de un adolescente está logrando más para moldear su perspectiva del mundo que, una hora de escuela dominical o las amonestaciones, advertencias y enseñanzas de los padres.

Estamos fallando en transmitir nuestra fe a la próxima generación porque están cautivos de la cultura, las redes sociales, sus compañeros y la indoctrinación de las escuelas públicas. Los padres visten a sus hijos, los alimentan y los envían a la escuela, pero los corazones de sus hijos están siendo robados y moldeados por un mundo que muchos de nosotros no entendemos.

Los padres están desconcertados cuando sus hijos regresan a casa de la escuela diciendo que creen que no son del género que les fue "asignado" al nacer. Recientemente, una adolescente les dijo a sus padres que quería que le quitaran los senos porque cree que es un niño; otra niña les dijo a sus padres que era un gato "peludo". Según la cultura actual, eres lo que sientes que eres. Algunos niños van con un género diferente a la escuela que el que viven en casa. Un profesor cristiano me envió un mensaje de texto y me preguntó cómo sortear las órdenes de su director que ordena que cuando los padres vengan a la conferencia de padres y maestros, no se les debe decir que su hijo biológicamente varón, Bert, se identifica como una niña llamada Berta cuando está en la escuela.

Y si piensas que esto no está sucediendo en familias cristianas, estás viviendo en una burbuja que se está volviendo cada vez más pequeña. Más y más niños regresan a casa y les dicen a sus padres que son homosexuales o transexuales.

Quizás en ningún otro lugar vemos el trabajo de Satanás en América tan claramente como en la sexualización de los niños: destruyendo su identidad, confundiendo su género y creando culpa y autoodio no resueltos. Jesús advirtió: "Cualquiera que reciba a un niño como este en mi nombre me recibe a mí, pero quien haga que uno de estos pequeños que creen en mí peque, mejor le sería que se le colgara al cuello una piedra de molino de asno y fuera arrojado al fondo del mar" (Mateo 18:5-6).

Este capítulo, quizás más que cualquier otro en este libro, toca el corazón de Jesús.

La influencia corruptora de nuestras escuelas públicas

Peter Hitchens, en su libro *The Rage Against God (La Ira Contra Dios)*, escribe que "los movimientos juveniles de la Alemania nazi y la Rusia comunista eran sorprendentemente similares. Cualquier estado ideológico o revolucionario siempre debe alienar a los jóvenes de sus padres prerrevolucionarios si espera sobrevivir en las generaciones futuras". Hitchens lo sabe bien porque, como corresponsal en Moscú, vio de primera mano cómo operaba el comunismo. En cuanto a la Alemania nazi, Hitler tenía razón: "Solo, quien posee a la juventud, gana el futuro".

Y a través de leyes y coerción, la educación de la juventud está siendo sacada de las manos de los padres y puesta en manos de educadores seculares. Como dijo la presentadora de MSNBC (un sitio web de noticias y un canal de cable que cubre noticias de última hora, política, opiniones y análisis), Melissa Harris-Perry: "tenemos que romper con nuestra idea de que los niños pertenecen a sus padres o a sus familias, y reconocer que ellos ahora pertenecen a comunidades enteras". Y para que los niños pertenezcan a "comunidades enteras" es necesario que sean adoctrinados con ciertas creencias fundamentales sobre el mundo en general y la sexualidad en particular.

Usar la educación para cambiar la cosmovisión de los niños siempre ha sido el objetivo del marxismo cultural. El líder del Partido Comunista Americano, William Z. Foster, en su libro *Toward Soviet America* (Hacia una América soviética), expone la agenda del socialismo. Habla con confianza sobre el futuro "gobierno soviético americano".

Entre las medidas de la sovietización del gobierno americano adoptará para promover la revolución cultural están las siguientes: las escuelas, colegios y universidades serán coordinados y agrupados bajo el Departamento Nacional de Educación... Los estudios serán revolucionados, y limpiados de creencias religiosas, patrióticas y otras características de la ideología burguesa."[5]

Note cuidadosamente: El Departamento Nacional de Educación, no los padres, establecerán la agenda y determinarán lo que se está enseñando.

Mediante "el uso inteligente" de los planes de estudio, limpiarán nuestras escuelas de creencias religiosas y de la influencia patriótica. Y la mejor manera de hacerlo es a través de clases de educación sexual. La delicada cuestión de la sexualidad y el género puede ser la puerta de entrada a las glorias de la "igualdad" de todos los que residen en el estado. Como hemos dicho antes, todo se venderá bajo el nombre de una noble causa.

Sin el consentimiento de los padres, el currículo sobre Educación Integral en Sexualidad se está introduciendo en los planes de estudios educativos en muchas escuelas. Este plan de estudios fue creado por *Planned Parenthood* (la industria abortista) y el Consejo de Información Sexual y Educación de los Estados Unidos (SEICUS), que fue fundada por un devoto seguidor de Alfred Kinsey (un pedófilo que creía que los niños pueden ser sexuales desde el nacimiento).

El énfasis está en cómo tener placer sexual ya sea con parejas o solo. Lisa Hudson describe lo que se enseña: "A los estudiantes incluso niños de cuatro o cinco años se les enseña qué partes de su cuerpo pueden hacerles sentir bien cuando se tocan... esto se llama masturbación y que deben siempre masturbarse en privado... En segundo grado, aprenden que el mismo acto puede realizarse con una pareja".[6] En resumen, todas las formas de sexo, siempre que sea consensual, son normales y deben disfrutarse.

A los niños se les enseña cómo usar condones y a las niñas cómo poner condones en réplicas de plástico de genitales masculinos. Se les dan imágenes gráficas de diversas formas de personajes que experimentan sexualidad y placer. A través de todo esto, la autoridad parental es consistentemente socavada.

Lo que no se enseña es lo que ya sabemos: que este tipo de educación estimula los deseos de los niños, llevando a diversas expresiones de sexualidad que terminan destruyendo y profanando sus almas (y sus cuerpos). "El Efecto de la Actividad Sexual Temprana en la Salud Mental" es un informe de 2018 que evaluó 28 estudios de literatura médica revisada por pares desde 1966 hasta la actualidad. Los investigadores encontraron que "el debut sexual temprano aumentó los niveles de depresión, ideas suicidas, comportamiento agresivo, angustia psicológica, ansiedad, estrés, soledad, bienestar deficiente, arrepentimiento y culpa. También aumentó el comportamiento social negativo como el abuso de sustancias y el comportamiento sexual de alto riesgo".

El objetivo de los secularistas es claro: atacar cualquier forma de decencia, sacralidad o relaciones sexuales normales. Confundir a los niños despertando deseos sexuales reservados para adultos y destruir por completo cualquier concepto de familia tradicional. Animar a los niños a tener múltiples experiencias sexuales. Y en el proceso, cosechar las consecuencias: más abortos, más intolerancia antirreligiosa y, lo más importante, más hogares rotos. Cuantos más niños nazcan fuera del matrimonio, más susceptibles serán de ser moldeados según los principios marxistas.

Venden el nuevo plan de estudios como "buscando respeto para todas las formas de sexualidad". Lo venden como "inclusión y no exclusión" y "compasión no intimidación". Lo venden como "florecimiento humano", no como opresión o esclavitud sexual. Lo venden como "llegar a la madurez en asuntos sexuales". ¡Sobre todo, lo venden! Y llaman a todos los que se oponen a estas medidas intolerantes, odiosos, llenos de odio y fanáticos religiosos de derecha.

En la época de Martín Lutero, las escuelas estaban bajo el control de una cultura cristiana, pero incluso entonces, Lutero temía por los niños. "Temo mucho que las universidades resulten ser las grandes puertas del infierno, a menos que se esfuercen diligentemente en explicar las Sagradas Escrituras y grabarlas en los corazones de la juventud".

Asiste a una escuela secundaria cerca de ti

Aquí hay algo que deberíamos saber.

Planned Parenthood (Entidades encargadas de la planificación familiar/pro aborto) está poniendo en marcha un nuevo modelo de servicios de salud reproductiva para los adolescentes del condado de Los Ángeles al abrir 50 clínicas en escuelas secundarias del área...

El programa ofrecerá una gama completa de opciones anticonceptivas, pruebas y tratamiento para (ETS) enfermedades de transmisión sexual y asesoramiento sobre embarazos, pero no sobre abortos, para aproximadamente 75.000 adolescentes. El programa también capacitará a cientos de adolescentes para ser "defensores entre sus pares" y ayudar a proporcionar información sobre sexo seguro y relaciones...

Los estudiantes podrán ir a las clínicas sin cita previa o programar citas y se les permitirá salir de clase para ello. La información sobre las citas estará en archivos médicos protegidos a los que no tendrán acceso los funcionarios escolares. Según la ley de California, los menores de edad pueden consentir ciertos servicios médicos, como recibir anticonceptivos o asesoramiento de salud mental, y los proveedores de atención médica no pueden informar a los padres, sin el permiso del menor.

Aquí vemos la estrategia de la izquierda radical: crear un problema y luego crear una agencia para responder a él. Una vez más, se envía a un incendiario a apagar las llamas del fuego que él mismo inició; los izquierdistas tienen la "respuesta" al problema que ellos mismos crearon.

Consideremos el escenario: primero, se introduce a los niños y jóvenes a todas las formas de sexualidad desviada, se les anima a experimentar con sus deseos sexuales, y el resultado será un aumento garantizado en los embarazos adolescentes y las enfermedades de transmisión sexual. Luego, se instala una clínica junto a la escuela y se anuncia que es una estrategia para combatir el alarmante aumento de enfermedades de transmisión sexual en jóvenes en la zona.

Entonces llaman a las clínicas "Centros de Bienestar" porque harán más que proporcionar servicios médicos simples. Como dijo Barbara Ferrer, directora del Departamento de Salud Pública del Condado de Los Ángeles: "Queremos apoyar su bienestar general, los altibajos de ser adolescente". Lo que comienza en California se extenderá por todo el país y luego el mundo.

Colegios Cristianos se someten a los valores LGBTIQ+

En un artículo titulado *"Christian Higher Ed Can't Win"* (La educación superior cristiana no puede ganar), David P. Gushee, quien en algún momento mantenía la visión tradicional de la sexualidad, argumenta que los evangélicos no pueden ganar el debate LGBTIQ+ en sus instituciones cristianas. Deben adaptar las opiniones de la cultura sobre la sexualidad y acomodarse al espíritu de los tiempos. El artículo dice que las escuelas tendrán una "erupción" de políticas LGBTIQ+ y se encontrarán en los titulares nacionales. Los estudiantes LGBTIQ+ son "reacios a aceptar que algún tipo heterosexual les declare que no pueden ser cristianos y gays; no tolerarán un estatus de segunda clase en el campus escolar". Gushee dice que los estudiantes, incluso los estudiantes cristianos, llegan al campus habiendo sido expuestos a la tolerancia, inclusión y aceptación total de los estudiantes LGBTIQ+.

Sin importar lo que diga la declaración doctrinal y de estilo de vida de la escuela, el argumento es que los derechos LGBTIQ+ son un valor fundamental en nuestra cultura y las escuelas no pueden (o no quieren) resistir la presión. En resumen: los colegios y seminarios cristianos tendrán que comprometer la comprensión bíblica cristiana histórica de la sexualidad y el género, o quedarse irremediablemente rezagados. Perderán su voz y credibilidad. Estarán en "el lado equivocado de la historia".

Ya hay un llamado para legislar y negar financiamiento a todas las escuelas si no aceptan todo el espectro de derechos LGBTIQ+. Como resultado, muchas universidades cristianas están cediendo a la presión al permitir grupos de apoyo en el campus para estudiantes LGBTIQ+, y comunicar a los estudiantes que la escuela es un lugar seguro para que luchen con su sexualidad. El siguiente paso lógico es que las escuelas contraten personal comprensivo que quiera defender los derechos de los estudiantes homosexuales y transgénero. Pero esto no será suficiente. Una vez que la administración de una escuela ha comenzado por este camino, no hay marcha atrás hasta que el espectro completo de la agenda LGBTIQ+ sea "aceptado diligentemente".

El mismo tipo de presión recayó sobre los ministerios cristianos, los negocios cristianos y las iglesias. El Acta de Igualdad (H.R. 5) fue aprobada por la Cámara de Representantes de los Estados Unidos el 20 de mayo de 2019:

> La amplia legislación enmendaría la Ley de Derechos Civiles de 1964 para incluir la orientación sexual y la identidad de género como características protegidas... Bajo el pretexto de protecciones contra la discriminación, el proyecto de ley redefine el sexo para incluir la identidad de género, socava la libertad religiosa, otorga a los hombres que se identifican como mujeres, el derecho a ingresar a espacios exclusivos solo para mujeres, y establece un precedente político peligroso para la medicalización de jóvenes confundidos en cuanto a su género (permitiendo el uso de terapias de hormonización y cirugías de reasignación de sexo).

No hay refugio seguro para esconderse. ¿Permanecerán nuestras familias, iglesias y escuelas fieles? ¿O, como hizo la iglesia en la antigua Sardis (Apocalipsis 3:1-6), abrazaremos cómodamente la sexualidad pagana?

La cultura más amplia que despierta

¡Una muñeca transgénero!

La revolución sexual continúa acelerándose, arrasando con todo a su paso. Dado su desprecio por la biología, la ciencia y la decencia, tiene la intención de destruir el mismo concepto de masculinidad y feminidad en las primeras edades de un niño. La justicia social lo exige.

En el artículo de la revista Times "Puede ser un niño, una niña, ninguno o ambos", Eliana Dockterman escribe sobre esta transformación hacia muñecas de género neutro. Ella dice: "Mattel, el fabricante de muñecas Barbie, espera romper tabúes y apelar a una generación que exige justicia social en las marcas". Describiendo la nueva muñeca, ella escribe: "Las características cuidadosamente maquilladas no revelan un género obvio: los labios no son demasiado completos, las pestañas no son demasiado largas y esponjosas, la mandíbula no es demasiado ancha. No hay pechos tipo Barbie ni hombros anchos tipo Ken".

El artículo continúa: "La población de jóvenes que se identifican como no binarios está creciendo... [una encuesta indica] que el 27% de los adolescentes de California se identifican como no conformes con el género". No hay duda de que la revolución transgénero es una moda; es otra forma en que los adolescentes buscan su sentido de independencia y apela al deseo natural de rebeldía contra el *statu quo* de un joven. Una madre me dijo que su hija dice: "Si no eres trans, eres raro".

¡Bienvenida a una Drag Queen en tu biblioteca!

¿Cómo corrompes a los niños? Como hemos visto anteriormente en este libro, normalizas lo bizarro. En las bibliotecas públicas de todo el mundo, drag Queens están organizando horas de cuentos para niños (Una *drag queen* es una persona, generalmente masculina, que utiliza ropa y maquillaje extravagante para imitar y a menudo exagerar los signos y roles de género femenino con fines de entretenimiento). En este fenómeno que ha estado arrasando la nación, hombres adultos vestidos con trajes llamativos y usando maquillaje excesivo leen libros que promueven la agenda LGBTIQ+ a niños de tan solo tres años.

> El progreso en la dirección incorrecta no es algo para celebrar, especialmente cuando va en contra del orden natural de la creación o incluso de los hechos establecidos por la ciencia.

Estas presentaciones se utilizan para adoctrinar a niños pequeños para que acepten el transexualismo, los animan a vestirse como el sexo opuesto y promueven otros comportamientos y sistemas de creencias desviados. Dylan Pontiff, también conocido como Santana Pilar Andrews cuando está vestido de drag, utiliza su nombre artístico tanto en los clubes para adultos donde realiza actos sexuales como en la Biblioteca Pública de Lafayette cuando está con niños pequeños.

Con sus propias palabras, revela sus intenciones: "Estoy aquí para hacerles saber que este evento va a ser algo muy hermoso y los niños y las personas que lo apoyaron se darán cuenta de que esto va a ser el adoctrinamiento de la próxima generación".

El *adoctrinamiento (grooming)*, por supuesto, es un término utilizado para describir el esfuerzo de des sensibilizar, yo diría acostumbrar a los niños hacia el abuso sexual por parte de adultos. Esta es la cultura en la que nos encontramos. Los padres que se oponen a esto son llamados intolerantes.

Progreso en la dirección equivocada

En 1958, el juez Earl Warren habló de los "estándares evolutivos de decencia". La implicación es que cuando se trata de moralidad, incluyendo cuestiones sexuales, el cambio es progreso. Pero el progreso en la dirección equivocada no es algo para celebrar, especialmente cuando va en contra del orden natural de la creación o incluso de los hechos establecidos de la ciencia. ¿Quién habría imaginado que para ser verdaderamente "despierto" uno tendría que creer que los hombres pueden dar a luz a bebés o tener períodos menstruales, o que es justo que las mujeres se vean obligadas a competir en deportes con hombres biológicos que se identifican como mujeres? Hoy en día, ser secularista radical es aceptar el caos, la irracionalidad y la absurdidad.

Michael Brown ha escrito correctamente: "El gran enemigo del movimiento transgénero radical es la ciencia. Las realidades biológicas pueden ser tercas, y por más grande que sea la manipulación humana no se pueden cambiar esas realidades". Realidades o no, los radicales se aferran a su agenda sin importar cuán irracional sea.

¿Y ahora qué sigue?

En noviembre de 2019, fui uno de los oradores en la conferencia *Truth for a New Generation* (La verdad para la nueva generación) en Cincinnati, Ohio. Otra oradora fue Anne Paulk, una ex lesbiana que ha dejado ese estilo de vida, se ha casado y tiene hijos. En su charla, dijo: "Cuando Dios no estaba en mi vida, no tenía razón para decir no a nada". Tiene razón. Sin Dios, no hay razón para que nadie diga no a las relaciones sexuales más perversas e inimaginables anteriormente.

Después de que el matrimonio entre personas del mismo sexo fue legalizado por la Corte Suprema de los EE. UU. en 2015, el transgenerismo se ha extendido por todo el país, aparentemente surgiendo de la nada. Fue el siguiente dominó en caer, y la caída moral continúa.

La nueva tendencia creciente es el "trío", una relación de tres personas. Esta relación puede ser cualquier combinación de tres personas. Pero si tres no son suficientes, el poliamor puede ser lo tuyo, es decir, múltiples relaciones simultáneas con otras personas significativas en un matrimonio abierto o "poli". Después de todo, el matrimonio tradicional simplemente no está a la altura de los tiempos. Como dice Janie B. Cheaney en la revista World, "Las normas cambiantes [hacia matrimonios del mismo sexo y/o poliamorosos] han eliminado el estigma de los arreglos domésticos no tradicionales".

Más allá de eso, hay llamados para que la pedofilia sea vista como un tipo de relación legítima y saludable. En 2002,

Judith Levine escribió un libro titulado *Harmful to Minors: The Perils of Protecting Children from Sex (Perjudicial para Menores: Los Peligros de Proteger a los Niños del Sexo)*, que promueve la idea de que el sexo "consensuado" con niños pequeños no es perjudicial para ellos. La autora Sharon Lamb escribió una reseña del libro en la que afirmaba: "Debemos abordar el tema del consentimiento desde una perspectiva psicológica, no solo legal; y no todas las personas que han sido abusadas terminan traumatizadas de por vida".[19]

Nos puede resultar difícil creer que la pedofilia alguna vez pueda ser legalizada, pero ya existen las bases para que eso suceda. La propaganda ya está presente en los mensajes de educación sexual, en la normalización de comportamientos desviados y en el uso del estandarte de los derechos civiles como una cobertura para proteger dichos comportamientos. "Las aulas de K-12 se están convirtiendo en laboratorios en los que los niños están siendo programados para servir a tales agendas [políticas]", dice Stella Morabito. "En los argumentos para impulsar la aceptación social del sexo adulto con niños prepúberes se puede encontrar un paralelo casi exacto con todos los argumentos para todas las causas 'progresistas', incluyendo, por supuesto, las preferencias LGBTIQ+." No será nada de raro que las leyes que protegen las relaciones sexuales "consensuadas" entre adultos y niños sean la próxima ficha en caer.

Ya en 2003, Tammy Bruce, quien había sido una defensora de la agenda izquierdista pero que desde entonces se ha convertido en una crítica del movimiento, dijo que la razón por la que los radicales buscan sexualizar a los niños es porque garantiza el control de las generaciones futuras. Ella escribe: "También promete futuros consumidores adictos al sexo de los que depende la industria del porno. Al destruir esas vidas, asestan el golpe final a la familia, la fe, la tradición, la decencia y el juicio."

¿Qué sigue?

El próximo paso lógico es prohibir a cualquiera que se atreva a ofrecer ayuda a aquellos que, por iniciativa propia, deseen abandonar el estilo de vida homosexual o transgénero. Si lees los comentarios en respuesta a artículos sobre ayudar a quienes desean cambiar, verás decenas de personas acusando a los cristianos de "crueldad y fanatismo", alegando que es perjudicial para cualquiera que busque consejo para lidiar con las luchas muy reales que resultan de las relaciones transgénero o del mismo sexo.

Cuando se vuelva ilegal ayudar a homosexuales y transgéneros que deseen seguir la sexualidad bíblica, podemos esperar que la ilegalidad de la "ideología" del evangelio no esté muy lejos (**n. del t.**: *como lo que intentan hacer en Colombia con el Proyecto de Ley 270 de 2024 sobre las Ecosieg (Esfuerzos para Corregir la Orientación Sexual y la Identidad de Género)*). Según la cultura, el problema no es de desviación sexual, sino del cristianismo y de la Biblia. Si ese es el caso, ¿qué impide al gobierno etiquetar el cristianismo como una neurosis psicológica peligrosa que perjudica a las personas? De hecho, C.S. Lewis ya predijo en 1949: "Cuando esta neurosis particular se vuelva inconveniente para el gobierno, ¿qué impide al gobierno proceder a 'curarla'?"

En efecto, sin Dios, no hay razón para decir no a nada.

La naturaleza demoníaca de lo que está ocurriendo en el fenómeno transgénero

Cuando se trata del movimiento transgénero, los derechos parentales están siendo rechazados, y para desesperación de los padres cuyo hijo podría ser diagnosticado con uno o más trastornos, dichos niños a menudo son persuadidos por compañeros y autoridades escolares públicas de que son transgénero. Los padres son criticados por no ser "afirmativos" y por ser demasiado rígidos en las normas tradicionales.

"Se les dice a los padres que los bloqueadores de la pubertad y las hormonas del sexo opuesto pueden ser la única manera de prevenir que sus hijos se suiciden." Y, sin embargo, estudios sobre la disforia de género muestran que del 80 al 95 por ciento de aquellos que en algún momento se identifican como transgénero terminarán identificándose con su sexo biológico original. Como algunos han dicho, la biología no es intolerancia.

En Nueva Jersey, la página web de Abuso y Negligencia Infantil y Niños Desaparecidos sugiere que el personal podría ser alentado a denunciar a los padres que no estén de acuerdo con la evaluación de que su hijo está en proceso de transición. Los padres también tienen miedo de hablar por temor a ser atacados por el grupo LGBTIQ+. Mientras tanto, en Oregón, los niños pueden tomar sus propias decisiones no solo sobre su identidad sexual preferida, sino que también pueden someterse a operaciones de cambio de sexo subvencionadas por el estado sin el consentimiento de los padres.

Solo pregúntenle a Jay Keck, quien vive cerca de Chicago, sobre la subversión de los derechos parentales. Su hija de 14 años se convenció de que era un niño, y el personal de su escuela respaldó su delirio, en oposición a sus padres. Su hija adolescente no había mostrado ninguna inclinación hacia la disforia de género, pero se declaró a sí misma como un niño después de pasar tiempo con otra niña que profesaba ser un niño. La escuela aceptó un cambio de nombre sin notificar a los padres; cuando los padres descubrieron esto e insistieron en que se le llamara por su nombre legal, sus deseos fueron ignorados.

La Asociación Nacional de Educación se ha asociado con la Campaña de Derechos Humanos y otros grupos para producir materiales que abogan por la afirmación automática de identidades, cambios de nombre y pronombres, sin importar las preocupaciones de los padres. En 18 estados y el Distrito de Columbia, incluyendo mi estado natal de Illinois, existen prohibiciones de "terapia de conversión", que impiden a los terapeutas cuestionar la identidad de género de un niño.[28]

Los niños en nuestras escuelas están, en efecto, siendo reclutados para declararse transgénero.

Consideremos este escenario: un adolescente decide que en realidad es una niña y se le administra la terapia hormonal para hacer la transición, llegando incluso a someterse a una cirugía de alteración corporal que puede costar hasta $140.000 dólares. Esta "niña" crece y ahora es una "mujer". Supongamos que un hombre (quizás tu hijo) se enamora de esta "mujer" que tiene el ADN de un hombre. ¿Está tu hijo atraído por un hombre o una mujer? Si se casan, no podrán tener hijos juntos. ¿Y quién pagará el creciente costo de esas hormonas que mantienen artificialmente a este hombre biológico luciendo como una mujer?

¿Es esto progreso?

Mi consejo para los padres: Tengan mucho cuidado con las escuelas públicas. Lamentablemente, los radicales han capturado los medios de comunicación, los políticos progresistas y las élites que escriben los currículos. No deberíamos exponer a nuestros hijos a una cultura que es anticristiana, desprecia la ley natural y rechaza la ciencia y la civilidad. No deberíamos poner a nuestros hijos a merced de aquellos que tratan de normalizar lo bizarro y están "preparando" a nuestros hijos, haciéndolos susceptibles al abuso sexual de adultos.

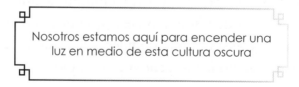

Nosotros estamos aquí para encender una luz en medio de esta cultura oscura

Todo padre cristiano tiene que orar e investigar acerca de las mejores opciones de educación para sus hijos. Yo recuerdo a Tony Evans diciendo que cuando sus hijos llegaban a casa después del colegio, él y su esposa discutían acerca de lo que habían aprendido en él, y "desprogramaban" de ellos cualquier idea o concepto erróneo que les hubieran enseñado. Entre tanto, la "educación en casa" se ha venido haciendo mucho más asequible a causa de la Internet y las redes y los currículos que han sido desarrollados. Las escuelas y colegios basados en la fe cristiana son también otra opción, e incluso algunos ofrecen algún tipo de ayuda financiera o becas para aquellos que no pueden pagar la mensualidad.

Debemos prestar atención a la advertencia de quienes dicen la verdad y no se dejan intimidar por el pensamiento cultural. Escuchemos esto de Will Malone, Dr. en medicina: "No se puede nacer en el cuerpo equivocado: son nuestras mentes las que necesitan tratamiento, no nuestro cuerpo o sexo. Los servicios de salud mental miran hacia atrás este episodio [en la historia] como otro capítulo oscuro en el tratamiento de personas con dificultades psicológicas."[30]

Estamos aquí para arrojar luz sobre esta cultura oscura.

¿Dónde está la Iglesia?

Si no protegemos a nuestros hijos, ¿por qué nos llamamos seguidores de Cristo? Jesús no fue neutral cuando se trataba de niños. Contra todos aquellos que hicieran pecar a uno de estos pequeños, Él tenía fuertes palabras: "Quien reciba en mi nombre a uno de estos niños, a mí me recibe, pero cualquiera que haga pecar a uno de estos pequeños que creen en mí, Sería mejor para él tener una gran piedra de molino atada alrededor su cuello y ser ahogado en lo profundo del mar" (Mateo 18:5-6).

Me encanta el título del libro *Criando corderos entre lobos*, que fue escrito por mi difunto amigo Mark Bubeck. Aunque el libro ha sido revisado y reimpreso con un título diferente, vuelvo a las palabras del título original, derivadas del uso imaginativo que Jesús hizo sobre los "corderos y los lobos".

Y para aquellos chicos que piensan que son transgénero, debemos escuchar lo que ellos dicen, oír sus preocupaciones, y proveerles un lugar seguro donde puedan sentirse libres de expresar sus sentimientos y deseos. Debemos estar alertas contra las cirugías de alteración del cuerpo que se hacen en nombre de "ser auténticos, ser ellos mismos". Hay un creciente número de historias de aquellos que han pasado por estas cirugías que luego descubren que estas no "curan" su disforia ni brindan ningún sentido de bienestar que ellos esperaban. La tasa de suicidios entre ellos está en un altísimo 41%.

Es muy riesgoso poner "nuestros corderos" en las escuelas públicas si están siendo adoctrinados hacia una sexualidad pagana, comportamiento normal de los desviados, y expuestos a las burlas del diseño original de Dios para hombres y mujeres.

Recuerdo las palabras de Jesús: "Dejad que los niños vengan a mí y no se lo impidáis, porque de los tales es el reino de los cielos" (Mateo 19:14). Luego leemos que Él los tomó en Sus brazos y los bendijo.

No puedo imaginar a Jesús tomando a los niños y entregándolos a paganos que esperan enseñarles que puedes tener dos mamás o dos papás o cualquier combinación de ellos. No puedo imaginarlo dándoles los niños a aquellos que los animarían a experimentar con su sexualidad y elegir uno de los muchos "géneros" que deseen ser.

A principios de la década de 1970, planté un árbol fuera de la casa que la iglesia, en la que era pastor nos proporcionó. Sabía en ese momento que el tronco estaba un poco torcido, así que después de cavar un hoyo y plantarlo en el suelo, lo enderecé lo mejor que pude y le deseé lo mejor. Ahora, casi 50 años después, paso ocasionalmente por esa casa, notando que el árbol, ahora tal vez de unos 30 pies de altura, todavía tiene un tronco que conserva su torcedura.

Debemos volver al relato de la creación para recordar que Dios creó solo dos géneros: masculino y femenino. Sin una creencia en Dios como Creador, hay poca esperanza de entender nuestras vidas y los roles que estamos destinados a tener en el matrimonio, la familia y, por supuesto, la sexualidad. Para citar nuevamente a Michael Brown, "Queremos ver a las personas liberadas de su dolor interno. Queremos verlas encontrar una solución para el tormento emocional que están experimentando... Pero ninguna cantidad de compasión puede cambiar las realidades biológicas y cromosómicas. Es por eso que el movimiento transgénero está empezando a toparse con un muro. La ciencia, que está en su contra."

La impiedad y la sexualidad aberrante siempre van de la mano:

A pesar de haber conocido a Dios, no lo honraron como a Dios ni le dieron gracias, sino que se volvieron vanos en sus razonamientos y se oscureció su necio corazón. Aunque afirmaban ser sabios, se volvieron necios y cambiaron la gloria del Dios inmortal por imágenes que se asemejan a los hombres mortales, a las aves, a los animales y a los reptiles. Por eso Dios los entregó a los malos deseos de sus corazones, a la impureza, degradando así sus propios cuerpos entre ellos. Cambiaron la verdad de Dios por la mentira, adorando y sirviendo a lo creado antes que al Creador (Romanos 1:21-25).

¿Tenemos el valor de enfrentar este ataque contra nuestros hijos? ¿O ganarán los matones de los valores y principios, la batalla por la próxima generación? Las ilusiones seductoras están ganando terreno en nuestra cultura impulsada por los medios de comunicación y lo políticamente correcto según ella. Debemos estar preparados para los radicales que nos llamarán con nombres odiosos, y despectivos mientras afirman haber tomado la superioridad moral.

Despertemos y reconozcamos que hay muchas personas que luchan con su identidad de género; pueden ser *gays* o transgénero o estar lidiando con problemas sexuales. Heath Lambert de la Asociación de consejeros bíblicos certificados dice: "Para amar a los transgéneros, debemos trabajar a través de las capas complicadas del pecado y el dolor, que han experimentado; es un proceso que requiere el contexto relacional que las iglesias pueden proporcionar. Será como conducirlos a la muerte si solo les decimos que están mal, pero luego no podemos ayudarlos". Las personas tienen que enfrentar su dolor y no buscar un antídoto engañoso para su disforia y sufrimiento interno.

Nuestras iglesias deben considerar como un privilegio dar la bienvenida a todas las personas que luchan con sus identidades sexuales, reconociendo al mismo tiempo que Dios no aprueba las relaciones sexuales fuera de la relación entre un hombre y una mujer en el matrimonio. ¿Qué le decimos a alguien que dice: "Soy un cristiano gay" o "Soy un cristiano trans"? Ante esto, Anne Paulk dio una respuesta sabia: "Satanás te llama por tu nombre pecaminoso; Dios te llama como un cristiano que lucha con problemas de identidad." Identificar tu género, el género con el que naciste, es fundamental para auto conocerse.

Solo cuando reconocemos la propensión del corazón humano al engaño, podemos ayudar a otros a ver sus problemas desde una perspectiva divina. Recordemos que aquellos que caminan en la oscuridad no ven las cosas como son, sino que las ven como quieren que sean. "El camino de los impíos es como la oscuridad profunda; no saben sobre qué tropiezan" (Proverbios 4:19).

En mi opinión, la iglesia es la última barrera contra un colapso total de la cordura sexual en la cultura actual. Y si nos sentimos impotentes frente a los medios, los tribunales y nuestros políticos, recordemos quién es la cabeza de la iglesia (ver Efesios 1:21-22).

A un mundo cegado por el dolor y que busca calmar el vacío, Jesús hace esta promesa: "Venid a mí todos los que estáis trabajados y cargados, y yo os haré descansar. Llevad mi yugo sobre vosotros, y aprended de mí, que soy manso y humilde de corazón; y hallaréis descanso para vuestras almas" (Mateo 11:28-29 RVR1960).

Jesús está en las trincheras con nosotros.

(Por favor, noten que después de la oración he proporcionado una lista de recursos útiles para los padres).

Una plegaria que todos debemos elevar

Padre, todos hemos experimentado el quebrantamiento que el pecado siempre trae. Hoy nuestros corazones sienten una enorme carga por los niños nacidos en familias monoparentales, así como por aquellos que sufren abuso, negligencia y luchan con el vacío y la confusión. Nuestros corazones se rompen por los niños que buscan esperanza en el laberinto de las mentiras morales y culturales ampliamente aceptadas hoy en día.

Leemos en tu Palabra que incluso los niños paganos te pertenecen, y tú acusaste al pueblo de Israel de "sacrificar a mis hijos" a dioses extranjeros (Ezequiel 16:21). Todos los niños del mundo te pertenecen; y Jesús ejemplificó su amor por los niños tomándolos en sus brazos y bendiciéndolos.

Perdónanos; nos arrepentimos de dejar que la cultura críe a nuestros hijos porque no queríamos ser vistos como intolerantes, sin amor, ni desconectados de la realidad. Nos arrepentimos de entregar a nuestros hijos a los "dioses extraños" de la llamada tolerancia y la sensualidad desenfrenada. Confesamos que no hemos ejercido suficiente cuidado para proteger a nuestras familias de las mentiras culturales que se difunden a través de las tecnologías que han ganado un lugar en todas nuestras vidas.

Padre, danos la sabiduría que necesitamos para tomar medidas que impidan que la agenda secular presentada en las escuelas remodela los valores fundamentales de nuestros hijos. Oramos para que los corazones de nuestros hijos no sean llevados por las presiones y expectativas culturales.

Libéranos de la cobardía. Permítenos postrarnos ante tu Palabra, recordando lo que Pablo dijo a Timoteo:

"Los malos y los impostores irán de mal en peor, engañando y siendo engañados. Pero tú persevera en lo que has aprendido y te persuadiste de ello, sabiendo de quién lo has aprendido y que desde la niñez has conocido las Sagradas Escrituras, las cuales te

pueden hacer sabio para la salvación por la fe en Cristo Jesús" (2 Timoteo 3:13-15). *Dios, ten misericordia. En el nombre de Jesús, amén.*

Recursos disponibles para ayudar a los padres (en inglés y español)

Una de las mejores maneras en que podemos prepararnos es haciendo uso de recursos que aborden las abrumadoras influencias culturales en la vida de nuestros hijos. Aquí te recomiendo tres:

1. *Keeping Your Kids on God's Side: 40 Conversations to Help Them Build a Lasting Faith* (Manteniendo a tus hijos del lado de Dios: 40 Conversaciones para Ayudarles a Construir una Fe Duradera) por Natasha Crain (Eugene, OR: Harvest House Publishers, 2016).

2. *Mama Bear Apologetics (**En defensa de la fe de nuestros hijos**): Empowering Your Kids to Challenge Cultural Lies* con editor general Hillary Morgan Ferrer (publicada en inglés por Harvest House Publishers, 2019 y en español por Editorial CLC).

3. *Irreversible Damage*: The Transgender Craze Seducing Our Daughters* (La locura transgénero que seduce a nuestras hijas). En el contexto específico de "Irreversible Damage: The Transgender Craze Seducing Our Daughters", podría traducirse como "moda" o "fenómeno". por Abigail Shrier (Washington, DC: Regnery Publishing, 2020).

Además, aquí tienes un sitio web dedicado a ayudar a los padres a evaluar la cultura popular desde un punto de vista bíblico. Se mantiene actualizado sobre películas, podcasts y sitios web, y es un recurso excelente: **CounterCulture-Mom.com;** también puede encontrar ayuda en su país a través del ministerio de esperanzaparaelcorazon.org en cada países de América Latina (https://www.esperanzaparaelcorazon.org/taller/) y ayuda y esperanza en la Palabra de Dios mediante las Claves Bíblicas para Consejería que puede adquirir en las librerías cristianas de su nación o a través de editorial Unilit.

7

EL CAPITALISMO ES LA ENFERMEDAD; EL SOCIALISMO ES LA CURA

Por qué el socialismo, es inicialmente atractivo, pero finalmente conduce al fracaso, y cómo el capitalismo puede crear riqueza que favorece el trabajo cristiano en todas partes

"¡La gente, no las ganancias!" gritan los manifestantes en distintos contextos.

Podrías sorprenderte por la cantidad de personas que abogan por el socialismo y que no saben cómo definirlo. Para ellos, se resume, en una palabra: gratuito. El socialismo proporcionaría educación universitaria gratuita, atención médica gratuita, ingresos de jubilación gratuitos, empleo garantizado y una vida digna. Supuestamente, en un mundo socialista, nadie quedaría rezagado porque el gobierno aseguraría la igualdad de ingresos. ¿Por qué los ricos no deberían compartir su riqueza con los pobres, los desfavorecidos y los racialmente marginados?

Podrías preguntarte por qué un libro que se centra en el papel de la iglesia en nuestra cultura incluye un capítulo sobre el socialismo. Después de todo, el cristianismo ha demostrado que puede sobrevivir bajo cualquier sistema económico y político. La iglesia comenzó bajo el dominio de los Césares y sobrevivió muy bien. Bajo décadas de gobierno comunista en Rusia, la iglesia perseveró a pesar de la severa persecución. La iglesia en China continúa sobreviviendo a pesar de represiones y persecuciones espantosas. La iglesia puede sobrevivir bajo el comunismo y el socialismo, incluso en sus formas más severas.

Mi preocupación tiene que ver con las decepciones del socialismo y por qué, aunque pueda parecer un sistema atractivo, necesariamente perpetúa la pobreza, restringe la libertad y desmoraliza a quienes viven bajo él. El socialismo, por su propia naturaleza, limita la libertad de la iglesia y su capacidad de ser generosa con los ministerios del evangelio. A pesar de todas sus fallas, los Estados Unidos deben ser agradecidos por los más de 400 mil millones de dólares que sus ciudadanos donan cada año a causas benéficas, incluyendo misiones y ayuda para los pobres. No se puede mencionar un país socialista que se acerque siquiera a la generosidad de América.

Estados Unidos es la nación más generosa para brindar asistencia a otros países cuando experimentan una tragedia nacional. Hay una razón por la cual nuestra calidad de vida es la envidia del mundo. Sí, tenemos pobreza en América, pero es un problema que el socialismo no está bien equipado para solucionar. Como veremos, solo una economía capitalista puede generar la riqueza necesaria para brindar más oportunidades a un mayor número de personas. Nuestra economía capitalista ha podido apoyar ministerios impulsados por el evangelio en todo el mundo que también proporcionan atención médica, suministros de alimentos y mucho más.

¿Qué es el socialismo? En pocas palabras, es la supremacía del estado sobre el individuo. O si quieres una definición, en una palabra, es estatismo. Es cuando el gobierno toma la propiedad de los medios de producción y promete redistribuir la riqueza de una manera que se afirma es equitativa. Superficialmente, esto parece una solución atractiva a la pobreza y la inseguridad fiscal. Recordamos el movimiento *Occupy Wall Street*, cuyo eslogan se puede resumir en "¡Que Wall Street pague!" Parece una opción demasiado buena para dejarla pasar.

La pandemia de COVID-19 ha alimentado la noción de que el gobierno puede pagar. Se aprobaron billones de dólares para rescatar negocios y dar cheques a millones de trabajadores recién desempleados. Tenemos que preguntar: ¿No es esto un ejemplo de un gran gobierno tomando el control de la economía para el beneficio de nuestra nación? Veremos esto más de cerca más adelante en este capítulo.

Por ahora, consideremos la visión filosófica de Karl Marx, cuyas teorías económicas nos impactan incluso hoy en día. Luego distinguiremos lo que él enseñó del "socialismo democrático" que es ampliamente defendido por algunos políticos.

Sí, Marx sin duda gobierna desde la tumba

Karl Marx nació de padres judíos en Renania, Alemania. Cuando tenía seis años, su padre hizo que toda la familia se bautizara como luterana. Mientras estudiaba en París, Marx conoció a Friedrich Engels en 1844, y cuatro años después, lanzaron su famoso documento político, *El Manifiesto Comunista*.

Marx estaba preocupado por los abusos que veía en la revolución industrial de Inglaterra. La abundancia de mano de obra barata permitía a los ricos pagar salarios bajos mientras mantenían malas condiciones de trabajo. Las mujeres y los niños se veían obligados a trabajar largas horas, y los barrios marginales superpoblados eran muy comunes. En la visión de Marx, estos trabajadores explotados (proletariado) necesitaban tomar el control de los medios de producción.

Su filosofía se basaba en las creencias de que (1) la materia es la realidad final (materialismo); no hay Dios ni alma humana que sobreviva a la muerte del cuerpo; (2) las fuerzas económicas impulsan la historia siempre hacia adelante y hacia arriba; y (3) la propiedad privada es la fuente de todo mal.

Marx odiaba el cristianismo, que veía como una fuente de opresión. Para él, el Dios de la Biblia era un tirano cruel que mantenía a las personas atadas a la injusticia y la represión social; describió la religión como "el opio del pueblo". Para que se estableciera la igualdad económica, la lealtad a la iglesia tenía que ser reemplazada por la lealtad al estado. La familia nuclear, que él creía que había sido construida artificialmente, tenía que ser reordenada, y las madres oprimidas debían ser liberadas. Como se cita a Lenin diciendo, "No podemos ser libres si la mitad de la población está esclavizada en la cocina."

Marx creía que las madres debían trabajar fuera del hogar para que las escuelas aprobadas por el gobierno pudieran criar a los niños que, en realidad, pertenecían al estado. La unidad familiar ya no debía ser vista como una unidad económica independiente de la sociedad; la vivienda comunal debía reemplazar la vivienda privada. El objetivo era una sociedad sin clases sociales, sin reyes ni sirvientes, sin propietarios ni trabajadores, sin ricos ni pobres, sin esposas ni maridos moldeando la cosmovisión de sus hijos.

El axioma económico básico del marxismo es que los pobres son pobres porque los ricos son ricos. Los capitalistas son los opresores; los pobres son sus víctimas. Debido a que los ricos no compartirán su riqueza voluntariamente, el único curso justo es confiscar la propiedad privada y dejar que el estado redistribuya la riqueza y los beneficios. A través de controles estrictos y la supervisión de la economía, la igualdad y la justicia pueden prevalecer. "De cada cual, según su capacidad, a cada cual según su necesidad."

Nos dicen que el capitalismo se basa en la avaricia; el socialismo se basa en la necesidad.

¿Y qué pasa con las leyes? Marx veía las leyes como un medio de opresión de las clases sociales. Para citarlo, "La legislación, ya sea política o civil, nunca hace más que pro-clamar, expresar en palabras, la voluntad de las relaciones económicas." Desde la perspectiva de Marx, no existen leyes fijas que trasciendan todas las culturas; son inventadas por los gobernantes como un medio para controlar al proleta-riado. Para ponerlo de manera simple, las leyes existen solo como un medio de explotación de las clases sociales.

Marx enseñó que, una vez completada la revolución, la gente cambiaría de la ley capitalista a la ley marxista, que dice que no hay derechos otorgados por Dios, solo aquellos concedidos por el estado. De hecho, años después, cuando las mujeres en la Rusia marxista fueron reclutadas para ser-vir como prostitutas y actuar como espías, se les decía: "Tu cuerpo no te pertenece, pertenece al estado".

Por cierto, fue esta noción marxista de derechos concedidos por el estado la que, en 1973, fue la base para la decisión de la Corte Suprema de EE.UU. en el caso *Roe vs. Wade* para legalizar el aborto. El fallo, que dio a una madre el derecho a matar a su bebé no nacido, se basó en la suposición de que el estado no tenía un interés apremiante en proteger las vidas de los no nacidos. No se dijo nada sobre el derecho inherente otorgado por Dios de un bebé no nacido a vivir; más bien, la vida privada de la madre fue el factor determinante.

Cuando los derechos del estado reemplazan a los derechos otorgados por Dios, fácilmente podemos pasar del aborto al infanticidio y a la eutanasia. China también basa sus leyes de aborto forzado en la misma suposición, y los nacimientos son simplemente una cuestión de planificación estatal, como cualquier otra decisión económica. Las parejas no deberían poder tener un bebé solo porque lo deseen.

Dado que para los marxistas es el estado, y no Dios, quien crea los derechos, se deduce que uno no puede criticar lógicamente al estado por violaciones de derechos humanos. Después de todo, sin el estado no habría derechos humanos en absoluto. Si el estado dice que no tienes derecho a criticar al estado, así tiene que ser. Es el estado quien otorga derechos y los revoca. Chesterton lo expresó tan bien: "Solo creyendo en Dios podemos criticar al Gobierno. Una vez abolido Dios, el Gobierno se convierte en Dios… La verdad es que la irreligión es el opio del pueblo."

Aunque las teorías de Marx deberían ser rechazadas debido a su fundamento puramente materialista y anti-Dios, aún podemos entender la atracción del marxismo. En lugares como América Latina, La teología de la liberación (marxismo cultural) es popular porque el sistema capitalista es corrupto y los pobres son explotados. Una revolución que promete que los ricos serán despojados de sus riquezas y los pobres recibirán su parte justa del pastel económico suena justo y equitativo. Después de todo, los ricos explotan a los pobres, los políticos aceptan sobornos, los burócratas roban del tesoro público y se enriquecen a expensas de los desamparados. Una revolución en la que el estado controlara esta locura insistiendo en una filosofía de distribución equitativa parece algo bueno. ¿Qué se puede perder?

Después de visitar Rusia a mediados de la década de 1980 (antes de la caída del Muro de Berlín en 1989), comprendí mejor por qué, inicialmente, el marxismo era tan atractivo para el pueblo ruso. Habían sufrido terriblemente bajo el liderazgo de los zares rusos, quienes habían esclavizado al pueblo y los trataban con dureza, con un desprecio deliberado por su sufrimiento y pobreza extrema. La gente trabajaba para estos gobernantes extravagantes cuya riqueza y pompa no conocían límites. ¿No tendría sentido confiscar toda esa riqueza y poder y dárselo al estado, que lo distribuiría con algún grado de equidad y justicia? En muchas mentes, los bolcheviques luchaban por el hombre común, tomando el lado de las personas oprimidas que tenían derecho a unas condiciones de vida y seguridad decentes.

Pero, ¡ay, no fue así! Las promesas se evaporaron en la burocracia comunista excesivamente jerárquica. El estado controlaba los salarios, determinaba qué trabajos se asignaban a quién y la corrupción se multiplicaba. El aumento del poder estatal significó que las iglesias fueron cerradas, la libertad de religión fue negada y aquellos que se negaban a seguir las reglas del estado eran ejecutados. Los salarios se igualaron, pero los negocios estatales colapsaron bajo el peso de la ineficiencia y la indiferencia de los trabajadores. Y los burócratas que prometieron liberación se convirtieron en ladrones.

Los millones de personas que murieron bajo los regímenes comunistas murieron en vano. La experiencia marxista de la propiedad del gobierno, los salarios garantizados y la primacía del estado fracasó; solo pudo tener éxito detrás de cercas de alambre de púas, con severas penas para quienes se opusieran a las políticas estatales y con censura controlada por el estado. Y donde quiera que se intente el comunismo nuevamente, fracasará. Debe fracasar.

¿Pero es el capitalismo mejor? El capitalismo está siendo atacado por muchos hoy en los Estados Unidos y en otros países. Hace treinta y cinco años, Robert Nash describió los ataques dirigidos contra el capitalismo:

> El capitalismo es culpado de todos los males en la sociedad contemporánea, incluyendo su avaricia, materialismo y egoísmo, la prevalencia de conductas fraudulentas, la degradación de los gustos de la sociedad, la contaminación del medio ambiente, la alienación y la desesperación dentro de la sociedad, y las vastas disparidades de riqueza. Incluso el racismo y el sexismo son tratados como efectos del capitalismo.

Nos dicen que el capitalismo no solo es la razón de la desigualdad financiera; sino que también es la raíz de todo el sexismo, la xenofobia y la supremacía blanca en Estados Unidos. Algunos llegan a decir que el sistema capitalista de Estados Unidos ha sido perjudicial para todo el mundo. Que otros países han sido reducidos a la pobreza por el capitalismo estadounidense, que explota a otras naciones. Dicen que el capitalismo debe ser desenmascarado y expuesto por el mal que es. Los marxistas han dicho: "El último capitalista al que colguemos será el que nos vendió la cuerda".

Se nos dice que hay razones para el fracaso del régimen marxista en Rusia; y que solo el marxismo cultural o el socialismo corregirían estas debilidades. Recuerden que el marxismo cultural promueve la idea de que el estado puede apoderarse de las empresas y la riqueza de manera gradual. Este cambio podría instalarse democráticamente por la voluntad del pueblo. Una vez que vean el "valor" de esta forma de gobierno, lo querrán.

Marxismo cultural o Socialismo Democrático

El socialismo democrático (marxismo cultural) promete eliminar los excesos de la filosofía marxista. Es una versión ligera del marxismo. Nos dicen que esta forma de socialismo marxista puede combinarse con valores democráticos. Al elegir a los candidatos adecuados para ocupar cargos, Wall Street se convertirá en *Main Street* a medida que se comparta la riqueza. ¿Por qué no redistribuir los recursos para que todos puedan disfrutar de los privilegios limitados a los ricos? Repito el principio marxista "De cada uno según su capacidad, a cada uno según sus necesidades".[7]

Herbert Marcuse, el marxista que conocimos en capítulos anteriores, afirmó que "la idea tradicional de revolución y la estrategia tradicional de revolución han terminado. Estas ideas son anticuadas... Lo que debemos emprender es un tipo de disgregación difusa y dispersa del sistema".[8] En otras palabras, el marxismo gana fuerza y adeptos de manera paulatina mediante el control político y cultural. Eventualmente, esto resultará en una especie de utopía.

La visión del marxismo cultural es una América libre de codicia, racismo y estructura de clases. Como explica David Horowitz: "En la visión radical, una vez que los seres humanos hayan sido liberados de las opresiones institucionales, su bondad natural se afirmará y los dilemas tradicionales del poder ya no existirán. Es un futuro en el que prevalecerá la 'justicia social' y no hay preguntas problemáticas sobre cómo se reparte el poder de tomar decisiones o de ejercer control".[9] Este fin justifica todos los medios para llegar a él.

Para repetir: El socialismo democrático pretende honrar la libertad individual, aunque el estado gradualmente posea más y más de los medios de producción y por lo tanto controle bienes y servicios. Comenzaría estableciendo un sistema de salud universal que limite las opciones médicas y establezca salarios y costos para los procedimientos. Proporcionaría educación universitaria gratuita y aumentaría las subvenciones para los pobres. Se dice que reduce la brecha entre los que tienen y los que no tienen, haciendo así más equitativos los estilos de vida y las condiciones de vida de los ciudadanos más justas. Sería democrático, pero como veremos, eventualmente se convertiría en una forma de totalitarismo democrático.

¿Puede el socialismo democrático cumplir con sus promesas?

Vamos a evaluar el socialismo democrático, pero primero, permítanme desviarme por un momento del tema para hablar sobre otro objetivo impulsado por el marxismo.

La Importancia del Cambio Climático

El ex vicepresidente de los Estados Unidos, Al Gore ha advertido durante mucho tiempo a la gente sobre los peligros del "calentamiento global". Pero debido a que hay menos evidencia de la que se afirmaba anteriormente para demostrar que el planeta se ha calentado, la terminología se ha ajustado a "cambio climático", que se dice que es una amenaza existencial para nuestro planeta.

Cuando la adolescente Greta Thunberg se presentó ante la Asamblea de las Naciones Unidas, dijo: "Estamos en el comienzo de una extinción masiva, y todo lo que pueden hablar es de dinero y cuentas de crecimiento económico eterno. ¡Cómo se atreven!"[10] Muchas personas estuvieron de acuerdo con ella, impulsando una agenda de "debemos hacer algo ahora".

Hay dos razones por las cuales los secularistas radicales son tan inflexibles sobre el cambio climático. La primera es debido a la noción marxista de que el capitalismo es opresivo y explota la naturaleza, haciendo que el mundo sea inhabitable. Stephen Hicks explica: "Y el capitalismo, dado que es tan bueno produciendo riqueza, debe ser por lo tanto el enemigo número uno del medio ambiente."[11]

Los secularistas afirman que toda la naturaleza es igualmente sagrada. "Todas las especies, desde las bacterias hasta los comejenes de la madera, los cerdos u osos hormigueros, hasta los humanos, tienen igual valor moral."[12] Después de todo, la evolución enseña que hemos ascendido a través del mundo animal; por lo tanto, somos solo una parte de un continuo de vida, lo que significa que "la vida animal es tan sagrada como la nuestra".

Esto explica por qué los secularistas, que están más decididos a promover el aborto, también se niegan a permitir la construcción de un oleoducto, porque perturbará el hábitat de insectos y animales. Los escarabajos y los bebés por nacer son vistos como iguales.

En el Seminario Teológico Unión en la ciudad de Nueva York, los estudiantes confesaron a las plantas—sí, has leído bien: confesaron a *las plantas*. Incluso lo tuitearon. "Juntos, sostuvimos nuestra pena, alegría, arrepentimiento, esperanza, culpa y tristeza en oración; ofreciéndolas a los seres que nos sostienen, pero cuyo regalo con demasiada frecuencia dejamos de honrar." El seminario explicó que esto formaba parte de una clase llamada "Extractivismo: Una Respuesta Ritual/Litúrgica."[13]

Como cristianos, sin duda deberíamos ser buenos administradores del medio ambiente. Dios nos dio el mundo natural y los animales no para explotarlos, sino para usarlos de manera responsable. Daremos cuenta de nuestra administración. Reducir el uso de plásticos, disponer adecuadamente de los residuos y decenas de otras acciones conscientes con el medio ambiente deberían estar en nuestra agenda. Sin embargo, también debemos distinguir entre el Creador y la criatura.

Y hay más por decir.

Una segunda razón por la cual los secularistas quieren invertir billones de dólares en abordar el cambio climático es que esto daría al gobierno más control sobre la economía. Esto, a los ojos de los marxistas culturales, siempre es positivo. Un gobierno grande siempre es mejor que un gran negocio. Y a medida que Estados Unidos comparte más de su riqueza con otros países comprometidos con el cambio climático, esto también proporciona una forma de igualdad —el opresor está devolviendo recursos al oprimido. Después de todo, los males del mundo se atribuyen al dominio global estadounidense. Toma la frase supremacía blanca y traduce ese concepto como "supremacía estadounidense", y entenderás mejor el razonamiento de los marxistas culturales sobre por qué todos deberíamos odiar a la "rica" América.

Para ellos América le debe al mundo.

Un Estudio de Caso del Socialismo Democrático

¿Podría el socialismo democrático ser una respuesta a la pobreza y las disparidades raciales en nuestra cultura? Uno de los argumentos más grandes a favor del socialismo democrático es que impone controles salariales y de precios;

no está sujeto a la "licitación competitiva" que inspira el capitalismo. El gobierno puede hacer juicios de valor y subsidiar diversos bienes incluso si no se venden y de otro modo desaparecerían en una economía capitalista. El control gubernamental traería estabilidad a los salarios y no permitiría que los ricos (el 1 por ciento superior) tengan más que el otro 99 por ciento combinado. La igualdad exigiría que hubiera un salario mínimo en la parte inferior de la escala de ingresos y un salario máximo en la parte superior.

Pero hay razones por las que el socialismo, incluso de la variedad democrática, no puede cumplir sus promesas durante mucho tiempo. Aunque bien intencionado, si se sigue durante mucho tiempo, fracasará. El socialismo construye una escalera hacia un lugar que no existe. *¡Habla de distribuir la riqueza, pero no tiene manera de crearla!*

Suecia a menudo se presenta como un ejemplo de socialismo democrático bien implementado. Pero en realidad, es un ejemplo de las políticas fallidas del socialismo. El historiador de ideas Johan Norberg ha señalado que, a principios de la década de 1980, Suecia era un país enriquecido por el capitalismo, un gobierno limitado y bajos impuestos. Disfrutaba de un alto nivel de vida. Con riqueza de sobra, el país decidió experimentar con el socialismo, aumentando el tamaño del gobierno y distribuyendo bienes y servicios gratuitos pagados mediante impuestos más altos. Se implementaron controles de salarios y precios para garantizar la igualdad de ingresos para todos los ciudadanos.

Como resultado, las empresas comenzaron a abandonar Suecia porque el país ya no era favorable para el crecimiento innovador y la competencia. Su nivel de vida comenzó a declinar y el dinero acumulado por políticas capitalistas comenzó a agotarse. Para la década de 1990, Suecia encontró necesario realizar cambios para evitar el desastre económico. El gobierno promovió la propiedad privada, redujo impuestos, recortó regulaciones e incluso privatizó parcialmente la seguridad social. Con licitaciones abiertas en el sector público, la economía comenzó a recuperarse. Hoy en día, la economía de Suecia es en gran medida impulsada por el mercado.

Venezuela es otro país que utilizó su riqueza obtenida por el capitalismo para hacer la transición al socialismo. Este país rico en petróleo eligió a un líder socialista en su ciclo electoral regular. No hubo necesidad de una revolución política; una elección democrática a nivel nacional instaló a un socialista que prometió una amplia riqueza e igualdad. La gente pensó que las promesas del socialismo eran demasiado buenas para rechazarlas. (Esta historia se cuenta en la revista World, ejemplar del 25 de mayo de 2019.[15])

En 1999, Hugo Chávez hizo campaña con el lema "Esperanza y Cambio". Les dijo a las masas que era injusto que las empresas fueran ricas y que la gente común fuera pobre. Si él fuera elegido, pondría a personas a cargo que administrarían el estado mejor que los capitalistas, permitiendo así que todos compartieran las ganancias.

En el momento en que Chávez fue elegido, Venezuela estaba prosperando. El país tenía una clase media en crecimiento y estabilidad económica. Fiel a su promesa, Chávez transformó lentamente a Venezuela en un país socialista. Paso a paso, su gobierno tomó el control de los medios de producción. El gobierno se apoderó de FertiNitro, un productor de fertilizantes nitrogenados, así como de enormes extensiones de tierra propiedad de empresas británicas. Muchos otros negocios fueron nacionalizados, con Chávez a veces pagando a las empresas y otras veces simplemente confiscándolas.

Al principio, esta nación tenía pleno empleo, salarios garantizados y atención médica nacional. Los socialistas entusiastas alrededor del mundo elogiaron los cambios; consideraron esto como un ejemplo de cómo podría funcionar el socialismo democrático. El líder del Partido Laborista Británico, Jeremy Corbyn, dijo que el ex presidente venezolano Hugo Chávez "nos mostró que hay una forma diferente y mejor de hacer las cosas. Se llama socialismo, se llama justicia social." Hollywood visitó Venezuela para promocionar el supuesto gran éxito que el socialismo progresivo podría traer.

Sin embargo, ahora, mientras escribo este libro, la economía de Venezuela ha colapsado y la gente busca comida desesperadamente en los basureros. Los adultos solo pueden comprar alimentos ricos en proteínas dos veces al mes; la desnutrición y el hambre están por todas partes. Los criminales entran a las casas en busca de comida. Si criticas al régimen, puedes ser perseguido o asesinado. Aquellos que pueden obtener pasaportes o visas están dejando el país, dispuestos a abandonar sus hogares y familiares para buscar una forma de ganarse la vida nuevamente. Hay cerca de ocho millones de personas que han abandonado el país, las empresas privadas salieron por falta de oportunidades y respeto.

¿Qué salió mal en este país rico en petróleo? El socialismo es engañoso porque funciona por un tiempo. Pero no puede funcionar indefinidamente. Se dice que Margaret Thatcher observó: "El problema con el socialismo es que tarde o temprano te quedas sin dinero de otras personas."

Ni Chávez ni su sucesor, Nicolás Maduro, se quedaron sin dinero: cuando se quedaban cortos, imprimían más. Comenzó la espiral económica hacia la muerte: enormes déficits, impresión de dinero, inflación, controles de precios, escasez, protestas, más autoritarismo, más criminalidad, más escasez, más refugiados.

Venezuela no cayó en déficit económicamente. Más bien, el gobierno imprimió más dinero, creando una inflación de más de dos millones por ciento. Una vez que un país adopta el socialismo, no hay una forma fácil de retroceder. Después de todo, no hay fin al dinero... simplemente se imprime más. Pero como aprendió Alemania después de la Primera Guerra Mundial, imprimir más dinero para pagar la deuda de una nación solo puede ser una respuesta temporal antes de un desastre económico. Un amigo alemán me dio un billete alemán de 1937 por dos millones de marcos; lo he plastificado y lo guardo como recordatorio de lo que sucede cuando un gobierno imprime dinero para pagar sus deudas.

Por supuesto, Chávez personalmente se volvió muy rico, al igual que los miembros de su familia. Después de que falleció de cáncer en 2013, su hija, María Gabriela, tenía un patrimonio neto de 4.2 mil millones de dólares. Su sucesor, Nicolás Maduro, también se ha enriquecido. La codicia y la corrupción son generalizadas. La élite que controla la economía está prosperando en medio de un país hambriento, que se tiene que rebuscar la vida y se está muriendo.

Cito a Olasky una vez más:

> El venezolano se pregunta por qué muchos jóvenes estadounidenses, según las encuestas, ven al socialismo como "el sistema más compasivo". Él ha visto cómo "el socialismo opera bajo la suposición de que un líder aislado y su legión de burócratas son los mejores jueces de lo que las personas valen. El socialismo... aplasta la ambición en busca de una definición uniforme, insatisfactoria y arbitraria de 'igualdad'. Y hace todo esto en nombre del 'bien común'."

Los ciudadanos de Venezuela pensaron que estaban eligiendo un sistema de gobierno que erradicaría la corrupción, pero eligieron uno que expandió la corrupción y arruinó la economía. Y cuando una economía comienza a colapsar, el gobierno tiene que recurrir a medidas desesperadas para mantener el control sobre la gente. Restringirá la libertad de expresión, la libertad de viaje e incluso la libertad religiosa. Las personas desesperadas actúan por desesperación; y los burócratas desesperados hacen lo mismo. Para cubrir sus errores, gobiernan con mano de hierro. El pueblo venezolano amó al socialismo hasta que comenzaron a pasar hambre.

En la novela de Hemingway "Fiesta" ("The Sun Also Rises"), Bill le preguntó a Mike cómo se había arruinado. Mike respondió: "De dos maneras. Gradualmente y luego repentinamente".

En una economía socialista, la bancarrota ocurre *gradualmente* y luego *repentinamente*.

Los subsidios por el COVID-19 y el impulso hacia el socialismo

El mundo cambió cuando la pandemia de COVID-19, que comenzó en Wuhan, China, se propagó rápidamente por todo el mundo. Lo que comenzó como una enfermedad en una región de Asia pronto se extendió exponencialmente a todas partes, incluidos los Estados Unidos. En respuesta, se cerraron un gran número de negocios (excepto los considerados esenciales), se cancelaron eventos deportivos y se emitieron órdenes de "quedarse en casa" por parte de alcaldes, gobernadores y los presidentes de las naciones. Nuestras ciudades se convirtieron en pueblos fantasma. El miedo nos llevó a renunciar a nuestro derecho constitucional de reunirnos para cumplir con los edictos de nuestros políticos de cancelar todos los servicios religiosos. Aunque muchos de nosotros seguimos estas órdenes, nunca debemos olvidar las palabras de Benjamín Franklin: "Aquellos que renunciarían a una Libertad esencial, para comprar una pequeña Seguridad temporal, no merecen ni Libertad ni Seguridad".

Avanzando hacia el Socialismo

Los efectos económicos de los cierres fueron catastróficos. Después de mucho juego político, el Congreso aprobó un paquete inicial de rescate de 2,2 billones de dólares para mantener la estabilidad económica y ofrecer esperanza, incluso mientras millones presentaban solicitud de subsidios de desempleo. Nunca antes ningún gobierno había creado tanto dinero para mantener a flote una economía. Por supuesto, los 2,2 billones de dólares fueron el primer paso en una serie de medidas similares. Ahora millones de personas desesperadas trabajaban (¡o no trabajaban!) para el gobierno. Así, un gobierno grande, que para muchos representaba una amenaza para el capitalismo, ahora parecía ser la decisión correcta.

Estos "rescates", al menos según parece, eran necesarios. Sin embargo, no fueron solo un paso hacia el socialismo, sino un salto hacia él. Algunos han argumentado que la intervención económica es meramente temporal; que cuando el virus siga su curso, la economía se recuperará rápidamente. También añaden que debido a que el gobierno no ha tomado el control del sistema de salud, implementado controles de salarios y precios, o asumido la propiedad de las empresas, el capitalismo sigue siendo el orden del día. Pero como dijo un comentarista, la economía no se puede encender y apagar como un interruptor de luz.

El editor colaborador Gary Abernathy del Washington Post escribió un artículo el 25 de marzo de 2020 sugiriendo que la respuesta de nuestro gobierno al COVID-19 realmente llevaría al socialismo incremental que muchos han defendido. Abernathy escribe:

> Nuestra marcha hacia el socialismo comenzó gradualmente hace décadas. Pero nuestra respuesta al coronavirus llevará a su implementación permanente después de que funcionarios electos de ambos partidos cerraron negocios, ordenaron a los ciudadanos no ir a trabajar y dejaron claro que vendrían medidas más draconianas. El delicado equilibrio entre la libertad y el riesgo fue prácticamente ignorado mientras nuestra economía quedaba desmantelada en cuestión de días.

Y continúa diciendo:

> Hemos cruzado los límites. Cuando los historiadores registren el momento en que la economía de Estados Unidos hizo la transición del capitalismo de libre mercado al socialismo democrático, señalarán esta semana. Observar cómo esto se desarrolla ha sido igual que presenciar un accidente de avión en cámara lenta. Cuando se disipe el humo, lo que quedará será apenas un débil vestigio del Estados Unidos que alguna vez conocimos.

Abernathy finaliza diciendo, "Ahora todos somos socialistas".[22]

Afortunadamente, él está equivocado. No todos somos socialistas ahora. Al menos, aún no. Pero hemos dado muchos pasos en esa dirección, y tengan la seguridad de que habrá una presión creciente para que el gobierno continúe implementando medidas draconianas y persiga políticas socialistas. Esperen que los políticos prometan más servicios gratuitos en sus intentos por conseguir más votos.

La Creación del Dinero Fiat

¿De dónde obtuvo la Reserva Federal de EE.UU., los $2,2 trillones de dólares para compensar a los trabajadores y negocios que se cerraron debido a la pandemia de COVID-19? El dinero simplemente fue creado por *fiat*; la palabra proviene de un término latino que significa "que así sea". Como la palabra indica, el dinero fue creado "de la nada" por decreto de la Reserva Federal. Fue creado digitalmente sin respaldo alguno más que nuestra fe en nuestro gobierno. La Fed imprime muy poco dinero físico; el dinero impreso es solo una fracción del dinero total que el gobierno posee. Estos billones de dólares existen solo digitalmente.

La capacidad de la Reserva Federal para crear miles de millones o incluso billones de dólares por *fiat* nos recuerda que el dinero en sí mismo no tiene un valor real; su valor siempre se basa en la confianza. Incluso el oro en sí mismo no tiene un valor especial, excepto que, a lo largo de los siglos, las personas le han asignado valor. Los Caballeros de Malta estamparon *Non Aes, sed Fides* ("No el metal, sino la confianza") en sus monedas. Creo que los llamados para que el gobierno cree más dinero para más auxilios y programas continuarán aumentando en los próximos días.

"Cuanto mayor es el papel de César, mayor es el control de César."

La Teoría Monetaria Moderna (TMM) es el nombre dado a una idea relativamente nueva para un plan económico según el cual el gobierno nunca se queda sin dinero. Stephanie Kelton, asesora del equipo de la campaña presidencial de Bernie Sanders en 2016, dijo: "El gobierno federal no puede quedarse sin dólares... El gobierno federal, como emisor del dólar estadounidense, puede crear todo el dinero necesario para garantizar la atención médica para toda su población".[23] Así que el dinero puede aparecer como por arte de magia, y el socialismo puede prosperar.

Al momento de escribir esto, no se han determinado completamente los efectos de la crisis del COVID-19. Tal vez podamos revertir estos pasos hacia los auxilios gubernamentales y el control gubernamental. Pero con cada paso que los Estados Unidos da en dirección al socialismo, habrá más solicitudes para la distribución equitativa de la riqueza. Más políticos prometerán dinero gratuito para ser elegidos, y seguirán más regulaciones. Una vez que un gobierno sigue ese camino, es casi imposible revertir el curso.

Como se cita a Mayer Amschel Rothschild diciendo: "Permítanme emitir y controlar el dinero de una nación, ¡y no me importará quién haga sus leyes!"[24]

Sí, cuanto mayor sea el papel de César, mayor será el control de César.

Manténganse alerta y sintonizados.

¿Enseña la Biblia el Socialismo?

De vez en cuando, me encuentro con alguien que cree que el socialismo se encuentra en la Biblia. De hecho, Hugo Chávez hizo esta afirmación mientras hacía campaña en Venezuela. El argumento es que la iglesia primitiva en Jerusalén era de naturaleza socialista: "Ninguno decía que algo de lo que poseía fuera suyo propio, sino que todas las cosas les eran comunes" (Hechos 4:32). También se señala que Ananías y Safira fueron castigados porque retuvieron riqueza para sí mismos. El hecho de que Jesús predicara la compasión hacia los pobres se utiliza como apoyo al socialismo, que se dice que es más compasivo que el capitalismo porque distribuye la riqueza.

Pero no vaya tan rápido.

La historia de la iglesia primitiva no puede aplicarse a la política gubernamental. Primero, el compromiso de los creyentes de tener "todas las cosas en común" fue voluntario. Nadie, incluyendo a Ananías y Safira, estaba obligado a participar. Pedro dejó esto muy claro cuando visitó a la pareja y atribuyó su pecado a la mentira de afirmar que habían dado todo el dinero a los apóstoles cuando en realidad solo habían dado una parte. Aclaró que la tierra y el dinero recibido por ella les pertenecían para dar o conservar. Pedro dijo: "Mientras la tuviste, ¿acaso no te pertenecía? Y vendida, ¿no estaba en tu poder?" (Hechos 5:4). En otras palabras, la tierra era de ellos y eran libres de venderla y quedarse con el dinero o conservar la propiedad. La *mentira* fue su único pecado.

La Biblia reafirma repetidamente el derecho a la propiedad privada, incluso en los Diez Mandamientos, donde leemos: "No hurtarás" (Éxodo 20:15). Ya sea que el robo provenga de otro individuo o del estado, robar sigue siendo robar.

La Biblia no propone un plan económico para las naciones del mundo. Pero hay razones por las cuales el capitalismo tiene sus raíces en la Reforma Protestante, que propuso la idea de que es bueno que un hombre busque obtener riqueza mediante la fabricación de productos que la gente desea, siempre y cuando se haga con honestidad e integridad. Este enfoque se desarrolló en lo que se conoce como "la ética protestante del trabajo", que sostiene que el trabajo duro, la disciplina y la frugalidad son bíblicos.

Dios dio a Adán trabajo que hacer en el Jardín del Edén, esperando que lo cuidara con diligencia e integridad. Eclesiastés 2:24 dice: "Nada mejor para el hombre que comer y beber, y que su alma goce de bien en su trabajo. También he visto que esto es de la mano de Dios."

Todas las cosas, incluso las más mundanas, deben hacerse para la gloria de Dios, y no está mal esperar recompensas por nuestro trabajo. Acumular riquezas tiene sus peligros, como afirma la Biblia, pero de ninguna manera es antibíblico ser rico.

Todas las formas de socialismo requieren la redistribución forzada de la riqueza de aquellos que la poseen hacia aquellos que no la poseen. Nadie da nada; el estado toma y el estado distribuye. Pero el socialismo no puede funcionar indefinidamente, porque "recompensa el ocio y la pereza al separar el trabajo de la prosperidad. Pero el apóstol Pablo dice: 'Si alguno no quiere trabajar, que tampoco coma.'" (2 Tesalonicenses 3:10)

Y hay más.

Teoría Económica y Naturaleza Humana

¿Es cierto que el capitalismo se basa en la *codicia* y el socialismo en la *necesidad?*

En realidad, ocurre lo contrario.

Piénselo detenidamente: El capitalismo solo funciona cuando los capitalistas crean negocios que satisfacen las necesidades de las personas. El capitalismo depende de producir productos que las personas realmente quieran y compren; los consumidores votan a favor del capitalismo con sus dólares. Por lo tanto, es democrático: si no hay consumidores, no hay ganancias. El poder está en manos del consumidor.

Contrastemos esto con el socialismo, que pone el poder en manos de las élites del gobierno. Los productos se crean sin preocupación por satisfacer las necesidades de las personas. El gobierno determina lo que las personas deben tener y cuánto deben pagar por ello. Y quienes se encargan de redistribuir la riqueza pueden darse a sí mismos "bonificaciones" adicionales por su arduo trabajo. En el socialismo, la corrupción puede ser convenientemente legislada por los burócratas estatales.

Un ejemplo: Cuando mi esposa y yo visitamos Rusia en la década de 1980, nuestro intérprete nos contó sobre una fábrica que producía zapatos que nadie podía usar. La forma del zapato era incorrecta y, como nadie los compraba, los zapatos se acumulaban en el almacén mientras la fábrica continuaba su producción. A los trabajadores no les importaba que estuvieran haciendo un producto que nadie quería porque seguían recibiendo sus salarios garantizados del gobierno. Se ignoraban las necesidades de las personas.

Un amigo rumano me contó que trabajaba en una fundición donde se requería que los trabajadores produjeran una cierta cantidad de productos de hierro. Gran parte de lo que producían era inutilizable debido al mal equipo y la mano de obra deficiente, pero todos recibían el mismo salario: los holgazanes, los que llegaban tarde y los trabajadores medianamente esforzados recibían sus salarios garantizados.

Ya fuera de automóviles, refrigeradores o viviendas públicas, las historias que escuchamos eran las mismas. Nada funcionaba eficientemente, nada estaba hecho pensando en el cliente. Los trabajadores no tenían que producir nada que la gente quisiera o necesitara. O algo que pudiera ser utilizado siquiera.

Incluso lo notamos en las tiendas. En los países capitalistas, los dependientes están ansiosos por complacer a sus clientes, sabiendo que dependen de satisfacer las necesidades de su clientela. En un estado comunista/socialista, los dependientes pueden ser displicentes o incluso groseros. Les importa poco si compras sus productos porque no reciben parte de las ganancias; les pagan lo mismo independientemente de que trabajen o no, de que lo hagan bien o no.

Nadie se levanta por la mañana, emocionado de trabajar para el estado. En el socialismo, la indiferencia, la pereza y la falta de ingenio son recompensadas a través de salarios garantizados. Ya sea que el trabajo se realice bien o mal, eficientemente o con indiferencia, todos comparten su pobreza por igual. Una y otra vez escuchamos: "Nosotros fingimos trabajar, y ellos fingen pagarnos".

En la década de 1950, Gerald L.K. Smith advirtió: "No se puede legislar la libertad de los pobres legislando la libertad de los ricos. Lo que una persona recibe sin trabajar, otra debe trabajar para recibirlo. El gobierno no puede darle nada a nadie que primero no haya tomado de alguien más". Debido a que el gobierno toma y luego da, debe tener controles estrictos. Cuanto más centralizada esté la economía, más debe gobernar con mano de hierro. Y, de hecho, gobierna con mano de hierro. Repito: El socialismo siempre habla de distribuir la riqueza, nunca de crearla.

No es de extrañar que la gente en Rusia solo pudiera sobrevivir si formaban una economía paralela basada en el trueque fuera de los canales designados. Cuando estábamos en Rusia, escuchamos una historia tras otra de cómo la gente sobrevivía. Pagaban a un reparador con una bolsa de papas, intercambiaban una mesa por una cama. Cambiaban un día de trabajo en el campo por un par de zapatos usados. Su ingenio no conocía límites. Nos dijeron que prácticamente todos tenían que tener acceso a verduras en los campos porque no podían sobrevivir con sus salarios y pensiones. ¿Qué sistema económico es más compasivo? ¿El que, por necesidad, tiene que satisfacer las necesidades de sus clientes? ¿O el que puede operar sin preocuparse por beneficiar a las personas?

Imagina que nuestra economía fuera un pastel; los socialistas quieren cortar las diversas porciones y distribuirlas de manera uniforme. Pero después de que se distribuye el pastel, no hay otros pasteles para repartir. Solo el gobierno puede hornear otro "pastel", y como no hay beneficio personal en hornear pasteles, todo se estanca. O piensa en el socialismo como un sistema de castas: si estás al final de la fila, te quedas ahí. No puede haber un verdadero camino hacia adelante. Ninguna corporación como Boeing podría haberse desarrollado bajo un sistema socialista.

En el capitalismo, si una empresa falla, sus trabajadores sufren. Ahora imagina un gobierno de burócratas que maneja todo el país según su idea de igualdad. Cuando ellos fracasan, como inevitablemente sucederá, el país entero colapsa. Ya sea en Rusia, China, Cuba o la Alemania Nacional Socialista de Hitler, la historia es siempre la misma: cuando el estado posee los medios de producción, necesita estrictos controles de salarios y precios; necesita restringir la libertad de las personas. Cuando los hospitales están abarrotados y hay escasez de médicos dispuestos a trabajar por salarios limitados por el estado, los servicios deben reducirse. La atención médica debe ser racionada y las personas mayores son vistas como personas de las que se puede prescindir.

Lo que Karl Marx no previó fue el surgimiento de los sindicatos que han jugado un papel en ayudar a los trabajadores a obtener mejores beneficios y salarios. Las disparidades entre los que tienen y los que no tienen que Marx observó en Inglaterra han sido abordadas en gran medida. Ningún sistema económico es perfecto; todos tienen defectos, todos necesitan corrección. Debido a nuestra caída como seres humanos, solo somos capaces de buscar lo que es mejor, no lo que es perfecto.

La Codicia y la Corrupción

El socialismo no puede funcionar indefinidamente porque tiene un defecto fatal. No comprende ni aprecia una visión bíblica de la naturaleza humana, lo que pone fin a los sueños utópicos de un estado socialista o marxista. Es una teoría económica engañosa y destinada a fracasar porque no puede satisfacer las necesidades básicas de su población.

¿Qué forma de economía es más corrupta? ¿El socialismo o el capitalismo? Por supuesto, ambas formas pueden fomentar la codicia y la corrupción, un comentario triste pero verdadero sobre el corazón humano. Sin embargo, tanto la razón como la historia nos aseguran que el socialismo, por su propia naturaleza, ofrece más oportunidades para la codicia y la corrupción. En el socialismo, se enseña desde temprano que, si quieres mejorar tu estilo de vida, no puedes hacerlo trabajando más duro, sino manipulando el sistema. Tu trabajo consiste en encontrar maneras de engañar al sistema para obtener lo que se percibe como "gratis".

Como descubrió Israel cuando comenzó a gestionar sus *kibutzim* según principios socialistas, las personas comenzaron a abusar del sistema porque la comida y los servicios eran "gratis". Dejaban encendidas las luces y la calefacción más tiempo del necesario porque no tenían que pagar el precio de mercado por la electricidad. Las mascotas comían en la mesa del comedor porque la comida era "gratis". Como dijo uno de los pioneros de los kibutzim: "Se convirtió en un paraíso para los parásitos".

"¡Un paraíso para los parásitos!

¿Qué hace pensar a alguien que, si solo los medios de producción estuvieran en manos del gobierno, la codicia desaparecería?

Sí, como humanos albergamos el interés propio, y la codicia yace profundamente en cada corazón humano. Pero bajo el socialismo, la codicia se institucionaliza debido a la competencia entre la población por obtener lo que es "gratis". La codicia se desborda tanto entre los gobernantes que distribuyen la riqueza como entre los pobres que intentan sobrevivir con sus ingresos garantizados. Debes encontrar formas creativas de eludir los programas del gobierno para sobrevivir."

Por supuesto, el capitalismo está lejos de ser perfecto. A menudo abundan la codicia, la corrupción y la competencia feroz. Y por supuesto que, las élites se pagan grandes salarios y buscan socavar a sus competidores. Wall Street está llena de prestamistas e inversores despiadados que monitorean constantemente sus ganancias. Pero al menos existen reglas estrictas que hacen posible la persecución de los infractores mediante la ley.

El socialismo recompensa la pereza, sofoca la competencia y restringe las libertades individuales. Bajo el socialismo, la corrupción permanece en gran medida sin control porque es más difícil descubrirla y erradicarla; casi imposible de procesar legalmente. Los burócratas que dictan dónde va el dinero son quienes hacen las leyes y se premian a sí mismos.

No es de extrañar que incluso los pobres bajo el capitalismo se encuentren mucho mejor que la mayoría de los pobres en los países socialistas.

Daniel Milán, venezolano, señala que "para crear un país verdaderamente socialista necesitarías un montón de zombis y robots, porque los seres humanos reales no están hechos para el socialismo". El socialismo sumerge al individuo en un océano de burocracia y regulaciones restrictivas. El sueño utópico de Marx era que, si el proletariado tomaba el control, eventualmente surgiría una sociedad sin clases. Esto va en contra de la experiencia humana y de una comprensión superficial de la visión bíblica de la humanidad. Marx creía que los capitalistas explotaban a los pobres y manipulaban el sistema económico para sus propios fines, y con una increíble ingenuidad, pensó que la naturaleza humana de repente se volvería desinteresada y compasiva una vez que se proporcionara un entorno económico adecuado. Creía que, "bajo las condiciones adecuadas", los humanos actuarían espontáneamente de manera legal y eventualmente tanto el estado como la ley se desvanecerían. Las ilusiones y utopías de Marx todavía son creídas hoy en día.

En el libro *Divided by Faith: Evangelical Religion and the Problem of Race in America (Divididos por la fe: la religión evangélica y el problema del racismo en América)*, el cual es recomendado con frecuencia por los evangélicos el cual está basado en la sociología y no en la Biblia, los autores escriben; "Los progresistas ven a los seres humanos como esencialmente buenos, siempre y cuando sean liberados de los ajustes sociales que impiden que las personas vivan felices, productivas e igualitarias, como por ejemplo el racismo, la desigualdad y la falta de oportunidades educativas." Marx habría estado de acuerdo. Su error fue creer que las dificultades de las personas son simplemente el producto de condiciones sociales externas. Como señala John Warwick Montgomery,

> El hombre mismo creó las condiciones de explotación, entonces ¿qué tipo de lógica justifica la creencia de que al eliminar esas condiciones el hombre de repente se volverá incapaz de repetirlas? La dificultad radica no en la 'economía' (o en cualquier otro factor impersonal); radica en el corazón mismo del hombre.

No obstante, siempre habrá personas encantadas con el control estatal. Después de la caída del Muro de Berlín, un periódico ruso publicó una caricatura que mostraba una bifurcación en el camino. Un sendero estaba etiquetado como 'libertad', el otro como 'salchicha'. Como podríamos suponer, el camino hacia la libertad tenía pocos adeptos; el camino hacia la salchicha estaba lleno de huellas de pisadas.

El progreso por un camino equivocado conduce al desastre. Estas palabras de Winston Churchill citadas en un capítulo anterior vale la pena repetirlas: *El vicio inherente del capitalismo es la distribución desigual de las bendiciones. La virtud inherente del socialismo es la distribución igual de las miserias.*

Sin duda, hay mucho espacio para el desacuerdo, pero todos creemos que el gobierno tiene un papel importante en mantener seguros a sus ciudadanos (lo que incluye el control de las fronteras), en hacer cumplir las leyes que impiden que los ciudadanos se hagan daño mutuamente, en crear leyes que aseguren que se cumplan los estándares adecuados en la producción de bienes, y en establecer leyes que prevengan la corrupción. Pero cuando se trata de la propiedad de las empresas, determinar salarios y precios, y decidir quién recibe qué, las empresas privadas con un interés personal en su supervivencia y en construir una base de consumidores leal harán el trabajo mucho mejor.

Cuanto más posee el estado, más controla a sus ciudadanos. Cuanto más controla a sus ciudadanos, más limita sus libertades. Al final, quienes controlan el sistema económico son quienes se benefician de él. Como dijo George Orwell en "Rebelión en la granja": "Todos los animales son iguales, pero algunos animales son más iguales que otros".[32] Alguien alguna vez observó que las personas nacen con un anhelo de libertad que el socialismo debe negar a sus ciudadanos.

Una advertencia final de origen desconocido es bastante apropiada con respecto al socialismo: "Los ratones mueren en las ratoneras porque no entienden por qué el queso es gratis."

La respuesta de la Iglesia

Como cristianos, debemos preguntarnos: ¿Qué nos enseña la discusión anterior sobre políticas monetarias acerca de lo que realmente es el dinero? Millones de cristianos están sobreviviendo bajo regímenes socialistas dirigidos por burócratas corruptos. Y los países capitalistas tienen su parte de codicia, corrupción y la convivencia de pobres con ricos. ¿Realmente importa todo esto?

Importa por varias razones. El capitalismo ha brindado a muchos cristianos en Occidente la oportunidad de ganar más dinero del que necesitan. Esta riqueza ha impulsado innumerables proyectos misioneros en todo el mundo. Piense en cualquier trabajo misionero en países del llamado Tercer Mundo y descubrirá que son operados con fondos suministrados por Occidente. Cuando las agencias misioneras necesitan ayuda, no buscan apoyo en países socialistas porque saben que los cristianos allí apenas si tienen suficiente dinero para medio sobrevivir. Solo una economía capitalista puede elevar los estándares de vida de las personas comunes por encima de los niveles de subsistencia.

Y, sin embargo, incluso en la pobreza, los cristianos pueden mostrar generosidad. Durante la pandemia de COVID-19, me conecté con algunos cristianos en un país socialista que no tenían auxilios del gobierno ni garantías salariales. Apenas tenían lo suficiente para ellos mismos, pero estaban recolectando dinero para alimentar a los pobres y brindar ayuda donde pudieran. La generosidad no se trata solo de dinero, sino también del corazón.

El buen samaritano no buscó un programa estatal para cuidar del hombre herido en el camino a Jericó. Tampoco buscó a los líderes religiosos autocomplacientes que solo pensaban en sí mismos. Jesús nos dice que el samaritano "lo montó en su propia cabalgadura, lo llevó a una posada y cuidó de él. Al día siguiente sacó dos denarios y se los dio al posadero, diciendo: 'Cuídalo, y lo que gastes de más, yo te lo pagaré cuando regrese'" (Lucas 10:34-35). Esto fue dar de manera voluntaria y sacrificial.

Permíteme compartir mi carga.

Necesitamos reconsiderar qué es realmente el dinero y reflexionar más profundamente sobre lo que Jesús enseñó acerca de cómo usamos nuestros fondos. ¿Por qué Jesús advirtió repetidamente sobre el peligro de depender del dinero? ¿Y qué quiso decir cuando habló sobre las verdaderas riquezas? ¿Por qué el dinero es tan engañoso?

El dinero hace las mismas promesas que hace Dios. De hecho, el dinero dice: "Estaré contigo en la enfermedad y en la salud; estaré ahí cuando tus amigos te fallen. Estaré ahí cuando otros estén pasando hambre y haya largas filas en los bancos de alimentos. Te prometo seguridad, salud y placer". Agítale mucho dinero frente a la mayoría de las personas y mentirán, engañarán y de cualquier otra manera abandonarán sus principios básicos para obtenerlo. Puede que hayas escuchado alguna variación de este lema: "Consíguelo honestamente si puedes; consíguelo engañosamente si es necesario, *pero consíguelo*".

Sin embargo, el dinero no puede cumplir sus promesas. Leí un relato verídico sobre dos mineros que extraían oro, atrapados en una terrible tormenta de nieve en el norte de Canadá y que no pudieron partir a tiempo para escapar del invierno que se avecinaba. Meses después, fueron encontrados muertos de hambre en su cabaña, rodeados de pedazos de oro. El dinero no tiene valor inherente a menos que se transforme en alguna otra forma de riqueza: alimentos, ropa; pero si somos sabios, invertiremos en las riquezas eternas.

El pasaje de las Escrituras sobre el dinero que más profundamente se ha arraigado en mi corazón es lo que Jesús enseñó en Lucas 16:9 en el contexto de una parábola. Él dijo que debemos usar nuestras riquezas "para que cuando falte [la riqueza], ellos [los amigos] los reciban en las moradas eternas" (Lucas 16:9). En otras palabras, tomar el dinero que tenemos y transformarlo en algo que sobrevivirá a la inflación, deflación, cambios de regímenes políticos y nuestra propia muerte segura. Estas son "las verdaderas riquezas" (versículo 11), como dijo Jesús.

Eventualmente, algún día todas las monedas creadas por los humanos serán inútiles. En su libro *"The Day the Dollar Dies"* (El día que el dólar muere), Willard Cantelon cuenta una historia que nunca olvidaré. Él habla de una escuela bíblica que iba a ser construida en Berlín después de la Segunda Guerra Mundial. En medio de los escombros, los cristianos se estaban uniendo para entrenar a los jóvenes alemanes en la vida cristiana y el ministerio. Una madre alemana, deseando ayudar a la escuela bíblica, llevó su donativo de 10.000 marcos para el programa de construcción. Sostenía su dinero con orgullo y ternura, como si fuera parte de su propia vida. Y en un sentido literal lo era: había trabajado arduamente para ganar ese dinero y lo había guardado cuidadosamente durante toda la guerra. Sonreía con orgullo mientras ofrecía su contribución.

Sin embargo, Cantelon tuvo que contarle un hecho triste. Él escribe: "¿Cómo podía decirle que había guardado este dinero por demasiado tiempo? ¿Por qué me tocó a mí desanimar a esta alma sensible con la noticia de que su dinero ahora era prácticamente sin valor? ¿Por qué no había leído el periódico por la mañana o escuchado el anuncio de que el nuevo gobierno en Bonn había cancelado esta moneda?"

"Señora", le dije lentamente, "lamento mucho, pero no puedo aceptar su dinero..." Con la mayor delicadeza posible, añadí, "Ha sido descontinuado." Hace un mes, ese dinero podría haberse utilizado para comprar materiales; podría haber alimentado a los trabajadores y ayudado a los estudiantes potenciales. Pero un mes después, el dinero se había vuelto sin valor.

> Nuestro amor y sacrificio deben ser una alternativa atractiva a las falsas esperanzas de los sueños utópicos.

Todos los creyentes, y especialmente aquellos que han sido beneficiados por el capitalismo, algún día comparecerán ante el tribunal de Cristo con dinero sin valor en sus bancos y fondos de jubilación. Cuando el Señor venga, "los cielos pasarán con estruendo, los elementos serán destruidos por el fuego, y la tierra y las obras que hay en ella serán quemadas" (2 Pedro 3:10). Todo será cancelado. De eso podemos estar seguros.

Como alguien dice que Francis Schaeffer dijo, debemos tener "capitalismo con compasión". Sí, con demasiada frecuencia el capitalismo explota a los pobres y apela a la codicia del corazón humano. Pero debemos hacer todo lo posible para ganar dinero con la intención de darlo, usando nuestros recursos de manera que haya personas que nos reciban en "las moradas eternas". Nuestro amor y sacrificio deben ser una alternativa atractiva frente a las falsas esperanzas de los sueños utópicos. Incluso donde Karl Marx aún prevalece, la iglesia está llamada a ser la iglesia.

"A quien mucho se le da, mucho se le demandará" (Lucas 12:48).

Una plegaria que todos debemos elevar

Padre, a menudo decimos que todo lo que tenemos te pertenece. Intelectualmente, sabemos que es así, pero te pedimos ayuda para actuar en consecuencia. Permítenos transferir nuestros fondos de nuestra posesión a la tuya; que genuinamente reconozcamos que Tú eres Señor y busquemos tu guía sobre cómo usar lo que tenemos de la mejor manera para cosechar bienes eternos. Que las palabras "acumulen tesoros en el cielo" (Mateo 6:20) sean nuestra motivación, nuestro lema y nuestro mandato gozoso.

Recordemos que la tacañería es una negación del Cristo que generosamente y libremente se entregó por nosotros. Que nuestros tesoros en el cielo sean muchos y nuestros tesoros en la tierra sean pocos. Que esta oración no sea solo una cuestión de palabras, sino de hechos.

En el nombre de Jesús, amén.

ÚNETE AL ISLAM RADICAL PARA DESTRUIR AMÉRICA

Por qué y cómo dos cosmovisiones muy diferentes están dispuestas a dejar de lado sus diferencias para erradicar el cristianismo y el capitalismo

"We will use the freedoms of the Constitution to destroy the Constitution!" (¡Usaremos las libertados de la Constitución para destruir la Constitución!).

Esas fueron las palabras en un cartel llevado por un manifestante musulmán cerca de Detroit, Michigan. ¡Usar nuestras libertades para destruir nuestras libertades!

¿Por qué dos ideologías, una radicalmente secular y otra radicalmente religiosa y opresiva, encontrarían terreno común en los Estados Unidos? ¿Y por qué estos dos grupos están uniendo fuerzas en sus ataques contra los valores judeocristianos fundamentales? Los islamistas radicales y los secularistas radicales están luchando codo a codo, unidos por un enemigo común.

Para empezar, debo enfatizar que la mayoría de los musulmanes que viven en América han llegado a aceptar los valores occidentales y no tienen interés en atacar la historia religiosa o el sistema económico de América. Se benefician de la libertad y las oportunidades del Occidente, y esperan poder seguir haciéndolo. La mayoría de nosotros conocemos una versión occidentalizada del islam que no refleja la verdadera naturaleza de esta religión.

Sin embargo, existen islamistas radicales que tienen una pasión ardiente por implementar la ley Sharía en sus lugares de residencia y ver su bandera ondear sobre las Casas de Gobierno. Estos líderes no son la mayoría, pero tienen un control e influencia desproporcionados. Tienen la capacidad de incitar a otros, muchas veces de manera engañosa, y reclutarlos en su lucha.

El cofundador de CAIR (Consejo sobre Relaciones Islámicas-estadounidenses) dijo: "El islam no está en Estados Unidos para ser igual a cualquier otra fe, sino para dominar. El Corán debería ser la máxima autoridad en los Estados Unidos y el islam la única religión aceptada en la Tierra".[1] En una redada en 2004, el FBI descubrió un documento secreto que reveló los planes de los Hermanos Musulmanes para apoderarse de los Estados Unidos, llamado *El Proyecto*. No lo revisaré punto por punto, pero daré un resumen escrito por un consultor antiterrorista, Patrick Poole.

Él lo describe de esta manera:

> [El Proyecto] representa un programa flexible, de múltiples fases y a largo plazo. Aproximación a la "invasión cultural" de Occidente. Pidiendo la utilización de diversas tácticas, que van desde inmigración, infiltración, vigilancia, propaganda, protesta, engaño, legitimidad política y terrorismo. El proyecto ha servido durante más de dos décadas como "Plan maestro" de la Hermandad musulmana.[2]

Los planes de la Hermandad Musulmana nos enseñan que "la intrusión del islam estallará en múltiples lugares utilizando múltiples medios".[3] Nuestro peligro es que descartemos esta estrategia como si fuera el desvarío de unos pocos radicales, al igual que Alemania inicialmente ignoró los delirios de Adolfo Hitler.

Desde la década de 1950, los islamistas comenzaron a darse cuenta de que tenían un aliado en la izquierda radical. Sayyid Qutb, quien fue el principal teórico de la Hermandad Musulmana, escribió el texto seminal "Justicia Social en el islam". Su agenda era imponer la ley islámica en todo el mundo para liberar a la humanidad y lograr la purificación y redención. Su visión de justicia social encontró puntos en común con la izquierda radical, y esta es una razón por la cual estos últimos están ansiosos por complacer a los islamistas y apoyar los derechos de los musulmanes que el islam niega a los cristianos.

Y para el momento de escribir este material, no se sorprenda de que no hayamos tenido recientemente ningún ataque terrorista en los Estados Unidos. Los islamistas radicales saben que el terrorismo puede ir en contra de su estrategia; es mejor que mantengan su "yihad silenciosa", insistiendo en lo que consideran sus derechos. Andrew McCarthy, ex fiscal jefe en Nueva York, ha enfatizado que nuestra verdadera amenaza no es el terrorismo, sino el islamismo. Él escribe: "Los izquierdistas e islamistas son conscientes de que sus diseños para la sociedad, los cuales implican una transformación drástica para ambos, son anatema para la mayoría de los occidentales. Deben avanzar en su causa con sigilo".

En los Estados Unidos, la hermandad musulmana tiene docenas de organizaciones fachada a través de las cuales opera. Este tipo de organizaciones son las tropas terrestres, por así decirlo, que implementan la "Gran Yihad", como ellos la llaman. La esperanza de la Hermandad es que la gente en occidente esté tan concentrada en el terrorismo que se harán los de la vista gorda hacia la transformación interna de América que está ocurriendo desde sus titulares y de manera interna.

Para citar nuevamente a McCarthy, quien ha recibido los más altos honores del Departamento de Justicia: "Los encargados de formular políticas no comprenden [la naturaleza del enemigo]. Enfocados miopemente solo en uno de los medios del yihadista: la violencia, asumen erróneamente que poner fin a la violencia acabaría por fuerza con la amenaza del islamismo a nuestro modo de vivir."[5]

Advierte que es "un suicidio nacional que un pueblo libre y autodeterminado pretenda que nuestros problemas se limitan a los terroristas musulmanes", [6] así que la amenaza del terrorismo no es más que un obstáculo para una campaña más insidiosa de engaño e infiltración.

Tanto los islamistas radicales como los secularistas radicales creen en la utopía. Los musulmanes creen en una utopía religiosa, la izquierda radical cree en una secular. Pero ambos grupos creen que su visión no se puede cumplir hasta que la influencia cristiana y el capitalismo sean destruidos. Después los secularistas y los islamistas tendrán que separarse, porque tienen dos visiones muy diferentes del mundo. Por ahora, sin embargo, se encuentran uno al lado del otro como guerreros culturales. Como alguien dijo, la izquierda radical ve al islam como un "ariete" que puede ayudar a descristianizar América.

Incluso Pilato y Herodes dejaron de lado sus diferencias y se convirtieron aliados para matar a su enemigo común, Jesús (Lucas 23:12). Como ellos dicen, en la batalla, "el enemigo de mi enemigo es mi amigo".

La Oportunidad del 11 de septiembre

Si podemos señalar un momento en el que la izquierda radical se unió a los islamistas para socavar a Estados Unidos, sería después de los horribles ataques terroristas del 11 de septiembre de 2001, cuando casi 3.000 estadounidenses fueron asesinados.

La época posterior fue de patriotismo renovado entre los ciudadanos estadounidenses, pero también de introspección crítica.

La izquierda radical aceptó con entusiasmo la narrativa islámica de que este acto de terrorismo "fue culpa de América". Los terroristas hicieron lo que las personas oprimidas hacen: atacar a sus enemigos. Cuando se izaban banderas estadounidenses en escuelas, edificios de oficinas y jardines en una muestra de unidad, la izquierda comenzó su asalto contra la bandera, el patriotismo y América en general.

Después de despotricar sobre lo odioso que era Estados Unidos, la influyente novelista Bárbara Kingsolver escribió un artículo de opinión el 25 de septiembre (apenas 14 días después del ataque terrorista) en el que criticaba a los líderes estadounidenses que querían localizar y castigar a los perpetradores. Ella preguntó: "¿A quiénes llamamos terroristas aquí?"

Y continuó:

> El patriotismo amenaza de muerte la libertad de expresión. Está furioso por la vacilación reflexiva, la crítica constructiva de nuestros dirigentes y por las peticiones de paz. Desprecia a las personas de origen extranjero que han pasado años aprendiendo nuestra cultura y contribuyendo con su talento a nuestra economía.

Luego concluyó con un ataque a la bandera, diciendo que "la bandera estadounidense representa intimidación, censura, violencia, intolerancia, sexismo, homofobia y tritura la Constitución en una trituradora de papel.[7]"

Así, en la mente de la izquierda, el enemigo común era América, no el islam radical. No importa que el islam permita a los hombres tener varias esposas y busque la supremacía global, ni que las leyes de Arabia Saudita insistan en que aquellos que se convierten del islam a otra religión deben ser ejecutados. La disposición de la izquierda para defender una teocracia fundamentalista que cree en lapidar a los homosexuales, en el supremacismo religioso y en la opresión de las mujeres (o en la violencia contra ellas) es sorprendente. Pero un enemigo común hace que se unan en la lucha. La izquierda defiende a los musulmanes radicales, argumentando que tienen una buena razón para odiarnos.

El influyente filósofo Noam Chomsky dice que cualquier mal cometido contra América palidece en comparación con los males que América ha cometido contra otros. Como escribe David Horowitz, "Durante 40 años Noam Chomsky ha producido libro tras libro, panfleto tras panfleto y discurso tras discurso con un mensaje, y solo un mensaje: América es el Gran Satán; es la fuente del mal en el mundo."

Así que, en las mentes tanto de los islamistas radicales como de los izquierdistas radicales, una nación concebida en la libertad y donde se dice que todas las personas son creadas iguales es en realidad el Gran Satán, "construida sobre la esclavitud y dedicada a la conquista". Se ha dicho que, durante siglos, América ha sido responsable de la opresión, la pobreza y la injusticia dentro de sus fronteras y en todo el mundo, y la culpabilización continúa hasta el día de hoy.

Hay quienes dicen que la guerra contra el terrorismo no es más que una estratagema estadounidense para enmascarar el lado oscuro de la nación. Los ataques terroristas del 11 de septiembre solo destacaron el hecho de que América es malvada y que los problemas finalmente habían regresado a casa. Incluso el derecho de América a defenderse fue objeto de ridículo. En resumen, la guerra contra el terrorismo se inventó para servir como un chivo expiatorio para todo lo que está mal en la sociedad estadounidense.

Incluso vimos esta reticencia de los medios a denunciar a los terroristas musulmanes en el decimoctavo aniversario de los ataques terroristas del 11 de septiembre. El New York Times tuiteó (y luego eliminó), "Los aviones apuntaron y derribaron el *World Trade Center*". El *Times* no identificó quiénes pilotaban los aviones; hizo todo lo posible por distanciarse de culpar a personas, específicamente a los terroristas musulmanes de al-Qaeda que cometieron los atroces ataques.

Sí, dos aviones chocaron contra las Torres Gemelas. Pero los aviones no volaron solos. Gran parte de la discusión en los programas de entrevistas se centró en cómo Estados Unidos también mata personas con sus bombas en su guerra contra los talibanes. Esto, por supuesto, es una falsa equivalencia, pero es lo que se utiliza para encubrir a quienes culpan a Estados Unidos por lo sucedido.

David Horowitz escribe: "Según todas las encuestas reputadas, cientos de millones de musulmanes apoyaron esos ataques, y decenas de miles de 'infieles' ya habían muerto a manos de terroristas islámicos. Sin embargo, el presidente Obama negó que el islam tuviera algo que ver con estos hechos."

El profesor Nicholas De Génova, en una clase en la Universidad de Columbia, dijo: "La paz no es patriótica. La paz es subversiva, porque anticipa un mundo muy diferente al que vivimos, un mundo donde los EE. UU. no tendrían lugar."

La paz es "un mundo donde los EE. UU. no tendrían lugar."

Los marxistas culturales creen en la ingenua noción de que las personas solo hacen el mal porque están oprimidas. Si se elimina la opresión, serán pacíficas y complacientes. Dennis Prager, quien ha hablado con un gran número de personas en una amplia variedad, dice esto sobre la izquierda: "Realmente creen que las personas que se atan bombas al cuerpo para volar familias... colocan bombas en un club nocturno... degüellan a azafatas y estrellan aviones llenos de estadounidenses inocentes en edificios de oficinas lo hacen porque carecen de ingresos suficientes."

O, como añadirían los marxistas culturales, debido a lo que América les ha hecho. En otras palabras, "los terroristas no tienen la culpa. Es América quien los convirtió en terroristas".

La izquierda cree que, si Estados Unidos cesara su presunta opresión, se eliminaría la razón de la radicalización de los islamistas. Ya no volarían sus aviones contra rascacielos ni matarían a miles de personas si Estados Unidos tuviera la política exterior adecuada. La *opresión*, específicamente la opresión estadounidense, es la culpable. Así, la izquierda cree que, si se erradicara el capitalismo y emergiera un estado socialista, el islam radical ya no tendría que ser radical.

Esta actitud encaja muy bien con la afirmación musulmana de victimismo. Eso se remonta a la época de Mahoma. Su "victimismo" siempre se ha dicho que es mayor que el mal que infligen a los demás. Durante la controversia acerca de las caricaturas danesas, "ataques de turbas y asesinatos que cobraron la vida de más de 200 personas completamente ajenas con los dibujos 'blasfemos'".[13] Sin embargo, se dijo que las acciones violentas eran justificables porque se había insultado al islam. La culpa de las muertes se atribuyó al caricaturista que "infligió" este sufrimiento al islam. Los disturbios enseñaron al mundo una lección: "No nos critiquen o iremos tras ustedes y todo será culpa suya".

La Unidad de la Mezquita y el Estado

En América, la separación entre la iglesia y el estado es un artículo de fe para la izquierda radical. Sin embargo, la frase "separación entre la iglesia y el estado" no aparece en la Constitución de los Estados Unidos. En su lugar, está mencionada en una carta escrita por Thomas Jefferson para asegurar a una iglesia que el gobierno no debería interferir en el libre ejercicio de la religión. Este hecho evidentemente no tiene ninguna influencia en la agenda de la izquierda de erradicar toda influencia cristiana en nuestras escuelas públicas.

En la mente de los secularistas, sin embargo, no existe tal cosa como la separación entre mezquita y estado. Después del 11 de septiembre, se permitió —e incluso se alentó— a los islamistas a evangelizar con su religión. La Unión Americana de Libertades Civiles (ACLU) no objetó, ni tampoco lo hizo la *Freedom from Religion Foundation* (Fundación de Libertad Religiosa). Aunque la izquierda se aseguró de que las escuelas fueran limpiadas de cualquier influencia cristiana, dio la bienvenida a la enseñanza y proselitismo del islam, la misma religión que inspiró los ataques del 11 de septiembre. A los izquierdistas no les importa si la religión se promueve activamente en nuestras escuelas siempre y cuando sea una religión que busca destruir los valores occidentales. El cristianismo —no el islam—, es el villano.

En 2018, dos madres de estudiantes de la Escuela Secundaria Chatham en Nueva Jersey presentaron una demanda federal contra la escuela por mostrar dos videos con la intención de proselitizar a los estudiantes al islam. Uno se llamaba *"Introducción al islam"* y el otro "Los 5 Pilares". Estas madres se dirigieron directamente a la escuela, pero fueron rechazadas. Cuando continuaron persiguiendo el asunto, fueron atacadas en las redes sociales como fanáticas e islamofóbicas, acusadas de ser odiosas, ignorantes, intolerantes y racistas. El Centro Legal Thomas More presentó una demanda contra la escuela porque los videos ofrecían una imagen distorsionada de la historia del islam y de lo que enseña.

Los estudiantes en muchas escuelas han tenido que soportar intentos similares de adoctrinamiento. En 2015, estudiantes de la Escuela Secundaria Spring Hill en Tennessee fueron obligados a escribir: "No hay más dios que Alá, y Mahoma es su profeta", una declaración utilizada por quienes se convierten al islam. Los estudiantes en algunas escuelas han sido instruidos para memorizar partes del Corán, gritar "¡Allahu Akbar!" y ayunar durante el almuerzo en honor al Ramadán. Escuelas en Maryland, Michigan y Arizona están permitiendo que estudiantes musulmanes recen a Alá durante horas escolares.

En 2008, el *American Textbook Council* (Consejo Estadounidense de Libros de Texto), una organización nacional de investigación independiente, emitió un informe que encontró sobre diez de los libros de texto de estudios sociales más utilizados en la escuela media y secundaria. "presentan una imagen incompleta y confeccionada [falsamente construida] de la visión del islam que tergiversa sus fundamentos y desafíos sobre la seguridad internacional."[16] La conclusión es que estos libros de texto blanquean la historia y las enseñanzas del islam y denigran la historia y los valores de Occidente.

El Consejo también señaló,

> Mientras que los libros de texto de séptimo grado describen el islam en términos elogiosos, retratan al cristia-

nismo de manera crítica. Los estudiantes encuentran un contraste sorprendente. El islam se presenta como un modelo de tolerancia interreligiosa; los cristianos libran guerras de agresión y matan a judíos. El islam ofrece modelos de armonía y civilización. El antisemitismo, la Inquisición y las guerras de religión manchan el historial cristiano.

No sorprende que en estos libros de texto se culpe a Estados Unidos por los males del mundo. Hay una declaración del informe de este organismo que debe leerse con atención. Dice que el Consejo de La educación islámica disfruta ahora de "un poder prácticamente ilimitado sobre los editores" y es un "agente de la censura contemporánea", informando a los editores que puede "rechazar solicitudes de revisión de materiales para publicación, a menos que el editor esté de acuerdo con planear una revisión sustancial y exhaustiva". [18] El tabú sobre la enseñanza de la religión en las escuelas, tan promovido celosamente por la ACLU y nuestros tribunales—es convenientemente dejado de lado en deferencia a las demandas musulmanas.

Hoy en día, los impuestos de los ciudadanos estadounidenses se están utilizando para construir salas de oración para musulmanes en algunas escuelas públicas y garantizar que se sirvan alimentos halal (preparados según los estándares de la ley islámica) en las cafeterías. Organizaciones como el Instituto sobre Religión y Valores Cívicos (anteriormente conocido como el Consejo de Educación Islámica) proporcionan materiales financiados federalmente para enseñar el islam en las escuelas públicas. Hay videos disponibles que presentan una versión idealizada del islam y enseñan cómo el Corán puede ser utilizado en la vida diaria.

Si los de la izquierda estuvieran genuinamente preocupados por la integridad de la Primera Enmienda (como ellos la interpretan), la misma supuesta barrera que separa iglesia y estado también separaría mezquita y estado. En cambio, la izquierda celebra no solo enseñar sobre el islam, sino también proselitizar activamente para el islam en las escuelas públicas.

¿Por qué? La izquierda desprecia el cristianismo. El islam fundamentalista ha declarado guerra a las culturas "infieles" como la de Estados Unidos, con su respeto judeocristiano por la libertad individual y las restricciones constitucionales al poder del gobierno.

Y ¿por qué las feministas guardan silencio cuando se trata del aborrecible trato que el islam da a las mujeres? Las feministas están verbalmente paralizadas: por un lado, no están de acuerdo con la manera como se trata a las mujeres en el islam, pero, por otro lado, eligen pasar por alto estas cuestiones. Los progresistas de izquierda guardan silencio incluso cuando los homosexuales son ejecutados en países musulmanes. No desean criticar una religión que les ayuda a destruir los fundamentos de la civilización occidental. Para citar a David Horowitz, "En su odio hacia el cristianismo y su desprecio por la Constitución, tanto la izquierda como el islam político están de acuerdo".

La Doctrina Musulmana de la Inmigración

"¡La diversidad nos hace más fuertes!"

Es posible que hayas escuchado esa declaración pronunciada por personas que están abogando por alguna causa u otra. Pero examinemos qué significa realmente. ¿Es verdad que cuanto menos tengamos en común, más fuertes seremos? Cuando Dios trajo la confusión en la torre de Babel al hacer que la gente hablara diferentes idiomas, su "diversidad" no los hizo más fuertes. Más bien, su diversidad los dispersó y los hizo más débiles. Una nación se mantiene unida por personas que comparten valores fundamentales comunes y un idioma común. Podríamos desear que todos aquellos a quienes damos la bienvenida a vivir en los Estados Unidos se mantuvieran unidos con un compromiso común hacia la Constitución y sus valores fundamentales.

Tal parece que Inmigración es integral a los objetivos del islam de islamizar a América. Como se mencionó anteriormente, muchos musulmanes se han integrado y han aceptado los valores occidentales como la libertad de religión; respetan esta libertad como un valor fundamental. Pero hay algunos que toman el Corán y los Hadices (los dichos de Mahoma) de manera literal y están comprometidos con la supremacía del islam en América.

Tanto el Corán como los Hadices contienen mandatos que instan a los musulmanes a emigrar. Por ejemplo: "Te encomiendo cinco postulados que Alá me ha encomendado: Reunirse o congregarse, escuchar, obedecer, emigrar y luchar en la yihad por el bien de Alá" (Hadiz 17344). Históricamente, Mahoma dejó La Meca en el siglo VII y viajó con un pequeño grupo de seguidores a Medina para fortalecer sus fuerzas y así poder regresar y capturar La Meca en un momento posterior. Esto se conoció como la *Hégira* (migración). Este modelo de migración no tiene como objetivo asimilarse en una nueva nación anfitriona, sino colonizar y transformar los países anfitriones.

Recordemos el primer punto importante del plan de la Hermandad Musulmana para destruir América: "Expandir la presencia musulmana mediante la tasa de natalidad, la inmigración y la negativa a asimilarse". Esta estrategia transformó a Indonesia de un país budista e hindú en el país con mayor población musulmana del mundo. Como ha descubierto Europa, abrir las fronteras a los refugiados puede ser visto como una respuesta compasiva a una crisis humanitaria catastrófica, pero tiene riesgos y consecuencias a largo plazo.

La esperanza radical de los islamistas es que, a través de la inmigración musulmana y el crecimiento poblacional en Occidente, la ley Sharía eventualmente reemplace las leyes de Estados Unidos.

La Decepción De lo Políticamente Correcto

"¡No discriminamos!"

Estas palabras son el grito de guerra de los izquierdistas que se proclaman tolerantes.

Por supuesto, la realidad es que todos discriminamos. Los empleadores discriminan entre posibles empleados; las personas discriminan en cuanto a qué iglesia, mezquita o templo asisten (o ninguna de las anteriores). Y todos discriminamos cuando decidimos quiénes serán nuestros amigos y con quiénes saldremos a cenar durante el fin de semana. Todos los días y de todas las formas hacemos elecciones sobre las personas, y cada elección es, en cierto sentido, discriminación.

Lo políticamente correcto divorciado del sentido común ha desalentado a las personas acerca de cómo discriminar sabiamente contra ideologías e influencias dañinas y peligrosas. El miedo a estar del lado equivocado en cuestiones de discriminación lleva a algunas personas a ceder y tomar decisiones insensatas. Uno de nuestros grandes defectos como nación es que no sabemos cómo discriminar correctamente; así que el temor a ser acusados de discriminación hace que incluso nuestros servicios de seguridad se plieguen a los caprichos de lo políticamente correcto.

> Lo políticamente correcto divorciado del sentido común ha privado a las personas de discriminar sabiamente contra ideologías e influencias dañinas y peligrosas.

Debido a que nuestras agencias de seguridad nacional se han paralizado por el multiculturalismo y las obsesiones con la diversidad, las investigaciones sobre el alcance de la agenda yihadista han sido obstaculizadas. Nadie quiere parecer anti-musulmán, lo que ha llevado a graves descuidos en la seguridad nacional. En el informe de seguridad "Shariah: La Amenaza para América" (versión abreviada), los autores concluyen: "El multiculturalismo, lo políticamente correcto, las ideas equivocadas de tolerancia y una ceguera voluntaria se han combinado para crear una atmósfera de confusión y negación en América sobre la amenaza actual que enfrenta la nación." Concluyen que las fallas en nuestros sistemas de seguridad no son menos que criminales.

Islamofobia es una palabra inventada por un musulmán para avergonzar a cualquiera que sea crítico del islam, incluso si la crítica se precisa. La misma corrección política utilizada para debilitar —si no destruir— el capitalismo es la misma corrección política que permite que el islam florezca. Nuestra cultura está intercambiando sabiduría por aceptación ciega y valentía por cobardía.

¡Gracias a Dios, ha levantado a la iglesia para un momento como este!

La Respuesta de la Iglesia

Nosotros, como cristianos, debemos tender una mano acogedora a los musulmanes que viven entre nosotros. No debemos permitir que el miedo nos haga alejarnos de los musulmanes en nuestras comunidades. Eric Metaxas dice: "Si te basas en el miedo, no estás adorando a Jesús."

No debemos ver a los musulmanes como nuestros enemigos, sino más bien como personas que han sido engañadas por una religión que las mantiene en una esclavitud espiritual y cultural. Debemos familiarizarnos lo más posible con su religión. Martín Lutero insistió en que el Corán fuera traducido al alemán porque creía que esta era la mejor manera de asegurarse de que los alemanes no se convirtieran al islam. Según él, cualquiera que leyera el Corán reconocería de inmediato que este libro no es de Dios. Debemos ser "astutos como serpientes y sencillos como palomas" (Mateo 10:16). La iglesia debe equipar a los creyentes para interactuar con los seguidores del islam, entendiendo completamente su historia, creencias y objetivos.

Sin embargo, como afirmé en mi libro "La Iglesia en Babilonia", debo advertir contra la creciente tendencia de las iglesias a tener "diálogos interreligiosos con musulmanes". Desde el punto de vista musulmán, el objetivo del diálogo interreligioso está expresado por Seyyid Qutb: "El abismo entre el islam y la jahiliyyah [la sociedad de los incrédulos] es grande y no se debe construir un puente para que las personas de ambos lados puedan mezclarse, sino solo para que las personas de la *jahiliyyah* [la sociedad de los incrédulos] se conviertan al islam". Desde la perspectiva musulmana, el doble discurso del diálogo interreligioso es aceptable e incluso necesario. El objetivo es presentar una narrativa atractiva pero falsa del islam, haciéndolo apetecible y aceptable para audiencias occidentales y cristianos casualmente comprometidos.

Me tomé el tiempo de leer *'Interfaith Dialogue: A Guide for Muslims'* (Un diálogo interconfesional: una guía para los musulmanes) de Muhammad Shafiq y Mohammed Abu-Nimer para comprender mejor la motivación musulmana en el diálogo interreligioso.

Este libro, escrito por musulmanes y para musulmanes, utiliza un tono muy neutral, muchas de las cuales serían aceptables para los cristianos. Habla de la equidad, la cortesía, la escucha cuidadosa y la necesidad de coexistencia."

Sin embargo, el objetivo del libro es enseñar a los musulmanes cómo presentar su fe de manera que sea aceptable para los no musulmanes. En resumen, fue escrito para presentar una versión sanitizada del islam reinterpretando sus textos sagrados e historia. Varias veces el libro menciona que los musulmanes deben utilizar el diálogo interreligioso para eliminar los 'conceptos erróneos' que existen sobre el islam.

Lee esto detenidamente: 'Cada participante del diálogo tiene derecho a definir su propia religión y creencias [de modo que] los demás solo pueden describir cómo les parecen desde fuera.' Y de nuevo: 'Estos seminarios deben abordar las creencias tanto de los cristianos como de los musulmanes y proporcionar una visión comparativa de cada una, sin intentar juzgar entre las dos.'

La conclusión es clara: Los participantes musulmanes en el diálogo interreligioso desean una plataforma sin contestación donde puedan presentar una versión del islam sin referencias indeseables del Corán y sin hacer alusión a la historia agresiva y sangrienta del islam. Cada participante debería aceptar las palabras del otro tal como se presentan y no criticar lo que el otro está diciendo. En otras palabras, se desalienta el análisis crítico de las respectivas religiones. No es de extrañar que los musulmanes ansíen el "diálogo interreligioso": les brinda la oportunidad de difundir engañosamente su fe entre audiencias crédulas.

Una mejor manera de presentar el evangelio a los musulmanes es a través de la construcción de relaciones personales con ellos. Esto significa comunicar el evangelio respaldando tus palabras con actos de bondad y amistad genuina, ya sea que tus conocidos musulmanes estén abiertos o no a la posibilidad de aceptar a Jesús como Salvador. A pesar de los planes y acciones de los islamistas radicales—ya sea llevados a cabo a través de infiltración encubierta o mediante violencia descarada—Dios siempre tiene el control de lo que sucede en este mundo.

Muchos de nosotros oramos activamente por los países que están cerrados al evangelio y ayudamos a apoyar a los misioneros enviados a las naciones musulmanas. ¿Qué pasaría si una parte de la respuesta de Dios a nuestras oraciones por el mundo musulmán fuera traer musulmanes a América para que puedan ser presentados a cristianos genuinos y no a las caricaturas promovidas en sus países de origen? Aunque la inmigración musulmana presenta riesgos potenciales, también presenta oportunidades maravillosas. Podría dar muchos ejemplos de iglesias y cristianos individuales que están alcanzando a las comunidades islámicas aquí en América, especialmente entre los refugiados.

Nuestro testimonio debe estar acompañado de discernimiento. Con frecuencia, los cristianos están tan dispuestos a creer lo mejor de los demás y a menudo son ciegos ante aquellos que podrían engañarlos. En muchos casos, los cristianos participan en diálogos interreligiosos con musulmanes. Las reglas de tales encuentros son claras: los cristianos son libres de explicar lo que creen, y luego el líder musulmán tiene igual oportunidad de explicar lo que cree el islam. Dado que estos diálogos no permiten el contra-interrogatorio, el musulmán es libre de presentar una versión del islam que está adaptada para una audiencia cristianizada. (Nuevamente, he escrito más extensamente sobre esto en mi libro *La Iglesia en Babilonia*).

¿Y qué pasa si eventualmente perdemos nuestras libertades a manos de radicales?

Sam Solomon fue entrenado en la ley sharía y la enseñó durante 15 años antes de convertirse al cristianismo. En cierta ocasión asistí a una conferencia que dio sobre cómo sería esta nación si los islamistas se salieran con la suya y prevaleciera la ley sharía. Su presentación fue bien investigada, convincente y aterradora. Más tarde ese día, nos reunimos en un comedor y hablamos.

Le hice una pregunta sencilla: "A la luz de lo que has compartido y considerando los avances que está haciendo el islamismo radical en América, ¿cuál es mi responsabilidad como pastor de una iglesia?" Él presionó su dedo índice contra mi pecho y dijo: "Tu responsabilidad es enseñar a tu gente a estar lista para morir como mártires por la fe."

Nunca había considerado eso como parte de mi descripción de trabajo. Pero sus palabras nunca me han abandonado, y desde entonces, he estudiado el martirio tanto en la Biblia como en la historia de la iglesia. Hay millones de cristianos que han sido asesinados por su fe, y han muerto de numerosas maneras. El método de ejecución favorito del islam es usar una espada. Con el favor de Dios, espero eventualmente escribir un libro sobre el tema del martirio.

El valor armado con la verdad es nuestro llamado.

En una ocasión, después de que los terroristas mataran a muchos cristianos en Egipto, me dijeron que jóvenes cristianos en El Cairo marcharon por las calles con camisetas con las palabras "¡Mártires voluntarios!" No estoy seguro de que nosotros en América tendríamos ese tipo de valor. La verdad sea dicha, a menudo no estamos dispuestos a renunciar a ninguna comodidad, y mucho menos a nuestras vidas confortables.

Probablemente no nos enfrentemos al martirio aquí en América, pero tenemos que preguntarnos si la iglesia será lo suficientemente valiente como para resistir las presiones culturales y legales que el secularismo está decidido a imponernos mientras el islam expande su influencia y afirma sus "derechos," que tan a menudo entran en conflicto con nuestros derechos. ¿Lo políticamente correcto y las leyes que prohíben la crítica del islam (lo que ellos denominan las leyes de blasfemia) paralizarán a la iglesia? Ya de por sí, el criticar el islam, sin importar cuán precisa y reflexiva sea la crítica, es un tabú en la cultura general.

Huldrych Zwinglio, el líder de la Reforma en Suiza, supuestamente dijo: "¡Por el amor de Dios, haz algo valiente!".

La valentía equipada con herramientas para enfrentar los desafíos y peligros de esta batalla cultural, junto a la verdad es nuestro llamado.

Una plegaria que todos debemos elevar

Oremos los pasajes seleccionados de la oración de Daniel en el capítulo 9 de Daniel.

> » *Oh Señor, nuestra es la vergüenza del rostro, y de nuestros reyes, de nuestros príncipes y de nuestros padres, porque hemos pecado contra Ti. Al Señor nuestro Dios pertenece la compasión y el perdón, porque nos hemos rebelado contra Él, y no hemos obedecido la voz del Señor nuestro Dios para andar en Sus enseñanzas, que Él puso delante de nosotros por medio de Sus siervos los profetas. (V. 8-10)*

Inclina Tu oído, Dios mío, y escucha. Abre Tus ojos y mira nuestras desolaciones y la ciudad sobre la cual se invoca Tu nombre. Pues no es por nuestros propios méritos[m] que presentamos nuestras súplicas delante de Ti, sino por Tu gran compasión. ¡Oh Señor, escucha! ¡Señor, perdona! ¡Señor, atiende y actúa! ¡No tardes, por amor de Ti mismo, Dios mío! Porque Tu nombre se invoca sobre Tu ciudad y sobre Tu pueblo». (V. 18-19).

Padre, somos tuyos. Ayúdanos a representarte fielmente en una nación que ha perdido su camino. Ayúdanos a amarte y honrarte con nuestras vidas y testimonio. Ayúdanos a mostrar gracia y respeto a todos los que difieren de nosotros y a ser valientes al compartir tu santa Palabra.

En el nombre de Jesús, amén.

9

¡MENOSPRECIA! ¡DENIGRA! ¡VILIFICA!

Cómo los desacuerdos hoy en día ya no se resuelven con respeto mutuo y civilidad, sino a través de la vergüenza y las denuncias escandalosas

"Elige el objetivo, congélalo, personalízalo y polarízalo."[1] Eso es lo que escribió el activista Saul Alinsky en su libro *Rules for Radicals* (Reglas para los radicales).

Los secularistas radicales no se conforman con "vivir y dejar vivir." Más bien, exigen que nos rindamos totalmente a su agenda. Y han descubierto que vilipendiar a aquellos que no están de acuerdo con ellos produce más resultados que la razón y la civilidad. Lo sepan o no, están siguiendo las instrucciones citadas anteriormente del marxista Saul Alinsky.

Cuando Alinsky habla de polarizar el objetivo, se refiere a dividir o fragmentar la atención, el enfoque o intención hacia un objetivo determinado, esto quiere decir: "Corta la red de apoyo y aísla al objetivo de la simpatía. Ve tras las personas y no las instituciones; las personas se hieren más rápido que las instituciones. (Esto es cruel pero muy efectivo. La crítica y el ridículo directos y personalizados funcionan)."[2]

¡La crítica y el ridículo directos y personalizados funcionan muy bien!

Desde el principio, aquellos que practicaban los métodos de Alinsky utilizaban tres armas: la vergüenza, el ridículo y la intimidación.

Remontándonos a 1973, los activistas homosexuales persuadieron a la Asociación Americana de Psiquiatría (AAP) para eliminar la homosexualidad de su lista de enfermedades psiquiátricas y reclasificarla como un comportamiento normal.[3] Este cambio no se realizó como respuesta a los datos científicos, sino porque los radicales planearon un esfuerzo sistemático para interrumpir las reuniones anuales de la AAP. Durante tres años antes, los activistas hicieron lobby y tomaron el micrófono en una reunión de la AAP y dijeron: "La psiquiatría es el enemigo encarnado. La psiquiatría ha librado una guerra implacable de exterminio contra nosotros. Pueden tomar esto como una declaración de guerra contra ustedes… Los estamos rechazando a todos ustedes, no los aceptamos como nuestros dueños."[4]

¿El resultado? Una sociedad científica como la AAP ignoró estudios empíricos previos y cedió ante las demandas de un grupo militante. A través de esta acción, el movimiento gay dejó claro que la intimidación reemplazaría a la investigación, la ciencia, la civilidad y el diálogo. El acoso superaría cualquier obstáculo en su camino.

David Horowitz, en *Dark Agenda* (Agenda oscura), escribe: "La izquierda... no tiene conciencia ni restricción cuando se trata de destruir a las personas que se interponen en su camino. La guerra comenzó con la eliminación de la presencia religiosa de las escuelas públicas de América. Desde entonces, solo se ha vuelto más divisiva e intensa."[5] Los radicales son visceralmente intolerantes con cualquiera que no esté de acuerdo con su visión de tolerancia. Insisten en nada menos que ser celebrados por todos los miembros de la sociedad, incluso dentro de nuestras iglesias.

Los argumentos sobre la ley natural, cuestionando la sabia restricción de permitir que los homosexuales adopten niños, los argumentos a favor de la familia tradicional, ninguno de estos está en discusión. Su argumento expresa simplemente que: aquellos que se oponen a cualquier aspecto de los derechos LGBTIQ+ son intolerantes. Y los intolerantes merecen ser excluidos y, si es posible, castigados. La difamación y la intimidación son más poderosas que la discusión racional.

Avergonzamiento público

Proposición 8
Cuando la Proposición 8 (que definía el matrimonio como el efectuado entre un hombre y una mujer) fue aprobada

en 2008 por los votantes de California, el lobby LGBTIQ+ se vengó. Los partidarios fueron avergonzados al divulgar sus nombres y direcciones en línea, invitando al acoso por parte de los radicales.[6] Muchos partidarios de la prohibición del matrimonio *gay* perdieron sus empleos y se boicotearon negocios. Se amenazó a los empleados y se vandalizaron sus hogares y propiedades. Algunos activistas radicales entraron en establecimientos para avergonzar públicamente a aquellos que habían votado a favor de la enmienda. Los defensores fueron intimidados para que se sometieran, o al menos se mantuvieran en silencio.

Un anuncio de una página completa en el *New York Times* denunció las tácticas de represalia de la comunidad LGBTIQ+ como un "veto de la multitud" y los instó a detener la violencia contra los partidarios de la Proposición.[8] Sin embargo, seis años después, los efectos continuos de esta represalia se hicieron evidentes cuando el cofundador y recién nombrado CEO de Mozilla (la empresa detrás del navegador web Firefox), Brendan Eich, fue presionado para renunciar porque había donado $1.000 dólares para apoyar la enmienda de California.[7] No importaba que su historial mostrara que nunca había discriminado a los *gays* en sus posiciones empresariales; fue denunciado como una persona llena de odio y prejuicios. Incluso después de que Eich fuera despedido, la comunidad LGBTIQ+ ha seguido publicando listas de personas y negocios para que los activistas puedan castigar a quienes apoyaron la enmienda del matrimonio entre "un hombre y una mujer".

Esto ha llevado a algunas iglesias que se niegan a aceptar el matrimonio entre personas del mismo sexo a dejar de publicar los nombres de su personal pastoral o ancianos en línea; podrían ser intimidados, objetivos de ataques y acosados. La filosofía de la comunidad LGBTIQ+ se puede expresar de esta manera: si no nos apoyas, no solo estamos en desacuerdo con tus puntos de vista, sino que eres malvado y mereces ser silenciado a gritos.

Chick-fil-A abrió un restaurante en Reading, Inglaterra, y fue ampliamente aceptado por la población; la gente hacía largas filas para probar su pollo especial. Años antes, el CEO, Dan T. Cathy, dijo en una entrevista: "Apoyamos mucho a la familia, la definición bíblica de la unidad familiar... Sabemos que puede que no sea popular para todos, pero gracias al Señor, vivimos en un país donde podemos compartir nuestros valores y operar según principios bíblicos."[8]

Eso, junto con el hecho de que Chick-fil-A apoya organizaciones sociales que favorecen una visión bíblica de la familia, fue suficiente para atraer la oposición de radicales, primero aquí en los Estados Unidos y luego en Inglaterra. Después de ocho días de protestas continuas, Chick-fil-A cerró su restaurante en Inglaterra. Fueron expulsados por el odio, los insultos y el acoso constante.

En el manual marxista, la coexistencia pacífica no significa paz. Significa continuar la lucha por la utopía sin recurrir a la guerra. En la mente de los radicales, aquellos que defienden valores tradicionales y se oponen al embate izquierdista son intolerantes que no merecen un lugar en la mesa. Los radicales creen que su lado debe triunfar y lo harán a expensas de la razón, el debate y el respeto mutuo. La revolución continúa hasta que la izquierda gane, y entonces el totalitarismo será absoluto. Aquellos que no estén de acuerdo con su agenda por razones morales deben ceder o ser avergonzados.

Nuestra cultura está siendo cambiada mediante coerción y a la fuerza.

Escuelas privadas

Las escuelas privadas están bajo presión política, moral y económica para rendirse ante la implacable revolución sexual. El *Orlando Sentinel* (diario Centinela de Orlando) publicó un artículo que detallaba una investigación que señalaba que 150 escuelas privadas que aceptan becas (llamadas subsidios) tienen estándares morales que prohíben comportamientos inmorales, incluida la homosexualidad.[9]

Ahora las corporaciones que financian estos subsidios están bajo presión para suspender su apoyo. Se ha presentado un proyecto de ley que prohibiría a las escuelas privadas establecer políticas anti-LGBTIQ+. Aquellas que continúen teniendo tales políticas no recibirían los subsidios que son tan necesarios para que los estudiantes asistan a estas escuelas. Ya algunas corporaciones han informado que suspenderán su apoyo, aunque hayan estado recibiendo créditos fiscales por contribuir a estas escuelas en Florida.

Pensemos en esto: Los padres eligen estas escuelas privadas porque desean que sus hijos estén en un ambiente que no apruebe los estilos de vida LGBTIQ+. Pero la comunidad LGBTIQ+ busca quitar esa libertad a los padres y obligarlos a ceder ante su agenda. La idea es que los padres no saben lo que es mejor para sus hijos; quienes representan la revolución sexual son los verdaderos árbitros de la moralidad: "¡Acepten nuestra moralidad, no importa cuánto estén en desacuerdo con ella, o si no...!"

Me recuerda a las palabras de George Orwell, quien describió el gobierno totalitario como "una bota pisoteando un rostro humano... para siempre".

¡Vergüenza! ¡Vergüenza! ¡Vergüenza!

Denuncia en la Plaza Pública

Las manifestaciones que protestan contra diversos grupos o ideas son algo comunes y constitucionales. Lo que hizo diferente a la manifestación en Toronto fue la persona que fue blanco de la protesta. Jonathon Van Maren describe a una multitud enfurecida protestando afuera de una biblioteca en Toronto:

> La hostilidad y la furia ardiente burbujeaban justo debajo de la superficie mientras cientos de hombres y mujeres reunidos, portando pancartas con lemas como "No hay libertad de expresión para el discurso de odio" y lanzándose a cánticos como "Los derechos trans son

derechos humanos" y "¡Recuperemos la BPT [Biblioteca Pública de Toronto]!" y "¡Vergüenza! ¡Vergüenza!"

¿Cuál fue el evento ofensivo? ¿Una reunión de conservadores opuestos a la agenda LGBTIQ+? ¿Una manifestación provida? ¿Un político denunciando el socialismo?

No, las protestas estaban dirigidas contra la fundadora de *Feminist Current* (Corriente Feminista), Meghan Murphy, quien es proaborto y apoya los derechos de los homosexuales, pero se niega a aceptar que los hombres pueden convertirse en mujeres. Esta postura fue suficiente para que la expulsaran de Twitter, y los manifestantes la acusaron de ser una persona cruel y odiosa. La compararon con un supremacista blanco.

Jonathan Van Maren plantea esta pregunta: "Si tanto odian a una feminista pro-gay, y están dispuestos a llegar a estos extremos para arruinar su vida, ¿qué harán con nosotros cuando tengan la oportunidad?" Concluye: "Su blitzkrieg (guerra relámpago) ha atravesado nuestras instituciones a una velocidad impresionante, y necesitamos entender que esto es solo el comienzo".

Vilificación (Menosprecio) en el Campus
Los estudiantes recién ingresados a las universidades en Texas fueron advertidos de que, si se unían a una organización conservadora, serían "doxeados" —es decir, su información personal sería difundida públicamente con el propósito de incitar a otros a acosarlos. Cualquier detalle de su

pasado que pudiera ser utilizado en su contra sería expuesto. ¿Por qué? Porque se acusa a los conservadores de ser racistas, homofóbicos y capitalistas codiciosos.[13]

Cuando Milo Yiannopoulos tenía programado hablar en Berkeley en febrero de 2017, la policía fue alertada, pero decidieron no actuar ni prevenir la violencia que se avecinaba. El evento terminó siendo cancelado cuando los alborotadores golpearon y rociaron con gas pimienta a los asistentes y lanzaron artefactos explosivos a la policía del *campus*. Luego, los disturbios se extendieron a las calles para causar más estragos, sin que la policía interviniera.

Posteriormente, los activistas justificaron la violencia diciendo que permitir que Yiannopoulos hablara "podría haber puesto en peligro a los estudiantes del campus… en sus identidades". Así, afirmó un columnista, estos ataques "no fueron actos de violencia. Fueron actos de legítima defensa."[14]

Como dijo Heather Mac Donald: "La civilidad se está reduciendo y la paz civil puede estar en peligro. Anarquistas enmascarados usan la fuerza para bloquear a los conservadores hablar en foros públicos."[15] La libertad de expresión y la civilidad no se restaurarán hasta que se muestre la verdad sobre lo ficticia que es la cultura victimológica que hoy impera.

Mac Donald concluye: "A los graduados universitarios se les ha dicho durante años que Estados Unidos es sistemáticamente racista e injusto. La sensación nauseabunda de los alborotadores de, tener derecho a, destruir el derecho de otras personas, la propiedad ajena y golpear a enemigos ideológicos es una extensión natural de esta profunda deslegitimación de la política tradicional."[16]

Los Estados Unidos que una vez conocimos se han ido.

Camisas pardas de Hitler y máscaras negras de Antifa

Este es un titular del *Jerusalem Post*: "El saqueo y silenciamiento... de Estados Unidos".

Ese titular apareció con un artículo de opinión el 18 de junio de 2020. Comenzaba así: "Estados Unidos, estoy preocupado por ti". Luego después de una descripción de los disturbios ocurridos tras la muerte de George Floyd, el autor continuó,

> Por muy extremo que parezca, cuando vi las escenas de cientos de escaparates destrozados y bandas salvajes de matones a los que se les permite robar a voluntad, — ante la impasividad de las fuerzas del orden. El personal permaneció inmóvil al margen; no podía ayudar, pero pensaba en la imagen de la Kristallnacht, (la noche de los cristales rotos en Alemania Nazi) en 1938.[17]

Kristallnacht se refiere a "la noche de los cristales rotos", una noche en noviembre de 1938 cuando los nazis atacaron a personas y propiedades judías en toda Alemania. El pretexto (siempre debe haber un pretexto) fue el tiroteo en París del diplomático alemán Ernst vom Rath, quien fue asesinado por un estudiante judío. Se organizaron represalias violentas por parte del ministro de propaganda Joseph Goebbels, quien especificó que las represalias debían parecer espontáneas.

El jefe de la Gestapo, Heinrich Müller, envió un telegrama a todas las unidades policiales informándoles lo que iba a pasar, y dijeron que estos acontecimientos "no debían ser interferidos". A los departamentos de bomberos se les dijo que "dejaran que el fuego ardiera". Las turbas mataron a judíos y destrozaron negocios mientras la policía y los políticos observaban indiferentes.

Podemos imaginar que algunos de los saqueadores e incendiarios en Alemania en 1938 podrían haber llevado carteles que decían "Justicia para Ernst". De manera similar, los anarquistas que saquearon, quemaron y destruyeron más de 500 edificios en Minneapolis en mayo de 2020 también estaban "buscando justicia para George Floyd".

Un nuevo horror similar a la *Kristallnacht*.

Hay un nuevo movimiento fascista en Estados Unidos llamado Antifa (antifascista) que sin duda participó en los violentos disturbios del 2020. se promociona a sí mismo como antinazi al llamar a una revolución contra lo que alegan es un estado totalitario. Sus objetivos son los conservadores y capitalistas. En un mitin, un portavoz de Antifa hizo eco de las palabras del oficial nazi asesinado Gregor Strasser:

> Somos socialistas, enemigos, enemigos mortales del presente sistema económico capitalista con su explotación del económicamente débil, con su injusticia en los salarios, con su evaluación inmoral de los individuos según su riqueza y dinero en lugar de la responsabilidad y los logros, ¡y estamos decididos en todas las circunstancias a abolir este sistema![18]

¿Cómo logrará este movimiento político su objetivo? Utilizando las mismas tácticas que los nazis (los *camisas pardas* de Hitler), que interrumpían reuniones, detenían la libertad de expresión y causaban caos. No Es de extrañar que un observador dijera que "reivindican el derecho ilimitado a vigilar la libertad de expresión de los ciudadanos, utilizando la violencia y la ilegalidad para destruir a cualquiera que los activistas de izquierda consideren 'racista' u 'opresivo'".[19] Quizás la única diferencia es que esa fuerza armada al mando de Hitler vestía camisas marrones y Antifa usa máscaras negras.

Según Soeren Kern, en "Una breve historia de Antifa", "Una táctica común utilizada por Antifa en los Estados Unidos y Europa es emplear violencia extrema y destrucción de bienes públicos y la propiedad privada para incitar a la policía a reaccionar, para luego "probar" la afirmación que hacen ellos de que el gobierno es "fascista".[20] Ciertamente vimos esta táctica en Portland, Oregon y otras ciudades durante los disturbios del 2020.

Antifa saquea, rompe ventanas, prende fuego a coches y crea caos, todo el tiempo, diciendo que están combatiendo el odio. Para romper y derribar todas las estructuras de la sociedad y lograr su propia revolución, es necesario vilipendiar las estructuras de autoridad. Junto con esto va la difamación de la policía. Aparentemente, el motivo de sus protestas es porque los policías blancos disparan contra los negros.

Increíblemente, el movimiento *Defund the Police* (Desfinanciar la policía) ha cobrado impulso entre los políticos en un momento en que los delitos violentos en nuestras ciudades están incrementando. Debo volver a plantear la pregunta que planteé anteriormente en este libro: ¿Cómo llegamos al punto en que se dice que la policía es la amenaza para Estados Unidos y no para los anarquistas? Sin duda, la policía debe ser responsabilizada por cualquier acción atroz que cometan, como el asesinato de George Floyd. Todos buscamos justicia cuando se han hecho cosas incorrectas. Pero retirar fondos a departamentos de policía enteros en respuesta a las malas acciones de unos pocos es una locura.

Lo que dije antes en este libro: Los radicales saben que cuando se desfinancian o incluso son abolidas las fuerzas policiales, no es que nadie esté a cargo. Por el contrario: *los radicales estarán a cargo*. Estarán libres para saquear y destruir, robando lo que no les pertenece. Pasarán de destruir propiedad a destruir personas.

Mi punto no es iniciar un debate sobre si las personas de raza negra son tratadas injustamente; ciertamente, hay ejemplos de injusticia racial por parte de la policía. Mi punto es simplemente este: la policía representa la última línea de defensa contra la anarquía. Y si son continuamente denigrados, culpados, menospreciados y, en última instancia, desfinanciados, el crimen simplemente aumentará. Hay muchas entrevistas con representantes de la policía que hablan de la disminución del ánimo de nuestros agentes y de su falta de deseo de ser proactivos en la prevención del crimen. Vi a un comisionado de policía suplicando a la gente que mostrara respeto hacia los agentes de policía. Desfinanciar a la policía significa menos dinero para más agentes de policía y menos dinero para la formación, precisamente lo que más necesitan los policías.

Aquí en Chicago, dos oficiales de policía afroamericanos me dijeron que son diligentes en la investigación de delitos, pero los tribunales dejan salir a los criminales demasiado pronto a las calles. Sin necesidad de pagar fianza, terminamos con una "justicia de retorno". Mientras que la policía solía prevenir el crimen desmantelando pandillas y similares, ya no lo hace por temor a ser acusados de discriminación o prejuicios, o de acusar a alguien sobre meras suposiciones o basados en su raza, etnia, religión, género u otros aspectos de su identidad, en lugar de en sus acciones individuales delictivas; o quizás de uso de fuerza excesiva. Basta con verificar la creciente tasa de criminalidad en las ciudades para ver a dónde nos ha llevado el hecho de denigrar y desmotivar a la policía. Mientras escribo esto, Chicago está experimentando una tasa de homicidios casi del doble de la ocurrida hace un año, aunque cabe reconocer que la alcaldesa se opone a la desfinanciación de la policía.

En 2014, un grupo de manifestantes caminó por las calles de la ciudad de Nueva York gritando: "¿Qué queremos? Policías muertos. ¿Cuándo? ¿Lo queremos? ¡Ahora!"![21] Una semana después de esta marcha, poco antes de Navidad, dos agentes de policía fueron asesinados a tiros en Brooklyn.[22] Nunca podremos saber si el canto de los manifestantes creó una atmósfera que precipitó los asesinatos o no, pero los "guerreros de la justicia social" vieron cumplido su deseo.

Atrás quedó el civismo, la razón y la dependencia de nuestra decisión en las urnas. Activistas enfurecidos luchan y saquean con odio para hacer retroceder lo que ellos alegan ser "el odio de los demás". Me asombra la capacidad de las personas para engañarse a sí mismos en sus intentos de justificar la violencia.

La búsqueda de aliados

La comunidad LGBTIQ+ ahora añade a su sigla una *A*. Ahora es LGBTIQ+A, con la *A* representando a los Aliados en su "lucha". No permiten ningún espacio para el desacuerdo con su agenda. Los padres, las escuelas y sí, también las iglesias, están siendo forzados a rendirse a sus dictados. ¿Y si no te sometes? Si no les permites moldear la cosmovisión de tu hijo, te presionarán financieramente, corporativamente y personalmente. Acepta su moralidad o enfrenta las consecuencias.

> Aunque debemos ser amables y bondadosos, no estamos llamados a convertirnos en aliados cediendo ante la presión cultural.

Nosotros celebramos con gusto el Mes de la Historia Negra, pero ahora nos dicen que deberíamos celebrar el Mes del Orgullo Gay. Increíblemente, muchos cristianos bien intencionados cumplen con esto e izan la bandera del arco iris o llevan un "pin de aliado" para mostrar que observan el Mes del Orgullo Gay. Como dice Joe Carter, "al hacerlo, demuestran que no sufrirán la ira que se derramará sobre aquellos que no los 'afirman'.

Carter continúa diciendo:

> "Nos preocupa tanto la idea de que los defensores amigables del LGBTIQ+ se aparten de la fe, que no vemos que ya han rechazado la fe del cristianismo histórico y ortodoxo y la han reemplazado con una herejía idolátrica; una ideología que es tan destructiva y odiosa como cualquier otra que haya existido antes. No estamos amando a nuestro prójimo cuando les decimos que pueden continuar en su rebelión impenitente contra Dios... Si realmente amamos a nuestros vecinos LGBTIQ+, debemos hablarles la Palabra de Dios con valentía (Hechos 4:31)".

Ciertamente debemos acercarnos con amor y compasión a aquellos que luchan con la atracción hacia el mismo sexo, pero también debemos acatar lo que dice la Escritura. Aunque debemos ser amables y considerados, no estamos llamados a convertirnos en aliados y ceder a la presión cultural (Hch. 4:12).

Debemos elegir a quién serviremos (Hch. 4:19).

Las raíces de la injusticia

Ya he citado a David Horowitz varias veces en este libro debido a su agudo análisis de nuestra cultura. Él es judío y agnóstico, pero defiende los valores cristianos con claridad y convicción. No solo expone la agenda de la izquierda radical, sino que también cuenta su propio viaje desde haber sido un radical hasta desarrollar una visión conservadora de América y del mundo. Su historia es instructiva.

Horowitz fue traído a la realidad cuando se unió a los Panteras Negras, quienes se llamaban a sí mismos luchadores por la libertad; afirmaban estar del lado de la justicia y la igualdad para todos. Pero a medida que los conocía mejor, se dio cuenta de que el Partido de los Panteras Negras "era una banda criminal que se dedicaba a la extorsión, el incendio, el tráfico de drogas y varios asesinatos". "Los Panteras", dice él, "llevaban a cabo estos crímenes mientras contaban con el apoyo de los líderes e instituciones de la izquierda estadounidense". Horowitz continúa, "La izquierda defendía a los asesinos porque eran voces de los oprimidos y campeones de la causa progresista".

Horowitz se dio cuenta de que la fuente de la injusticia no estaba en la sociedad, sino dentro del corazón humano. Los llamados progresistas liberales están llenos de sus propios prejuicios, odios e injusticias. En sus palabras, "La injusticia tampoco es causada por razas y géneros opresivos, ni únicamente por nuestros enemigos políticos. La injusticia es el resultado del egoísmo, la falsedad, la malicia, la envidia, la avaricia y la lujuria humanas que anidan en el corazón. La 'sociedad' no es la causa de la injusticia. La sociedad es simplemente un reflejo de lo que somos".

El punto planteado en esta próxima declaración es tan claro y obvio que debe leerse con atención:

> Quienes creen que la misión de lo políticamente correcto es salvar al mundo, no pueden resolver los problemas que nos afligen, porque los problemas son nuestras creaciones. De ellos y de nosotros. Debido a que los redentores sociales auto designados buscan demasiado poder y no comprenden la fuente del mal y la injusticia, solo empeorarán las cosas, como ha demostrado el romance con el comunismo.

Horowitz luego cita a Alexander Solzhenitsyn: "La línea que separa el bien del mal no pasa entre estados, ni entre clases, ni tampoco entre partidos políticos, sino que atraviesa cada corazón humano, y todos los corazones humanos".

Bien dicho.

Porque nosotros como cristianos sabemos que los problemas del pecado y el engaño se encuentran en cada corazón humano, enfatizamos la necesidad de conversión. Como afirma la Biblia, la naturaleza humana sólo puede ser cambiada por Dios. Aunque creemos en la responsabilidad individual. Si bien estamos de acuerdo en que estamos influenciados por nuestra suerte en la vida, no creemos que debamos buscar un chivo expiatorio para cada problema social que existe. Incluso Horowitz, quien es judío no cristiano, dice que la doctrina del pecado original es un diagnóstico correcto de la condición humana.

Esto explica por qué quienes protestan contra el odio suelen ser los que más odian de todos.

Próximamente en una Iglesia Cerca de Ti

Su iglesia que predica el evangelio podría cambiar de la noche a la mañana, de ser "un lugar genial para adorar" a ser etiquetada como una iglesia de intolerancia y odio. Eso es lo que sucedió en la iglesia *The Crossing* en Columbia, Missouri, y podría ocurrir en cualquier lugar.

El domingo 13 de octubre de 2019, el pastor Keith Simon predicó un mensaje sobre Génesis 1:27 como parte de una nueva serie de sermones sobre Génesis. Su tema fue el género. El sermón fue reflexivo, acogedor y no juzgador. En un intento por abordar la confusión de género, el tono fue de respeto y compasión. Sin embargo, afirmó la enseñanza bíblica de que Dios creó solo dos géneros: masculino y femenino. Terminó planteando una serie de preguntas, incluyendo:

- "¿Estamos seguros de que eliminar el concepto de padre y madre y sustituirlo por padre 1 y padre 2 es bueno para las familias?"

- "¿Estamos seguros de que es justo que en el deporte compitan mujeres biológicas con hombres biológicos que han hecho la transición a mujer?"
- "¿Estamos seguros de que debemos administrar hormonas a los niños que están entrando en la pubertad para prepararlos para una cirugía de reasignación de género?"
- "¿Estamos seguros de que nuestros sentimientos internos sobre quiénes somos siempre definen la realidad?"

Normalmente, un sermón como este no solo sería esperado en una iglesia evangélica, sino que también sería aceptado como coherente con las Escrituras y la biología. Hasta aquí, nada fuera de lo común.

Pero el lunes siguiente, estalló una tormenta en las redes sociales y la comunidad circundante se vio envuelta en un debate polarizador. La iglesia había sido patrocinadora durante mucho tiempo de una galería de arte local y un festival de cine documental. En cuestión de días, se creó una petición en línea que fue rápidamente firmada por 1.000 ciudadanos que urgieron a la comunidad artística y al festival de cine a cortar sus lazos con la iglesia.[28] Obedientemente, lo hicieron. Seguido de esto, comenzaron los ataques personales, incluso llamando al pastor anticristo. Personas que nunca habían entrado en la iglesia y ni siquiera escuchado el sermón expresaron su opinión, avivando el fuego del enfado. La amplia cobertura en periódicos locales y televisión atrajo la atención nacional.

La iglesia The Crossing siempre ha estado activamente involucrado en el bienestar de su comunidad. Por ejemplo, en agosto de 2019, la iglesia recaudó $430,000 para pagar las deudas médicas de 42.000 pacientes en Missouri (en colaboración con un patrocinador, el total de préstamos perdonados ascendió a millones). La iglesia apoya a múltiples organizaciones locales que asisten a personas con necesidades financieras, y planea viajes misioneros anuales para colaborar con ministerios efectivos en países con gran pobreza. Fundada hace 20 años, la iglesia ahora tiene una asistencia de 4.000 personas. No es de extrañar que en la comunidad se decía que este era el lugar para adorar. Eran conocidos por lo que apoyaban, no por lo que estaban *en contra*.

Pero la iglesia cruzó una trampa. La cultura actual rechaza el discurso civil, discusiones racionales y evaluaciones honestas de la biología y evidencia científica a pesar de que muchos médicos dicen que la manipulación de género puede ser perjudicial para los niños y, de hecho, también para los adultos. Ha habido un impulso constante para aceptar acríticamente la máxima contemporánea de que el género es algo fluido, que es un estado de ánimo, y que no está definido por la biología, sino por los deseos e inclinaciones de la persona y que un hombre puede convertirse en mujer y una mujer en hombre, y que además también hay otros muchos géneros en el espectro.

El creciente número de historias desgarradoras compartidas por quienes se han sometido a una cirugía transgénero sólo para determinar que esta no ayuda en su disforia de género y que no ha resuelto su problema, están siendo ignoradas.

El mero acto de plantear preguntas sobre las luchas actuales de las personas transgénero ha resultado en la denigración de quienes se atreven a preguntarlas. Las redes sociales han proporcionado el combustible para el odio, las acusaciones falsas, y para perpetuar la indignación. Una sola chispa puede encender una tormenta de críticas e ira desenfrenada.

> Hay muchos que sufren en silencio, no con la intención de imponer su ideología a otros, sino buscando esperanza y curación. Necesitamos estar ahí para ellos.

Esta es la realidad que probablemente enfrentarán muchas iglesias en los próximos años. A medida que las cuestiones de género y sexualidad dividen a las familias, comunidades, e iglesias, algunos comenzarán a separarse de las organizaciones religiosas y rechazarán el cristianismo en su totalidad. Las congregaciones pueden disminuir. Parece que la iglesia está en proceso de ser podada. Mientras algunos permanecerán, otros se marcharán.

Dentro de nuestras iglesias hay muchas personas que luchan con sus identidades sexuales que no son parte de la minoría militante que demoniza a quienes no están de acuerdo con ellos. Hay muchos que sufren en silencio, sin pretender imponer su ideología a los demás, sino buscando esperanza y curación. Necesitamos estar ahí para ellos. Para nosotros Ignorar esta realidad es rechazar a aquellos que están llegando al mismísimo lugar donde deberían experimentar esperanza y sanación. La Iglesia debe ser un lugar seguro donde puedan compartir sus luchas, hacer preguntas, y crecer.

El ateo Voltaire dijo: "Siempre hice una oración a Dios, una muy corta. Aquí está: "¡Oh Señor, haz que nuestros enemigos sean completamente ridiculizados!" Dios se lo concedió".[29] Pero ni siquiera él utilizó la intimidación, vergüenza y matoneo. Dejó que sus ideas, por defectuosas que fueran, hicieran el trabajo para él. Pero claro, él no vivió en la era de las redes sociales, la cual es una era de ira.

La respuesta de la Iglesia

Bonhoeffer tenía razón cuando decía que callar es hablar. Como aprendimos en un capítulo anterior, *Black Lives Matter* (BLM) ha tomado este eslogan cautivo, lo que implica que aquellos que permanecieron en silencio y no se unieron a ellos estaban poniéndose del lado del racismo. Están justo en donde dicen que debemos hablar, pero se equivocan en cuanto a lo que deberíamos decir. Deberíamos hablar contra la violencia que *BLM* ha fomentado, y deberíamos hablar en contra de la caída de nuestras naciones en la anarquía moral descrita en este capítulo.

En una palabra, debemos permanecer fuertes, atentos y compasivos. No solo debemos orar por protección contra quienes nos atacan, sino también orar para que no tengamos miedo. Cuando eran atacados, los miembros de la iglesia primitiva no pedían a Dios que eliminara la persecución. Más bien, oraban para enfrentarlo sin miedo: "Señor, mira sus amenazas y concede a tus siervos que sigan anunciando tu palabra con toda valentía" (Hechos 4:29).

> No deberíamos orar por la liberación de quienes nos atacan, sino orar para que no tengamos miedo.

Durante años, he lidiado con la afirmación repetida a menudo: "Debemos ser conocidos por lo que apoyamos y no por lo que rechazamos". Dado el clima político y moral actual, lo que apoyas se desvanecerá en las mentes de muchos una vez que escuchen que estás en contra del matrimonio entre personas del mismo sexo, el género fluido y la culpa colectiva. No pasará mucho tiempo antes de que otras convicciones provoquen la misma respuesta. Ya sabemos que, desde la perspectiva de la cultura, estar a favor de la vida o ser provida significa que odias a las mujeres, y creer que Jesús es el único camino a Dios es fanatismo religioso.

Permíteme enfatizar que no debemos ver a aquellos que se nos oponen como nuestros enemigos, sino como personas que necesitan ser liberadas. En un momento en que quienes gritan más fuerte ganan el argumento, no debemos perder la calma. ¿Cómo deberíamos ver a las personas que han perdido su camino? Debemos ver más allá de su ira y dolor y respetarlos como seres humanos que intentan encontrar sanación para sus conflictos internos. Necesitamos verlos como los Aliados vieron a Francia durante la Segunda Guerra Mundial: no como enemigos, sino como personas que necesitan ser liberadas.

Cuando se nos acusa falsamente, debemos vernos como bendecidos, no como oprimidos. "Bienaventurados sois cuando por mi causa os vituperen y os persigan y digan toda clase de mal contra vosotros, mintiendo. Gozaos y alegraos, porque vuestro galardón es grande en los cielos; porque así persiguieron a los profetas que fueron antes de vosotros" (Mateo 5:11-12).

Debemos ser una iglesia acogedora sin necesidad de afirmar las relaciones del mismo sexo. Para aquellos que luchan con la identidad de género, debemos recordarles que, si enfrentan su dolor y confían en Dios para recibir ayuda, podrán encontrar más sanidad que a través de cirugías de cambio de sexo o al intentar vivir con la culpa y el autodesprecio que acompañan a las relaciones sexuales no bíblicas.

Debemos ser resueltos y firmes, pero también comprensivos y sabios. Tomamos nuestro ejemplo de Jesús. "Cuando le insultaban, no respondía con insultos; cuando padecía, no amenazaba, sino que se encomendaba al que juzga con justicia" (1 Pedro 2:23). No tenemos que gritar más fuerte que otros cuando defendemos nuestra posición. Solo necesitamos saber que estamos siendo fieles a nuestro Comandante y Rey, Jesús. Como Martín Lutero, debemos estar dispuestos a decir: "Aquí estamos, no podemos hacer otra cosa".

Una plegaria Que Todos Debemos elevar

Padre, ayúdanos a entender que debemos ser agentes de sanación y esperanza en un mundo enojado. En medio del rencor, danos palabras de paz y esperanza. Oramos para que nos ayudes a cumplir estas palabras de instrucción: "Cuando nos insultan, bendecimos; cuando nos persiguen, soportamos; cuando nos calumnian, respondemos con bondad. Nos hemos convertido, y aún lo somos, en la escoria del mundo, el desecho de todos" (1 Corintios 4:12-13).

Ayúdanos a recordar que Jesús fue obediente a Tu llamado. "Por el gozo que le esperaba, soportó la cruz, menospreciando la vergüenza" (Hebreos 12:2). Que recordemos que la eternidad y no el tiempo tiene el veredicto final. Nos regocijamos en el privilegio de sufrir vergüenza por Tu nombre.

En el nombre de Jesús, amén.

¡DESPIERTA!
¡FORTALECE LO POCO QUE TE QUEDA!

*Jesús, hablando a una iglesia del Nuevo Testamento,
da una advertencia que se aplica directamente a
nosotros hoy, y Su evaluación es la única que importa*

Las palabras anteriores fueron pronunciadas por Jesús a una iglesia que amaba. ¿Hasta qué punto debemos abrazar la cultura para redimirla? Esa es una pregunta que ha sido discutida sin cesar a lo largo de la historia de la iglesia. Hay algunos aspectos de la cultura que podemos abrazar, pero hay mucho a lo cual debemos oponernos. Nuestra capacidad para discernir lo que podemos y no podemos abrazar es fundamental para la continuación de nuestro testimonio como iglesia.

Mi preocupación es que estamos cediendo a las tentaciones más seductoras de la cultura y justificándolas en nombre de la compasión, el amor y la relevancia cultural (es decir reconocer y respetar las costumbres, valores, creencias y experiencias de la sociedad). Estamos siendo engañados voluntariamente. Y con demasiada frecuencia, nos sentimos autocomplacientemente bien al respecto.

Hace muchos años, mi esposa, Rebecca, y yo recorrimos los sitios de las siete iglesias de los capítulos 2 y 3 del Apocalipsis. Entre las ciudades que visitamos estaba Sardis, a la cual Jesús escribió una carta y advirtió: "Tienes fama de estar vivo, pero estás muerto. Despierta y fortalece lo que aún queda y que está a punto de morir, porque no he encontrado completas tus obras delante de mi Dios" (Apocalipsis 3:1-2). ¡Despierta! Fortalece lo poco que te queda,

¡Despierta! ¡Fortalece lo poco que te queda!

¿Qué preocupaba a Jesús acerca de esta iglesia que sus líderes habían dejado pasar desapercibido? La respuesta no está explícitamente indicada en la carta, pero no es difícil deducir dónde radicaba el engaño. Esta iglesia que tenía fama de estar viva ahora estaba muerta porque su gente se había sometido a la cultura circundante. *Ya no veían al mundo del pecado como un enemigo.*

Cuando nuestro grupo turístico visitó la antigua Sardis, descubrimos que justo al lado de las ruinas de un edificio de iglesia del siglo III había ruinas de templos dedicados a la sexualidad pagana. Aunque estos edificios datan de dos o tres siglos después de los tiempos del Nuevo Testamento, la yuxtaposición de estas ruinas es un comentario sobre la historia de la iglesia en Sardis.

La iglesia evidentemente se sentía cómoda junto a estos templos de permisividad sexual. Sucumbió a las tentaciones ofrecidas por la cultura circundante y no se mantuvo firme contra ellas. Quizás algunos de sus miembros adoraban en ambos lugares: después de ir a la iglesia, caminaban unos pasos y visitaban a los dioses tolerantes de los ídolos paganos. Para ellos, la permisividad sexual era demasiado atractiva como para resistirla.

Afortunadamente, no todos en la iglesia sucumbieron a las tentaciones de la cultura sensual. Jesús continuó diciendo: "Pero tienes en Sardis a unos pocos que no han manchado sus vestiduras; andarán conmigo vestidos de blanco, porque son dignos" (versículo 4). Afortunadamente, al menos unos pocos no habían manchado sus vestiduras con la sensualidad desenfrenada.

Los llamados cristianos progresistas creen que el cristianismo tradicional los ha decepcionado por alguna razón. Esto incluye a aquellos que han sido heridos por la auto justicia de miembros y líderes en iglesias más tradicionales. Argumentan que el cristianismo debe ser reformulado si ha de sobrevivir. La premisa es que el cristianismo histórico está desconectado de nuestra cultura y de los valores cambiantes de nuestra sociedad.

Los progresistas creen que la iglesia evangélica es tóxica, llena de injusticia racial, sexismo, islamofobia y juicios condenatorios. Su objetivo es purgar a la iglesia de estas actitudes e ideas nocivas y cultivar una forma de cristianismo más compasiva, inclusiva y culturalmente relevante. Así, ceden terreno a la cultura bajo la bandera del progreso.

Gracias a la tecnología y a los medios de comunicación, tenemos acceso a una cultura pagana mucho más cercana que la que tenían los cristianos del primer siglo. Los templos paganos pueden ser accesibles a través de nuestras computadoras, teléfonos celulares o *tablets*. Y las tentaciones son aún más fuertes porque muchos de nuestros hogares están en desorden, con niños que buscan amor y afirmación sin importar dónde lo encuentren.

Hoy en día, muchos tsunamis están golpeando a la iglesia. La presión para comprometerse y redefinir el evangelio mediante la búsqueda de "un camino intermedio" bien podría socavar "la fe que fue una vez por todas entregada a los santos" (Judas 3). A medida que la cultura contemporánea se vuelve más intolerante hacia el cristianismo histórico, la iglesia se ve tentada a acomodarse y termina siendo absorbida por el mundo. La lámpara titila y luego se apaga.

Escuchar la voz de Jesús hoy

No pretendo saber todo lo que Jesús diría a la iglesia hoy en día; es posible que usted tenga sus propias ideas al respecto. Permítanme humildemente sugerir tres temas sobre los cuales creo que Él nos hablaría. Y lo haría con compasión y firmeza, tal como lo hizo con Sardis. También hablaría con amor, recordándonos que nos compró a un alto precio.

Escuchemos atentamente.

"Decídanse a ser guiados por el evangelio en su vida y testimonio."

Jesús dijo: "Yo soy el camino, la verdad y la vida. Nadie llega al Padre sino por mí" (Juan 14:6). Luego, después de su resurrección, instó: "Vayan por todo el mundo y prediquen el evangelio" (Marcos 16:15).

Recientemente hablé con un líder cristiano que, durante al menos 30 años, ha estado involucrado en una organización misionera conocida por su énfasis en el evangelismo en Estados Unidos y en todo el mundo. Pero ahora el ministerio está bajo el liderazgo de cristianos más progresistas. Me dijo que, en su última conferencia, "Habrías pensado que estabas en una conferencia sobre justicia social". Se había perdido la urgencia de llevar el evangelio al mayor número posible de personas. No hubo discusiones sobre cómo motivar a las iglesias y a los pastores para que no pierdan de vista la visión más amplia de que "la mies es mucha, pero los trabajadores son pocos" (Mateo 9:37).

Muchos de los *millenials* de hoy, sintiéndose fuera de lugar con el romance del evangelicalismo con la política conservadora, han optado por dedicarse a la justicia social. Tristemente, muchos de ellos han abandonado la doctrina del arrepentimiento personal, optando en su lugar por lo que consideran un evangelio más práctico: ayudar a los pobres y necesitados. En otras palabras, el evangelio de la justicia social. Algunos de ellos hablan de *justicia*, pero no de *juicio*.

Según el Barna Group, muchos millenials cristianos no están seguros sobre la práctica real del evangelismo. Casi la mitad (47 por ciento) está de acuerdo al menos en cierta medida en que es incorrecto compartir sus creencias personales con personas de una fe diferente con la esperanza de que algún día compartan la misma fe. También "están de acuerdo en cierta medida" en que, si alguien está en desacuerdo contigo, te está juzgando. Además, añado que, en las respuestas, el versículo más citado de la Biblia es Mateo 7:1: "No juzguéis, para que no seáis juzgados".

Creer que Cristo es el único camino al Padre es considerado como intolerancia, y creer en el infierno es visto como un retroceso a nociones medievales de juicio primitivo y cruel. Se percibe a Dios como tan tolerante que extiende gracia incluso a las personas que no creen haber pecado lo suficiente como para necesitarla. El mensaje clásico de Jonathan Edwards "Pecadores en manos de un Dios airado" podría hoy ser reformulado como "Dios en las manos de pecadores enojados".

Esto es una pérdida trágica. Si perdemos nuestra pasión por dar a conocer el evangelio, si abandonamos la enseñanza bíblica sobre el cielo, el infierno y Cristo como el único camino, si nos esforzamos por mejorar la vida en este mundo e ignoramos la realidad de la vida venidera, estamos sacrificando lo eterno en el altar de lo temporal. Estamos intercambiando el cielo por la tierra y la eternidad por el tiempo. Estamos olvidando que "es espantoso caer en manos del Dios vivo" y que "nuestro Dios es fuego consumidor" (Hebreos 10:31; 12:29).

Se nos ordena vivir radicalmente como Cristo, comprometiéndonos con las necesidades de los demás: cuerpo, alma y espíritu. Debemos recordar que Dios está llamando a formar una comunidad multinacional, creyentes de todas las razas y culturas, pero esta unidad solo puede construirse sobre el propio evangelio.

También debemos comprender que el evangelio no solo se transmite con palabras, sino a través de cristianos auténticos y compasivos que están dispuestos a sacrificarlo todo por los demás. Debemos servir con una mentalidad redentora, buscando siempre oportunidades para construir puentes que lleven a las personas a la vida eterna. Si no vemos la importancia singular del mensaje del evangelio, sustituimos el alma eterna por un cuerpo temporal y una vida pasajera.

Nosotros, como evangélicos, necesitamos volver a nuestras raíces bíblicas. Debemos hablar del cielo y advertir sobre el infierno. Necesitamos un trabajo social impulsado por el evangelio que sirva a las personas porque tienen necesidades, y sí, por supuesto, debemos continuar sirviéndoles independientemente de si creen en Cristo o no. Pero nuestro clamor del corazón debería ser que crean en el evangelio y sean salvos. Si la compasión nos motiva a ayudar a aliviar el sufrimiento en este mundo presente, cuánto más debería motivarnos la compasión para compartir las buenas nuevas y aliviar su sufrimiento en el mundo venidero.

Es fácil que el evangelio se pierda en un mundo impulsado por la justicia social. Recordemos que el evangelio no es lo que podemos hacer por Jesús, sino lo que Jesús ha hecho por nosotros. Debemos decirle a esta generación que *la justicia social, incluso en su mejor forma, ¡no es el evangelio!*

"No hay salvación en ningún otro, porque no hay otro nombre bajo el cielo dado a los hombres por el cual debamos ser salvos" (Hechos 4:12). Resolvámonos a compartir el evangelio y vivirlo sin avergonzarnos, sin importar el costo.

Jesús tendría más que decir:

"Estén resueltos a no inclinarse ante la revolución sexual de la cultura".

Escuchen las palabras de Jesús: "Bienaventurados los de corazón limpio, porque ellos verán a Dios" (Mateo 5:8).

Escúchenlo orar: "Santifícalos en la verdad; tu palabra es verdad" (Juan 17:17).

Muchos pasajes del Nuevo Testamento hablan de nuestra tentación de intercambiar la pureza por la satisfacción de nuestras pasiones. Pablo escribió: "Porque vendrá tiempo cuando no sufrirán la sana doctrina, sino que, teniendo comezón de oír, se amontonarán maestros conforme *a sus propias concupiscencias*, apartarán de la verdad el oído y se volverán a las fábulas" (2 Timoteo 4:3-4, énfasis añadido).

Las personas se inclinarán hacia maestros que "conforme a sus propias concupiscencias" enseñan basándose en la experiencia humana, que prometen salud y riqueza, que adoptan una teología del deseo bajo el pretexto del amor. La doctrina se reinterpretará o incluso se rechazará para justificar lo que el corazón realmente desea. Esto se vende como cristianismo progresista.

Permíteme presentarte a dos influyentes cristianos progresistas que representan a muchos en el movimiento, así como sus enseñanzas, que dan falsas seguridades a un mundo herido. Rachel Held Evans, quien murió inesperadamente a los 37 años, profesaba el cristianismo progresista. Después de su muerte, el diario *The Atlantic* señaló que "fue parte de una vanguardia de mujeres cristianas progresistas que lucharon por cambiar la forma en que se enseña y percibe el cristianismo en Estados Unidos". Su legado es "su negativa a ceder la propiedad del cristianismo a sus tradicionales conservadores varones". En el apogeo de su influencia, cuatro millones de personas seguían sus blogs y tweets.

¿Tenía Rachel preocupaciones legítimas sobre la iglesia evangélica que dejó? Probablemente. No he leído mucho de su trabajo, pero tal vez todos deberíamos haber prestado más atención a su viaje personal lejos de la iglesia evangélica. Aun así, claramente desorientó a decenas de miles con sus opiniones sobre la sexualidad. Antes de su muerte, respaldó un libro titulado ""Shameless (Sin vergüenza)". El impacto del respaldo de Evans en su libro se hará clara en un momento.

Nadia Bolz-Weber, autora de *"Shameless (Sin vergüenza)"*, fundó una iglesia en Colorado que acepta todas las formas de sexualidad siempre y cuando ocurran entre adultos que consientan dichas formas. La tesis de su libro se puede afirmar de la siguiente manera: Las enseñanzas tradicionales de "pureza" de la iglesia han hecho gran daño al avergonzar a todos aquellos que se salen de los límites de una relación matrimonial de un solo hombre y una sola mujer. Pocos, si es que hay alguno, acatan estas enseñanzas, y aquellos que siguen la tradicional ruta de la pureza a menudo descubren que no necesariamente les conduce a un matrimonio feliz. La propia Bolz-Weber se divorció de su marido con el cual estuvo casada durante 18 años y ahora vive con su novio en lo que ella dice es una relación "más satisfactoria".

¿Qué hace Bolz-Weber con respecto a las enseñanzas de la Biblia sobre la sexualidad? Nadia aborda las enseñanzas de la Biblia en esta área abogando por una reinterpretación que se alinea con sus puntos de vista. Esto se ilustra en una historia que comparte sobre una mujer llamada Cindy, quien, en un acto de desafío simbólico, arrancó y quemó páginas específicas de su Biblia que mencionaban la homosexualidad. Este gesto simbolizó el rechazo de Cindy a las enseñanzas tradicionales que había aprendido en la iglesia, las cuales ella sentía que la juzgaban por su sexualidad. Bolz-Weber utiliza esta historia para enfatizar la idea de liberación y libertad personal de lo que percibe como normas religiosas opresivas.

Luego Cindy procedió a arrancar las páginas de Mateo, Marcos, Lucas y Juan, y con su mano derecha, "apretaba las páginas de los Evangelios sobre su corazón, y con su mano izquierda arrojó el resto de los libros a una hoguera para quemarlos".[4] Se sentía segura con las historias de Jesús porque Él nunca habría de lastimarla. Cindy aceptó las historias de Jesús, pero el resto de la Biblia fue arrojado al fuego.

Esta historia sirve como lección para todos nosotros. Parece como si la iglesia en la que Cindy creció la hirió profundamente. ¿Estaba herida por el juicio de los demás? ¿Fue condenada sin que nadie se tomara el tiempo de escuchar su historia y ofrecerle su gracia? Nosotros no lo sabemos, pero sea cual sea el caso, ella representa el tipo de persona que debería encontrar esperanza y sanidad emocional en nuestras iglesias.

Al parecer, la iglesia le falló. Pero, ¿es la respuesta a su dolor quemar las enseñanzas de la Biblia sobre la sexualidad? Ella me recuerda a un pastor que le dijo a su congregación: "Jesús es un regalo que viene en un paquete llamado la Biblia. Una vez que saques el regalo, el paquete se puede tirar. Como Jesús no condenó la homosexualidad, somos libres de aceptarlo". Y la implicación a esta afirmación es que las relaciones homosexuales pueden ser afirmadas sin ninguna vergüenza. ¿Realmente es cierto esto?

Dado el hecho de que el libro de Bolz-Weber se titula "Sin vergüenza", encontré su interpretación sobre la fuente de la vergüenza muy interesante. En esencia, es esta: Antes de que Adán y Eva cedieran ante la serpiente, estaban "desnudos, pero no avergonzados". Luego ella escribe: "¿Quién les dijo que estaban desnudos? Apuesto a que fue la serpiente. Por alguna razón, Dios nos permite vivir en un mundo donde existen alternativas a la voz de Dios, y esas alternativas son de donde proviene la vergüenza".

No te lo pierdas. Según Bolz-Weber, la vergüenza entró en Adán y Eva cuando escucharon la voz del diablo, no de Dios. Su conclusión: Toda vergüenza es malvada y proviene de Satanás. Leí todo su libro y no recuerdo ni una sola vez la sugerencia de que algunas personas deberían sentir vergüenza porque lo que están haciendo es vergonzoso. Podría parafrasear su punto de vista diciendo: "Volviendo al Edén, donde no había vergüenza, y neguemos la realidad de la caída; asumamos que la vergüenza que se originó en el jardín era ilegítima".

¿Existen límites en absoluto para las expresiones de la sexualidad? Según Bolz-Weber, siempre y cuando no se involucren menores de edad o se experimente un deseo o relación sexual con animales, todas las relaciones sexuales entre adultos que consienten en tenerlas deben ser aceptadas como sagradas y sin ninguna vergüenza. Después de todo, Dios no avergüenza a nadie.

Las personas deberían experimentar vergüenza porque realizan actos vergonzosos: "No participen en las obras infructuosas de las tinieblas, sino más bien expónganlas. Porque es vergonzoso hablar siquiera de lo que ellos hacen en secreto" (Efesios 5:11-12). En otras palabras, las personas que hacen cosas vergonzosas deberían avergonzarse. En otro lugar, Pablo habló sobre aquellos que se "glorían en su vergüenza". Ellos están trágicamente engañados y su "fin es la destrucción" (Filipenses 3:19).

Hay, por supuesto, la vergüenza falsa por pecados que ya han sido perdonados por Dios. También es desgarrador que quienes han sido abusados a veces sientan vergüenza, aunque no tuvieron ninguna o poca responsabilidad por lo que ocurrió. La vergüenza falsa existe casi en todas partes. En cualquier caso, en la cruz, Jesús llevó nuestra vergüenza; Él avergonzó a la vergüenza (Hebreos 12:2).

Bíblicamente, la vergüenza no se quita quemando las enseñanzas de la Biblia sobre la homosexualidad, sino reconociendo la maravilla del perdón y la limpieza gratuita (por gracia) de Dios, dados a todos los que se arrepienten de su inmoralidad. Dios otorga perdón y gracia a todos los pecadores arrepentidos, pero no sana las almas de los pecadores impenitentes. Ellos se ven obligados a emprender la tarea desesperada de sanar sus propias almas, y lo intentan justificando lo que Dios ha condenado. Lo hacen arrojando páginas de la Biblia al fuego.

Volvamos a Rachel Held Evans. Esta mujer cristiana progresista dijo sobre el libro *"Shameless (Sin vergüenza)"*: "[Es] uno de los libros más importantes y transformadores que he leído alguna vez. Diseñado por expertos y entregado con amor, sirve a la vez como bomba y como bálsamo: hacer estallar las mentiras que la religión enseña sobre el sexo y cura con ternura las heridas que aquellos mensajes han infligido... Es el mejor libro de Nadia Bolz-Weber hasta el momento. Y eso es digno de mención."[6]

Rachel Held Evans habló en nombre de muchos cristianos progresistas que prefieren una doctrina basada "en los deseos", es decir una teología acorde con los apetitos carnales. Por naturaleza, todos queremos adorar a un Dios que está de acuerdo con nosotros en todo. Anhelamos ser engañados especialmente en asuntos de la sexualidad. Pablo sabía que somos propensos a justificar cualquier cosa que nuestro corazón desee hacer. Esta propensión al autoengaño es la razón por la que a menudo precedía sus enseñanzas sobre sexualidad diciendo:

> *... **No os dejéis engañar:** ni los inmorales, ni los idólatras, ni los adúlteros, ni los afeminados, ni los homosexuales, [10] ni los ladrones, ni los avaros, ni los borrachos, ni los difamadores, ni los estafadores heredarán el reino de Dios. (1 Corintios 6:9-11)*

> ***No os dejéis engañar**, de Dios nadie se burla; pues todo lo que el hombre siembra, eso también segará. (Gálatas 6:7)*

Permíteme citar otra de las ominosas advertencias de Pablo: 'Porque de esto estáis seguros: que ningún inmoral, impuro o avaro, que es idólatra, tiene herencia en el reino de Cristo y de Dios. *Que nadie os engañe con palabras vanas,* porque por estas cosas viene la ira de Dios sobre los hijos de desobediencia' (Efesios 5:5-6, énfasis añadido)."

"No os engañe nadie con palabras vanas".

No estamos tratando con asuntos triviales. Permíteme repetir las palabras de Pablo: 'por estas cosas viene la ira de Dios sobre los hijos de desobediencia'. Las relaciones pecaminosas nunca pueden curar la transgresión sexual; solo pueden perpetuarla. La culpa, el autodesprecio y los remordimientos llegan tarde o temprano. La decepción de que haya libros como *"Shameless (Sin vergüenza)"* es digno de conmiseración y lágrimas. La "autosanación" nunca puede lograr lo que Dios puede. *Las personas son libres de elegir su propio estilo de vida sexual, pero no son libres de elegir las consecuencias de su decisión"*.

"Debemos volver al ejemplo de Jesús. Él trajo sanidad emocional y espiritual a los quebrantados sexualmente no justificando su estilo de vida, sino ofreciendo compasivamente perdón y restauración. Con una prostituta delante de los fariseos auto justificados, habló de ella diciendo: 'Por eso te digo que sus muchos pecados le son perdonados, porque amó mucho; pero aquel a quien se le perdona poco, poco ama'. Y le dijo a ella: 'Tus pecados te son perdonados... Tu fe te ha salvado; vete en paz'." (Lucas 7:47-50).

A la mujer sorprendida en adulterio, que fue llevada a Jesús por hombres culpables del mismo pecado, Jesús, cuando quedó a solas con ella, le preguntó: 'Mujer, ¿dónde están los que te condenaban? ¿Nadie te condenó?' Ella respondió: 'Nadie, Señor'. Y Jesús le dijo: 'Yo tampoco te condeno. Vete, y en adelante *no peques más*.'" (Juan 8:10-11). Imagina lo que esas palabras significaron para esta mujer que había sido avergonzada por otros.

Mira a Jesús: No hubo disminución del estándar, ni reescritura de las reglas para hacer que una mujer se sintiera mejor consigo misma o libre de vergüenza. Más bien, Él le ofreció Su gracia frente a una comunidad hipócrita y auto justificada. Les ofreció perdón y aceptación con gozo, con la expectativa de que estas mujeres en adelante vivieran de manera diferente. Vemos una transformación del estilo de vida basada en la conversión del corazón.

No debemos abandonar la enseñanza bíblica sobre la sexualidad a pesar de las presiones personales y culturales. Estoy de acuerdo en que no es suficiente solo enseñar la doctrina bíblica; debemos sostenerla con amor, compasión y respeto por todas las personas, sin importar quiénes sean o lo que hayan hecho. Todos necesitamos el cuerpo de Cristo, ya que estamos en diferentes etapas de crecimiento espiritual en nuestra búsqueda de la santidad. No debemos pedirle a los quebrantados en su sexualidad que nieguen su dolor, sino que se apoyen en él dependiendo solamente de Dios y, a través del arrepentimiento, reciban el reconocimiento gozoso de que son hijos de Dios, anticipando un futuro libre de culpa en la eternidad.

"Alguien ha dicho acertadamente: 'La verdad sin humildad es juicio; la humildad sin verdad es cobardía'. Que seamos caracterizados por ambas cosas, humildad y verdad.

Aquí hay otra palabra que Jesús podría tener para nosotros:"

"Decídete a amarme apasionadamente y a sufrir bien por mi nombre".

"Si me aman, obedecerán mis mandamientos" (Juan 14:15).

Jesús advirtió que, en los últimos tiempos, "por el aumento de la maldad, el amor de muchos se enfriará" (Mateo 24:12). Eso, creo yo, describe gran parte del cristianismo evangélico hoy en día. Somos débiles porque nuestro amor por Cristo es débil; nuestro amor por los valores y búsquedas mundanas es mayor que nuestro amor por Cristo.

Juan, quien estuvo más estrechamente identificado con Jesús, advirtió

No améis al mundo ni las cosas *que están* en el mundo. Si alguno ama al mundo, el amor del Padre no está en él. ¹⁶ Porque todo lo que hay en el mundo, la pasión de la carne, la pasión de los ojos y la arrogancia de la vida, no proviene del Padre, sino del mundo. ¹⁷ Y el mundo pasa, y *también* sus deseos, pero el que hace la voluntad de Dios permanece para siempre.

En un excelente artículo titulado "El niño de la iglesia que nunca creció" Daron Roberts escribe sobre la actitud indiferente de algunos hombres inmaduros que ha visto en su iglesia:

> Nadie confía en que él (el niño espiritual) se basará únicamente en la Palabra de Dios y sufrirá por sus convicciones. No tiene la osadía de luchar por Cristo porque su lealtad no es hacia Cristo, sino hacia él mismo. De vez en cuando defenderá la verdad, pero sólo cuando decide que el costo no es demasiado alto. Las convicciones que requieren valor son desmesuradas frente a su deseo de amor y aprobación por parte del ser humano para perseverar.[7]

Hay muchas maneras en que podemos amar al mundo y, en mi opinión, en nuestro mundo actual, este falso amor está mejor representado por nuestra obsesión con la tecnología. Durante la crisis del COVID-19 en 2020, todos aprendimos cómo la tecnología puede ser utilizada para el beneficio de la iglesia y la evangelización. La mayoría de las iglesias, incluida la Iglesia Moody, tuvieron sus servicios de adoración disponibles en línea, transmitiendo su adoración y predicación a miles de personas, más allá de sus muros. Afortunadamente, de esta manera la tecnología se está utilizando para el bien. El evangelio está llegando incluso a países que se oponen oficialmente o son hostiles al cristianismo.

Pero hay un lado oscuro en la tecnología. Nuestra generación (no solo los progresistas) está siendo atraída hacia una cosmovisión que es una antítesis del cristianismo. Una encuesta mostró que la mayoría de los cristianos no siguen pautas bíblicas sobre lo que ven en la televisión, en sus teléfonos inteligentes, *tablets* o computadoras. Una gran mayoría de los adolescentes han visto docenas de películas clasificadas como X, y la pornografía está en todas partes. Lo que antes se llamaba "separación bíblica del mundo" ya no se enseña ni se practica. Al no encontrar manera de resistir las adicciones de nuestra cultura, simplemente las hemos terminado por aceptar.

Ahora sabemos que las redes sociales dañan la salud mental, emocional y física de los niños. Además de la falta de sueño debido al uso de las redes sociales, también estamos viendo un aumento en el ciberacoso, los discursos de odio, la baja autoestima, la ansiedad, la depresión e incluso el auto lesionamiento. Cualquier tipo de sexo excéntrico, antinatural e incluso violento ahora se considera normal. Muchos de nuestros niños no tienen convicciones firmes sobre lo que se debe evitar, rechazar o incluso condenar. Una aplicación rigurosa de la enseñanza bíblica es fácilmente suplantada por YouTube y Netflix.

¿Qué líneas debemos trazar para protegernos de un mundo que irrumpe en nuestras vidas a través de la tecnología? Santiago nos pregunta: "¿No sabéis que la amistad del mundo es enemistad contra Dios? Cualquiera, pues, que quiera ser amigo del mundo, se constituye enemigo de Dios" (Santiago 4:4). ¿Realmente podría nuestra amistad con el mundo hacernos enemigos de Dios?

> Debemos entender nuestro llamado como algo más que simplemente mantenernos sin mancha del mundo, sino más bien desarrollar un amor por Cristo que sea mayor que nuestro amor por el pecado.

No debemos cometer el error que ocurrió en Sardis. A diferencia de esa iglesia, debemos ver al mundo como nuestro enemigo, no como nuestro amigo. Y debemos entender nuestro llamado como algo más que simplemente mantenernos sin mancha del mundo. Más bien, debemos desarrollar *un amor por Cristo que sea mayor que nuestro amor por el mundo y el pecado.*

¿Pueden las iglesias que predican el evangelio sobrevivir a las presiones culturales de un secularismo intolerante que margina por completo las creencias y prácticas cristianas, impidiendo su influencia o participación en las esferas públicas o políticas y arrasa con todo valor? ¿O podemos ganar por encima de un cristianismo progresista que está siendo sutilmente manejado culturalmente? Claro que sí, pero el camino por recorrer está lleno de muchas tentaciones, distracciones y distorsiones. Siempre habrá un remanente, como lo hubo en Sardis. Y como veremos, las recompensas del triunfo bien valen el costo.

Una última palabra de Jesús para nosotros

Volvemos a las palabras de Jesús a la iglesia de Sardis:

Yo conozco tus obras, que tienes nombre de que vives, y estás muerto. ² *Sé vigilante, y afirma las otras cosas que están para morir; porque no he hallado tus obras perfectas delante de Dios. ³ Acuérdate, pues, de lo que has recibido y oído; y guárdalo, y arrepiéntete. Pues si no velas, vendré sobre ti como ladrón, y no sabrás a qué hora vendré sobre ti. ⁴ Pero tienes unas pocas personas en Sardis que no han manchado sus vestiduras; y andarán conmigo en vestiduras blancas, porque son dignas.* (Apocalipsis 3:1-4).

Reflexionemos sobre estas palabras:

... arrepiéntete. Si no despiertas, vendré como un ladrón...

Pero aún tienes unos pocos nombres en Sardis, personas que no han manchado sus vestiduras, y caminarán conmigo vestidos de blanco, porque son dignos.

Como aquellos en la iglesia de Sardis, queremos ser conocidos como una iglesia con la reputación de estar viva, pero Jesús ve lo que ningún consultor de iglesia puede ver. Él aplicó el estetoscopio y no pudo escuchar el latido del corazón. Como siempre, el cristianismo no es solo una cuestión de apariencia, sino de corazón.

Alguien ha dicho acertadamente que no podemos conquistar Canaán con un corazón de desierto. No podemos seguir a Cristo al mundo a menos que tomemos con alegría su cruz. Al comienzo de este libro cité al poeta Vasily Zhukovsky: "Todos tenemos cruces que llevar y constantemente estamos probando diferentes para encontrar la adecuada".⁹

La palabra de Jesús a Sardis fue "¡Arrepiéntete!" Esto no es algo que hagamos solo cuando nos convertimos; no podemos sobrevivir sin arrepentimiento diario, profundo y sostenido. Y debemos ser una iglesia enamorada de Dios, una iglesia que constantemente le da alabanza y adoración de corazón. Debemos mirar constantemente más allá de nosotros mismos a la Palabra de Dios, que nos sustenta. ¡El arrepentimiento es más fácil de hablar que de practicar!

Y debemos tener el coraje tanto para involucrarnos con la cultura como para resistirla.

¿Las recompensas por hacer esto? "El que venza será vestido así con vestiduras blancas, y no borraré su nombre del libro de la vida; y confesaré su nombre delante de mi Padre y delante de sus ángeles. El que tiene oído, oiga lo que el Espíritu dice a las iglesias" (Apocalipsis 3:5-6).

En aquella época, las ciudades tenían libros que contenían los registros de nacimiento y los nombres de sus ciudadanos. Cuando alguien moría, su nombre era borrado del libro, porque indicaba que había fallecido. Pero el libro al que Jesús se refiere es "el libro de la vida", y nadie cuyo nombre esté allí debe temer ser borrado. Las glorias que esperan a los fieles son indescriptibles. Mientras tanto, se nos presenta un desafío.

Encuentro un paralelo entre nuestra situación en América y la Alemania Nazi aunque puede ser fácilmente exagerado. Pero hay algunas similitudes: En algún punto, Dios separa el trigo de la cizaña en Su Iglesia. Después de que Hitler anunciara que, criticar al Reich era un crimen, la mayoría de las iglesias en Alemania guardaron silencio o aprobaron lo que él decía.

Pero Martin Niemöller, quien había pasado un tiempo en los campos de concentración por su valentía y coraje, predicaba las siguientes palabras a su congregación:

Todos nosotros—toda la Iglesia y toda la comunidad—hemos sido arrojados al tamiz del Tentador, y él lo está sacudiendo y el viento está soplando, ¡y ahora debe hacerse manifiesto si somos trigo o paja! Debemos ver que la calma de un cristianismo contemplativo, dedicado solo a encontrar una sensación de calma a través de la oración, la meditación bíblica u otras actividades contemplativas ha llegado a su fin…

Es tiempo es la primavera para la Iglesia cristiana esperanzada y expectante—es tiempo de prueba, y Dios le está dando a Satanás carta blanca, para que pueda sacudirnos y así se vea qué clase de cristianos somos.

¡Satanás agita su tamiz y el cristianismo es lanzado de un lado a otro!; y el que no esté listo para sufrir, y los pseudo cristianos que solo esperan obtener algo bueno y bendiciones para su vida, su raza y su nación, es arrastrado como paja llevada por el viento del tiempo![10]

¡Arrastrado como paja por el viento!

Todos tememos al sufrimiento, no a las llamas que soportaron los mártires del pasado, a las llamas culturales de la vergüenza y el ridículo. Se ha dicho acertadamente que un cristianismo sin valor es "ateísmo cultural". Resolvámonos como iglesia a no inclinarnos ante la intimidación. Jesús nos ordenó regocijarnos cuando otros hablen mal de nosotros y a estar preparados para lo que enfrentemos cuando dijo: "Si el mundo os odia, sabed que a mí me ha odiado antes que a vosotros... En el mundo tendréis tribulación. Pero confiad; yo he vencido al mundo" (Juan 15:18; 16:33).

Mientras perseveramos, estemos siempre listos para presentar una defensa con gracia a cualquiera que nos pida la razón de la esperanza que hay en nosotros (ver 1 Pedro 3:15). Creo que lo escucho decirnos lo mismo que le dijo a la iglesia en Sardis:

"¡Fortalece lo que queda!"

Una plegaria que todos debemos elevar

Padre, danos una renovada honestidad mientras te pedimos que escudriñes nuestros corazones. Permítenos que decidamos vivir plenamente para Tu gloria, sufriendo según sea necesario para probar Tu fidelidad en nuestras vidas.

No permitas que caigamos en el pecado de la auto justificación; permite que siempre aprendamos a moderar la forma en que se comunica tu verdad por difícil que sea, haciéndolo con compasión, empatía y consideración, diciendo tu verdad con amor y una actitud de escuchar. No permitas que Satanás tenga cabida en nuestras vidas, y oramos que nuestros pecados sean tratados siempre a través del arrepentimiento y la rendición de cuentas ante ti y la búsqueda de la santidad.

Permítenos estar entre el remanente que no ha manchado sus ropas, sino que caminará contigo "en ropas blancas". Hasta ese día, permítenos ser fieles para Tu gloria y llevar a tantos como sea posible con nosotros mientras recorremos el camino estrecho.

Y permítenos exaltar a nuestro Salvador para que el mundo lo vea como su única y gran esperanza. Gracias por darnos este privilegio.

Oramos en el nombre de Jesús, amén.

Notas

La sorprendente respuesta de Jesús

1. Robert Payne, *Life and Death of Lenin* (New York: Simon & Schuster, 1964), 209.

Capítulo 1—Cómo llegamos aquí

1. William Blackstone, *Commentaries on the Laws of England*, vol. 1 (Oxford: Clarendon Press, 1765), 38.

2. Karl Marx and Friedrich Engels, *Marx and Engels on the Trade Unions*, ed. Kenneth Lapides (New York: International Publishers, 1987), 68-69.

3. "What We Believe," *Black Lives Matter*, https://blacklivesmatter.com/what-we-believe/.

4. Watch Black Lives Matter cofounder Patrisse Cullors' interview with Real News Network, where she revealed, "Myself and Alicia [Garza] in particular are trained organizers. We are trained Marxists. We are super-versed on, sort of, ideological theories." You can see the interview at https://the realnews.com/stories/pcullors-0722blacklives.

5. David Horowitz, *Dark Agenda: The War to Destroy Christian America* (West Palm Beach, FL: Humanix Books, 2018), 77.

6. Margaret Sanger, *Women and the New Race* (New York: Brentano's, 1920), 5.

7. David J. Garrow, *Liberty and Sexuality: The Right to Privacy and the Making of Roe vs. Wade* (Berkeley: University of California Press, 1998), 390.

8. Lawrence H. Summers, "Remarks at NBER Conference on Diversifying the Science & Engineering Workforce," January 14, 2005, https://web.archive.org/web/20080130023006/http://www.president.harvard.edu/speeches/2005/nber.html.

9. Sam Dillon, "Harvard Chief Defends His Talk on Women," *The New York Times*, January 18, 2005, https://www.nytimes.com/2005/01/18/us/harvard-chief-defends-his-talk-on-women.html; Marcella Bombardieri, "Summers' Remarks on Women Draw Fire," *Boston Globe*, January 17, 2005, http://archive.boston.com/news/education/higher/articles/2005/01/17/summers_remarks_on_women_draw_fire/.

10. Robert P. Jones, *The End of White Christian America* (New York: Simon & Schuster, 2016), 112.

11. Jones, *The End of White Christian America*, 113.

12. Jones, *The End of White Christian America*, 133.

13. Erin Griffith, "Venture Capital Is Putting Its Money into Astrology," *The New York Times,* April 15, 2019, https://www.nytimes.com/2019/04/15/style/astrology-apps-venture-capital.html.

14. George Orwell, *The Collected Essays, Journalism & Letters of George Orwell, Volume 2: My Country Right or Left 1940–1943* (Boston: Nonpareil Books, 2000), 15.

15. This quote has been attributed to George Orwell, but its origin is unconfirmed and unknown.

Capítulo 2—Reescribir el pasado para controlar el futuro

1. George Orwell, *1984* (New York: Signet Classics, 1977), 34.

2. Sara E. Wilson, "Arthur M. Schlesinger, Jr., National Humanities Medal, 1998," *National Endowment for the Humanities*, https://www.neh.gov/about/awards/national-humanities-medals/arthur-m-schlesinger-jr.

3. Graham Piro, "High school may erase mural of George Washington: 'traumatizes students,'" *The College Fix,* May 2, 2019, https://www.thecollegefix.com/high-school-may-erase-george-washington-murals-traumatizes-students/.

4. James P. Sutton, "It's Curtains for a George Washington Mural in San Francisco. Or Paint, or Panels. Just Hide It!," *National Review,* June 20, 2019, https://www.nationalreview.com/2019/06/george-washington-mural-san-francisco-progressive-politics/.

5. Ian Schwartz, "CNN's Angela Rye: Washington, Jefferson Statues 'Need to Come Down,'" *Real-Clear Politics*, August 18, 2017, https://www.realclearpolitics.com/video/2017/08/18/cnns_angela_rye_washington_jefferson_statues_need_to_come_down.html.

6. CBS News, "George Washington statue toppled by protesters in Portland, Oregon," June 19, 2020, https://www.cbsnews.com/news/protesters-portland-oregon-topple-george-washington-statue/.

7. CBS3 Staff, "Tomb of the Unknown Soldier of the American Revolution Vandalized in Philadelphia's Washington Square," *CBS Philly*, June 12, 2020, https://philadelphia.cbslocal.com/2020/06/12/tomb-of-the-unknown-soldier-of-the-american-revolution-vandalized-in-philadelphias-washington-square/.

8. Greg Norman, "Christopher Columbus statue is beheaded in Boston," *Fox News*, June 10, 2020, https://www.foxnews.com/us/christopher-columbus-statue-beheaded.

9. Daily Wire News, "Rioters Tear Down Statue of Francis Scott Key. He Wrote The Star-Spangled Banner," *The Daily Wire*, June 20, 2020, https://www.dailywire.com/news/watch-rioters-tear-down-statue-of-francis-scott-key-he-wrote-the-star-spangled-banner.

10. State Journal Staff, "So who was Hans Christian Heg? Here's why the Civil War hero had a statue," *Wisconsin State Journal*, June 25, 2020, https://madison.com/wsj/news/local/crime-and-courts/photos-so-who-was-hans-christian-heg-heres-why-the-civil-war-hero-had-a/collection_31313606-691a-52d2-a4fa-cbe4e-ca84f73.html.

11. Aila Slisco, "White Jesus Statues Should Be Torn Down, Activist Shaun King Says," *Newsweek*, June 22, 2020, https://www.newsweek.com/white-jesus-statues-should-torn-down-black-lives-matters-leader-says-1512674.

12. Cynthia Haven, "The president of forgetting," *The Book Haven*, Stanford University, December 4, 2014, https://bookhaven.stanford.edu/2014/12/the-president-of-forgetting/.

13. Robin West, *Progressive Constitutionalism: Reconstructing the Fourteenth Amendment* (Durham, NC: Duke University Press, 1994), 17-18.

14. Allan Bloom, *Closing of the American Mind* (New York: Simon & Schuster, 2008), 26, 56.

15. Howard Zinn, *A People's History of the United States: 1492-Present* (New York: Routledge, 2013), 59.

16. David Horowitz, *Unholy Alliance: Radical Islam and the American Left* (Washington, DC: Regnery Publishing, 2004), 105.

17. Nikole Hannah-Jones, "The 1619 Project," *The New York Times,* August 14, 2019, https://www.nytimes.com/interactive/2019/08/14/magazine/black-history-american-democracy.html.

18. Jordan Davidson, "In Racist Screed, NYT's 1619 Project Founder Calls 'White Race' 'Barbaric Devils,' 'Bloodsuckers,' Columbus 'No Different Than Hitler,'" *The Federalist,* June 25, 2020, https://thefederalist.com/2020/06/25/in-racist-screed-nyts-1619-project-founder-calls-white-race-barbaric-devils-bloodsuckers-no-different-than-hitler/. Also see the original Nikole [Nicole] Hannah-Jones article here: https://www.scribd.com/document/466921269/NYT-s-1619-Project-Founder-Calls-White-Race-Barbaric-Devils-Bloodsuckers-No-Different-Than-Hitler-x#from_embed.

19. Nima Elbagir, Raja Razek, Alex Platt, and Bryony Jones, "People for Sale," *CNN,* November 14, 2017, https://edition.cnn.com/2017/11/14/africa/libya-migrant-auctions/index.html.

20. Patrick J. Buchanan, *The Death of the West* (New York: Thomas Dunne Books, 2002), 58.

21. Victor Wang, "Student petition urges English department to diversify curriculum," *Yale Daily News,* May 26, 2016, https://yaledailynews.com/blog/2016/05/26/student-petition-urges-english-department-to-diversify-curriculum/.

22. "Pack the Union: A Proposal to Admit New States for the Purpose of Amending the Constitution to Ensure Equal Representation," *Harvard Law Review,* January 10, 2020, https://harvardlawreview.org/2020/01/pack-the-union-a-proposal-to-admit-new-states-for-the-purpose-of-amending-the-constitution-to-ensure-equal-representation/.

23. "Pack the Union: A Proposal to Admit New States for the Purpose of Amending the Constitution to Ensure Equal Representation."

24. Paul Kurtz, *Humanist Manifestos I and II* (Indiana: Prometheus Books, 1973), 16-17.

25. Kurtz, *Humanist Manifestos I and II*, 21.

26. Kurtz, *Humanist Manifestos I and II*, 21-22.

27. "About Humanism," American Humanist Association, https://web.archive.org/web/20111107221355/http://www.americanhumanist.org/who_we_are/about_humanism/Humanist_Manifesto_I.

28. Antonia Noori Farzan, "A Minnesota city voted to eliminate the Pledge of Allegiance. It didn't go over well," *The Washington Post*, June 28, 2019, https://www.washingtonpost.com/nation/2019/06/28/minnesota-city-voted-eliminate-pledge-allegiance-it-didnt-go-over-well/.

29. Glen Clark, "Muslims in Australia: Singing National Anthem Is 'Forced Assimilation!,'" *The Federalist Papers*, January 24, 2016, https://thefederalistpapers.org/us/muslims-in-australia-singing-national-anthem-is-forced-assimilation.

30. Edmund DeMarche, "Deadly weekend in Seattle, Chicago, Minneapolis as New York City reports uptick in shootings," *Fox News*, June 22, 2020, https://www.foxnews.com/us/deadly-weekend-in-seattle-chicago-minneapolis-as-new-york-city-reports-uptick-in-shootings.

31. "104 shot, 15 fatally, over Father's Day weekend in Chicago," Fox 32, June 21, 2020, https://www.fox32chicago.com/news/104-shot-15-fatally-over-fathers-day-weekend-in-chicago.

32. Tom Schuba, Sam Charles, and Matthew Hendrickson, "18 murders in 24 hours: Inside the most violent day in 60 years in Chicago," *Chicago Sun Times*, June 8, 2020, https://chicago.suntime.com/crime/2020/6/8/21281998/chicago-deadliest-day-violence-murder-history-police-crime.

33. Charles Francis Adams, *The Works of John Adams, Second President of the United States; With a Life of the Author Notes and Illustra-*

tions of his Grandson Charles Francis Adams, Vol. IX (Boston: Little, Brown, 1854), 228-229 (emphasis added).

34. D.H. Lawrence, Wikiquote, https://en.wikiquote.org/wiki/D._H._Lawrence.

35. Caleb Parke, "Pastors vow to 'defend' houses of worship, 'not allow Christian heritage to be erased,'" *Fox News*, June 26, 2020, https://www.foxnews.com/us/jesus-statue-church-pastors-defend-protests.

36. Parke, "Pastors vow to 'defend' houses of worship, 'not allow Christian heritage to be erased.'"

37. Eric Mason, *Woke Church: An Urgent Call for Christians in America to Confront Racism and Injustice* (Chicago: Moody Publishers, 2018), 70.

38. "Church of Canada May Disappear by 2040, Says New Report," *CEP Online*, November 18, 2019, https://cep.anglican.ca/church-of-canada-may-disappear-by-2040-says-new-report/.

39. John Longhurst, "Church of Canada may disappear by 2040, says new report," *Religion News Service*, November 18, 2019, https://religionnews.com/2019/11/18/church-of-canada-may-disappear-by-2040-says-new-report/.

40. Samuel John Stone, "The Church's One Foundation," 1866.

41. Corrie ten Boom, *I Stand at the Door and Knock: Meditations by the Author of* The Hiding Place (Grand Rapids, MI: Zondervan, 2008), 95.

Capítulo 3—Usar la diversidad para dividir y destruir

1. Saul D. Alinsky, *Rules for Radicals: A Pragmatic Primer for Realistic Radicals* (New York: Vintage Books, 1989), ix.

2. David Horowitz, *Dark Agenda: The War to Destroy Christian America* (West Palm Beach, FL: Humanix Books, 2018), 84.

3. Alinsky, *Rules for Radicals*, 117.

4. For a better understanding of the goals of Black Lives Matter, I suggest going to their website to learn about their larger agenda: https://blacklivesmatter.com. Watch Black Lives Matter cofounder Patrisse Cullors' interview with Real News Network, where she revealed, "Myself and Alicia [Garza] in particular are trained organizers. We are trained Marxists. We are super-versed on, sort of, ideological theories." You can see the interview at https://therealnews.com/stories/pcullors0722black lives. And read black Christian and prolife speaker and author Ryan Bomberger's article "Top 10 Reasons I Won't Support the #BlackLivesMatter Movement," which is found here: https://town hall.com/columnists/ryanbomberger/2020/06/05/top-10-reasons-i-reject-the-blm-n2570105.

5. The Declaration of Independence, National Archives, https://www.archives.gov/founding-docs/declaration.

6. Gettysburg Address, Wikipedia, https://en.wikipedia.org/wiki/Gettysburg_Address#Text_of_the_Gettysburg_Address. We Will Not Be Silenced.indd 268 9/16/20 4:16 PM Notes 269

7. Dave Nemetz, "Hallmark to Reinstate Ads Featuring Same-Sex Wedding, CEO Apologizes," *TV Line*, December 15, 2019, https://tvline.com/2019/12/15/hallmark-channel-reversed-reinstating-ads-same-sex-wedding-zola-controversy/.

8. H.R.5—Equality Act, Congress.gov, https://www.congress.gov/bill/116th-congress/house-bill/5/text.

9. Winston Churchill, House of Commons, October 22, 1945.

10. Patrick J. Buchanan, *Suicide of a Superpower* (New York: Thomas Dunne Books, 2011), 207.

11. Martin Luther King Jr., "Letter from a Birmingham Jail," April 16, 1963, Stanford University, The Martin Luther King Jr. Research and Education Institute, https://kinginstitute.stanford.edu/king-papers/documents/letter-birmingham-jail.

12. Neil Shenvi, "Intro to Critical Theory," https://shenviapologetics.com/intro-to-critical-theory/.

13. Heather Mac Donald, *The Diversity Delusion* (New York: St. Martin's Press, 2018), 64.

14. William S. Lind, "The Sourge of Cultural Marxism," *The American Conservative*, May/June 2018, 12, https://www.theamericanconservative.com/pdf/mayjune-2018/mobile/index.html#p=12.

15. David J. Garrow, *Liberty and Sexuality: The Right to Privacy and the Making of* Roe vs. Wade (Berkeley: University of California Press, 1998), 390.

16. Mac Donald, *The Diversity Delusion*, 63.

17. Robby Soave, "Think the Green New Deal Is Crazy? Blame Intersectionality," *Reason*, February 8, 2019, https://reason.com/2019/02/08/green-new-deal-intersectionality-ocasio/.

18. Rudy Gray, "SBC Resolution 9: Statement on Critical Race Theory & Intersectionality Point of Controversy and Disagreement," *The Courier*, June 27, 2019, https://baptistcourier.com/2019/06/sbc-resolution-9-statement-on-critical-race-theory-intersectionality-point-of-controversy-and-disagreement/.

19. Mac Donald, *The Diversity Delusion*, 65-66.

20. Mac Donald, *The Diversity Delusion*, 68.

21. See Southeastern Baptist Theological Seminary, *Social Justice, Critical Theory, and Christianity: Are They Compatible?*, Neil Shenvi, https://youtu.be/E33aunwGQQ4.

22. "SBC 2019: Resolutions Committee 'severely altered' resolution against identity politics," *Capstone Report*, June 13, 2019, https://capstonereport.com/2019/06/13/sbc-2019-resolutions-committee-severely-altered-resolution-against-identity-politics/32605/.

23. Gray, "SBC Resolution."

24. Shelby Steele, *White Guilt: How Blacks and Whites Together Destroyed the Promise of the Civil Rights Era* (New York: HarperCollins, 2006), cover.

25. Steele, *White Guilt*, 72-73.

26. Rev. Bill Owens, *A Dream Derailed: How the Left Hijacked Civil Rights to Create a Permanent Underclass* (Fulshear, TX: A New Dream Publishers, 2019), 42.

27. Robby Soave, "Seattle Public Schools Will Start Teaching That Math Is Oppressive," *Reason*, October 22, 2019, https://reason.com/2019/10/22/seattle-math-oppressive-cultural-woke/.

28. Soave, "Seattle Public Schools Will Start Teaching That Math Is Oppressive."

29. Seattle Public Schools, "K–12 Math Ethnic Studies Framework (20.08.2019)," https://www.k12.wa.us/sites/default/files/public/socialstudies/pubdocs/Math%20SDS%20ES%20Framework.pdf.

30. "Text of Obama's fatherhood speech," *Politico*, June 15, 2008, https://www.politico.com/story/2008/06/text-of-obamas-fatherhood-speech-011094.

31. Theodore Dalrymple, *Life at the Bottom: The Worldview That Makes the Underclass* (Chicago: Ivan R. Dee, 2001), x.

32. Dalrymple, *Life At The Bottom*, xi–xii.

33. Tom Ascol, "Yes, the Social Justice Movement Is a Threat to Evangelicals," Founders Ministries, https://founders.org/2019/09/04/yes-the-social-justice-movement-is-a-threat-to-evangelicals/.

34. Martin Luther, *Letters of Spiritual Counsel*, ed. Theodore G. Tappert, Library of Christian Classics (London: SCM Press, 1955), 110.

Capítulo 4—Libertad de expresión para mí, pero no para ti

1. Craig R. McCoy, "Stan Wischnowski resigns as *The Philadelphia Inquirer*'s top editor," *The Philadelphia Inquirer*, June 6, 2020, https://www.inquirer.com/news/stan-wischnowski-resigns-philadelphia-inquirer-20200606.html.

2. Inga Saffron, "Black Lives Matter. Do Buildings?," *MSN News*, https://www.msn.com/en-us/news/us/black-lives-matter-do-buildings/ar-BB14TqMX.

3. Inga Saffron, "Damaging buildings disproportionately hurts the people protesters are trying to uplift," *The Philadelphia Inquirer*, June 1, 2020, https://www.inquirer.com/columnists/floyd-protest-center-city-philadelphia-lootings-52nd-street-walnut-chestnut-street-20200601.html.

4. Ryan Gaydos, "Drew Brees refuses to budge on stance about protesting during national anthem," *Fox News*, June 3, 2020, https://www.foxnews.com/sports/drew-brees-refuses-budge-stance-about-protesting-during-national-anthem.

5. Christopher Brito, "Drew Brees says he will 'never agree' with players kneeling during national anthem," *CBS News*, June 4, 2020, https://www.cbsnews.com/news/drew-brees-kneeling-national-anthem-protest-nfl/.

6. Nicholas Humphrey, "What Shall We Tell the Children?" Oxford Amnesty Lecture, 1997, http://www.humphrey.org.uk/papers/1998WhatShallWeTell.pdf.

7. The Bill of Rights, https://www.archives.gov/founding-docs/bill-of-rights-transcript.

8. As cited by Wikipedia, https://en.wikipedia.org/wiki/National_Socialist_Party_of_America_v._Village_of_Skokie.

9. Jacob Poushter, "40% of Millennials OK with limiting speech offensive to minorities," *Pew Research Center*, November 20, 2015, https://www.pewresearch.org/fact-tank/2015/11/20/40-of-millennials-ok-with-limiting-speech-offensive-to-minorities/.

10. Jeffrey A. Tucker, "Why Free Speech on Campus Is Under Attack: Blame Marcuse," *Foundation for Economic Education*, April 24, 2017, https://fee.org/articles/why-free-speech-on-campus-is-under-attack-blame-marcuse/. We Will Not Be Silenced.indd 270 9/16/20 4:16 PM *Notes* 271

11. Herbert Marcuse, *The Essential Marcuse: Selected Writings of Philosopher and Social Critic Herbert Marcuse* (Boston: Beacon Press, 2007), 34.

12. Marcuse, *The Essential Marcuse*, 45.

13. Jeffrey A. Tucker, "Why Free Speech on Campus Is Under Attack: Blame Marcuse," *Foundation for Economic Education*, April 24, 2017, https://fee.org/articles/why-free-speech-on-campus-is-under-attack-blame-marcuse/.

14. Tucker, "Why Free Speech on Campus Is Under Attack: Blame Marcuse" (emphasis added).

15. Tucker, "Why Free Speech on Campus Is Under Attack: Blame Marcuse."

16. Herbert Marcuse, *Repressive Tolerance*, https://www.marcuse.org/herbert/publications/1960s/1965-repressive-tolerance-fulltext.html.

17. Marcuse, *Repressive Tolerance*.

18. Marcuse, *Repressive Tolerance*.

19. Tucker, "Why Free Speech on Campus Is Under Attack: Blame Marcuse."

20. David Horowitz, *Dark Agenda: The War to Destroy Christian America* (West Palm Beach, FL: Humanix Books, 2018), 142.

21. Stanley Fish, *There's No Such Thing as Free Speech: And It's a Good Thing, Too* (New York: Oxford University Press, 1994), 68.

22. Stephen R.C. Hicks, *Explaining Postmodernism: Skepticism and Socialism from Rousseau to Foucault* (Loves Park, IL: Ockham's Razor Publishing, 2004), 238.

23. Hicks, *Explaining Postmodernism*, 231.

24. Hicks, *Explaining Postmodernism*, 237.

25. Hicks, *Explaining Postmodernism*, 237.

26. Tiffany Jenkins, "Barbarians at Yale: PC idiocy kills classic art history class," *New York Post*, January 27, 2020, https://nypost.com/2020/01/27/barbarians-at-yale-pc-idiocy-kills-classic-art-history-class/

27. Heather Mac Donald, *The Diversity Delusion* (New York: St. Martin's Press, 2018), 3.

28. Mac Donald, *The Diversity Delusion*, 29.

29. Andrew Sullivan, "We All Live on Campus Now, *New York Magazine*, February 9, 2018, https://nymag.com/intelligencer/2018/02/we-all-live-on-campus-now.html.30. For more information regarding blasphemy laws against Islam, see Paul Marshall and Nina Shea, *Silenced: How Apostasy and Blasphemy Codes Are Choking Freedom Worldwide* (New York: Oxford University Press, 2011), 173-226.

31. Salman Rushdie, "Defend the right to be offended," *Open Democracy,* February 7, 2005, https://www.opendemocracy.net/en/article_2331jsp/.

32. George Orwell, "The Freedom of the Press," Orwell's proposed preface to *Animal Farm.* Originally published in *The Times Literary Supplement* on September 15, 1972 as "How the essay came to be written."

33. Mac Donald, *The Diversity Delusion*, 19.

34. Art Moore, "Punishment includes Islam indoctrination," *WorldNetDaily*, October 31, 2002, https://www.wnd.com/2002/10/15738/.

35. Richard Wurmbrand, *Tortured for Christ: The 50th Anniversary Edition* (Colorado Springs: David C. Cook, 2017), 151-152.

36. The source of this account is a sermon by J.C. Ryle, "Not Corrupting the Word," which can be found in J.C. Ryle, *Is All Scripture Inspired?* (Edinburgh: The Banner of Truth Trust, 1999).

37. As cited in Charles Bridges, *An Exposition of the Book of Proverbs* (London: Seeley, Burnside, and Seeley, 1847), 126.

Capítulo 5—Venderlo como una causa noble

1. George Orwell, *1984* (New York: Signet Classics, 1977), 4.

2. Edward Bernays, *Propaganda* (Brooklyn, NY: Ig Publishing, 2005), 37.

3. Bernays, *Propaganda*, 37-38.

4. David Horowitz, *Dark Agenda: The War to Destroy Christian America* (West Palm Beach, FL: Humanix Books, 2018), 113.

5. Saul D. Alinsky, *Rules for Radicals: A Pragmatic Primer for Realistic Radicals* (New York: Vintage Books, 1989), 37.

6. James Lindsay, "The Truth About Critical Methods," *New Discourses*, March 19, 2020, https://www.youtube.com/watch?v=rSHL-rSMIro.

7. Meghan Roos, "BLM Leader: We'll 'Burn' the System Down If U.S. Won't Give Us What We Want," *Newsweek*, June 25,

2020, https://www.newsweek.com/blm-leader-well-burn-system-down-if-us-wont-give-us-what-we-want-1513422.

8. Eric Pollard, "Time to Give Up Fascist Tactics," *Washington Blade*, Letters to the Editor, January 31, 1992.

9. Adolf Hitler, *Mein Kampf*, trans. Ralph Manheim (New York: Mariner Books, 1999), 276.

10. Stefan Kanfer, "Architect of Evil," *Time*, June 24, 2001, http://content.time.com/time/magazine/article/0,9171,152486,00.html.

11. Hitler, *Mein Kampf*, 337.

12. Hitler, *Mein Kampf*, 583.

13. Robert George Leeson Waite, *The Psychopathic God: Adolf Hitler* (New York: Signet, 1978), 63.

14. William Shirer, *The Rise and Fall of the Third Reich* (New York: Simon & Schuster, 1988), 247-248.

15. William Sargant, *Battle for the Mind* (New York: Doubleday, 1957), 145.

16. ID2020, "ID2020 Launches Technical Certification Mark," January 24, 2019, https://medium.com/id2020/id2020-launches-technical-certification-mark-e6743d3f70fd.

17. Mallory Simon, "Over 1,000 health professionals sign a letter saying, Don't shut down protests using coronavirus concerns as an excuse," *CNN*, June 5, 2020, https://www.cnn.com/2020/06/05/health/health-care-open-letter-protests-coronavirus-trnd/index.html.

18. Hitler, *Mein Kampf*, 479.

19. Marc Tracy, "James Bennet Resigns as *New York Times* Opinion Editor," *The New York Times*, June 7, 2020, https://www.nytimes.com/2020/06/07/business/media/james-bennet-resigns-nytimes-op-ed.html.

20. Izabella Tabarovsky, "The American Soviet Mentality," *Tablet*, June 15, 2020, https://www.tabletmag.com/sections/news/articles/american-soviet-mentality.

21. Quoted in Alan Sears and Craig Osten, *The Homosexual Agenda: Exposing the Principal Threat to Religious Freedom Today* (Nashville, TN: Broadman & Holman Publishers, 2003), 27.

22. Marshall Kirk and Erastes Pill [Hunter Madsen], "The Overhauling of Straight America," http://library.gayhomeland.org/0018/EN/EN_Overhauling_Straight.htm.

23. Quoted in Sears and Osten, *The Homosexual Agenda*, 23.

24. Kirk and Pill, "The Overhauling of Straight America."

25. Ryan T. Anderson, *When Harry Became Sally: Responding to the Transgender Moment* (New York: Encounter Books, 2018), 9.

26. Rev. Bill Owens, *A Dream Derailed: How the Left Hijacked Civil Rights to Create a Permanent Underclass* (Fulshear, TX: A New Dream Publishers, 2019), 87.

27. Kirk and Pill, "The Overhauling of Straight America."

28. From *The Passionate State of Mind, and Other Aphorisms* (1955), 260; as cited in *The Columbia Dictionary of Quotations*, ed. Robert Andrews (New York: Columbia University Press, 1993), 741.

29. Rob Bell, *Love Wins* (New York: HarperCollins, 2012), Kindle location 1183-1189.

30. For the full transcript of Bishop Michael Curry's wedding address, see https://www.cnn.com/2018/05/19/europe/michael-curry-royal-wedding-sermon-full-text-intl/index.html.

31. Debbie Mirza, *The Covert Passive Aggressive Narcissist* (Monument, CO: Place Publishing, 2017), 74.

32. Dr. Susan Berry, "Sprite Argentina LGBT Ad Celebrates Mothers Binding Breasts, Dressing Gender-Confused Children," *Breitbart,* November 12, 2019, https://www.breitbart.com/politics/2019/11/12/sprite-argentina-lgbt-ad-celebrates-mothers-binding-breasts-dressing-gender-confused-children/.

33. Kirk and Pill, "The Overhauling of Straight America."

34. ACLU, on Twitter, November 19, 2019, https://twitter.com/ACLU/status/1196877415810813955?s=20.

35. Mirza, *The Covert Passive Aggressive Narcissist*, 85.

36. George Orwell, "In Front of Your Nose," *The Orwell Foundation,* https://www.orwellfoundation.com/the-orwell-foundation/orwell/essays-and-other-works/in-front-of-your-nose/.

37. Zachary Evans, "Merriam-Webster Adds Non-Binary Definition of 'They' to Dictionary," *National Review,* September 17, 2019, https://www.nationalreview.com/news/merriam-webster-adds-non-binary-definition-of-they-to-dictionary/.

38. Peggy Noonan, "What Were Robespierre's Pronouns?," *The Wall Street Journal,* July 25, 2019, https://www.wsj.com/articles/what-were-robespierres-pronouns-11564095088.

39. Megan Cassidy and Sarah Ravani, "The Scanner: San Francisco ranks No. 1 in US in property crime," *San Francisco Chronicle,* October 1, 2018, https://www.sfchronicle.com/crime/article/The-Scanner-San-Francisco-ranks-No-1-in-13267113.php.

40. Phil Matier, "SF Board of Supervisors sanitizes language of criminal justice system," *San Francisco Chronicle,* August 11, 2019, https://www.sfchronicle.com/bayarea/philmatier/article/SF-Board-of-Supervisors-sanitizes-language-of-14292255.php. LET Staff, "San Francisco: No more 'convicted felons.' They're 'justice-involved' persons now," *Law Enforcement Today,* August 22, 2019, https://www.lawenforcementtoday.com/san-francisco-rebrands-criminal-justice-convicted-felon/.

41. LET Staff, "San Francisco: No more 'convicted felons.' They're 'justice-involved' persons now."

Capítulo 6—Sexualizar los niños

1. James Emery White, "Five Things We Now Know the Online World Is Doing to Us That Has Never Been Done to Us Before," *Church & Culture,* August 19, 2019, https://www.churchandculture.org/blog/2019/8/19/five-things-we-now-know.

2. Peter Hitchens, *The Rage Against God: How Atheism Led Me to Faith* (Grand Rapids, MI: Zondervan,2010), 139.

3. Adolf Hitler, from a speech given at the Reichsparteitag in 1935.

4. Alex Newman, "Rescuing Our Children," *New American*, February 4, 2019, 7.

5. Quoted in Newman, "Rescuing Our Children," 7.

6. Lisa Hudson, "The Disturbing Reality Behind 'Comprehensive Sexuality Education,'" *The National Pulse*, September 5, 2019, https://thenationalpulse.com/commentary/disturbing-reality-behind-comprehensive-sexuality-education/.

7. Hudson, "The Disturbing Reality Behind 'Comprehensive Sexuality Education.'" "The Effect of Early Sexual Activity on Mental Health" report is found at https://teleiosresearch.com/wp-content/uploads/2018/12/2018-08-29-Sex-review-FINAL.pdf.

8. J.H. Merle d'Aubigné, *History of the Reformation of the Sixteenth Century* (London: Religious Tract Society, 1856), 190.

9. Ariana Eunjung Cha, "Planned Parenthood to open reproductive health centers at 50 Los Angeles high schools," *The Washington Post*, December 11, 2019, https://www.washingtonpost.com/health/2019/12/11/planned-parenthood-open-reproductive-health-centers-los-angeles-high-schools/.

10. Eunjung Cha, "Planned Parenthood to open reproductive health centers at 50 Los Angeles high schools."

11. David P. Gushee, "Christian higher ed can't win the LGBTIQ+ debate unless it transforms," *Religion News Service*, December 3, 2019, https://religionnews.com/2019/12/03/christian-higher-ed-cant-win-the-LGBTIQ+ -debate-unless-it-transforms/.

12. Tom Gjelten, "Christian Colleges Are Tangled In Their Own LGBT Policies," *NPR*, March 27, 2018, https://www.npr.org/2018/03/27/591140811/christian-colleges-are-tangled-in-their-own-lgbt-policies. See also https://www.npr.org/2018/03/27/597390654/christian-colleges-that-oppose-lgbt-rights-worried-about-losing-funding-under-ti.We   Will Not Be Silenced.indd 274 9/16/20 4:16 PM *Notes* 275

13. Madeleine Kearns, "The Equality Act Is a Time Bomb," *National Review*, May 20, 2019, https://www.nationalreview.com/corner/the-equality-act-is-a-time-bomb/.

14. Eliana Dockterman, "It Can Be a Boy, a Girl, Neither or Both," *Time,* October 7, 2019, 40-47.

15. "Drag Queen Story Hour Host Makes Disgusting Admission About What He Wants to Do to the Kids," *Tea Party 247*, https://www.teaparty247.org/drag-queen-story-hour-host-makes-disgusting-admission-about-what-he-wants-to-do-to-the-kids/.

16. Dr. R. Albert Mohler Jr., "Evolving Standards of Decency? How Progressivism Reshapes Society," August 13, 2019, https://albertmohler.com/2019/08/13/briefing-8-13-19.

17. Michael Brown, "The Great Transgender 'Awokening,'" *The Stream,* July 12, 2019, https://stream.org/great-transgender-awokening/.

18. Janie B. Cheaney, "Picture a Triangle: Polyamory makes deviance the norm," *World*, February 15, 2020, 18.

19. Quote is found on the *Minnesota Press* website promoting *Harmful to Minors,* https://www.upress.umn.edu/book-division/books/harmful-to-minors.

20. Stella Morabito, "The Pedophile Project: Your 7-Year-Old Is Next on the Sexual Revolution's Hit Parade," *The Federalist*, February 21, 2019, https://thefederalist.com/2019/02/21/pedophile-project-7-year-old-next-sexual-revolutions-hit-parade/.

21. Tammy Bruce, *The Death of Right and Wrong* (Roseville, CA: Forum, 2003), 195.

22. C.S. Lewis, "The Humanitarian Theory of Punishment," *God in the Dock* (Grand Rapids, MI: William B. Eerdmans, 2014), 325.

23. Ryan T. Anderson, *When Harry Became Sally: Responding to the Transgender Moment* (New York: Encounter Books, 2018), 2.

24. Jesse Singal, "What's Missing from the Conversation About Transgender Kids," *The Cut,* July 25, 2016, https://www.thecut.com/2016/07/whats-missing-from-the-conversation-about-transgender-kids.html.

25. Jay Keck, "My daughter thinks she's transgender. Her public school undermined my efforts to help her," *USA Today,* August 12, 2019, https://www.usatoday.com/story/opinion/voices/2019/08/12/transgender-daughter-school-undermines-parents-column/1546527001/.

26. Dan Springer, "Oregon allowing 15-year-olds to get state-subsidized sex-change operations," *Fox News*, May 2, 2016, https://www.foxnews.com/politics/oregon-allowing-15-year-olds-to-get-state-subsidized-sex-change-operations.

27. Keck, "My daughter thinks she's transgender. Her public school undermined my efforts to help her."

28. Jonathon Van Maren, "Dad horrified as public school convinces daughter she's a 'boy'...and he can't stop it," *Life Site*, August 13, 2019, https://www.lifesitenews.com/blogs/dad-horrified-as-public-school-convinces-daughter-shes-a-boyand-he-cant-stop-it.

29. Alyssa Jackson, Special to CNN, "The high cost of being transgender," *CNN*, July 31, 2015, https://www.cnn.com/2015/07/31/health/transgender-costs-irpt/index.html.

30. arp2020, "Shame on Sprite," *American Renewal Project,* https://theamericanrenewalproject.org/2019/11/shame-on-sprite/.

31. Lawrence S. Mayer and Paul R. McHugh, *Sexuality and Gender, The New Atlantis,* Fall 2016, https://www.thenewatlantis.com/publications/executive-summary-sexuality-and-gender.

32. Michael Brown, "The Great Transgender 'Awokening,'" *The Stream,* July 12, 2019, https://stream.org/great-transgender-awokening/.

33. Jamie Dean, "Suffer the children," *World*, April 15, 2017, https://world.wng.org/2017/03/suffer_the_children.

Capítulo 7—El capitalismo es la enfermedad; el socialismo es la cura

1. "Fewer Americans are giving money to charity but total donations are at record levelsanyway," The Conversation, July 3, 2018, https://theconversation.com/fewer-americans-are-giving-money-to-charity-but-total-donations-are-at-record-levels-anyway-98291.

2. As cited in Joseph K. Folsom, *The Family and Democratic Society* (London: Routledge, 1949), 198.

3. Karl Marx, *Critique of the Gotha Program*, http://libcom.org/library/critique-of-the-gotha-program-karl-marx.

4. Karl Marx, *The Poverty of Philosophy* (Moscow: Foreign Languages Publishing House, 1955), 93; Quoted in John W. Montgomery, "The Marxist Approach to Human Rights Analysis and Critique," *The Simon Greenleaf Law Review* (Santa Ana, CA: Simon Greenleaf School of Law, 1981), 39.

5. G.K. Chesterton, *The Collected Works of G.K. Chesterton, Vol. 20* (San Francisco: Ignatius Press, 2001), 57–58.

6. Ronald H. Nash, ed. *Liberation Theology* (Milford, MI: Mott Media, 1984), 50.

7. Karl Marx, *Critique of the Gotha Program*.

8. William S. Lind, ed., "Political Correctness: A Short History of an Ideology," Free Congress Foundation, November 2004, 10, http://archive.discoverthenetworks.org/viewSubCategory.asp?id=1332.

9. David Horowitz, *Unholy Alliance: Radical Islam and the American Left* (Washington, DC: Regnery Publishing, 2004), 47.

10. Greta Thunberg's address to the United Nation's Climate Action Summit 2019, https://www.npr.org/2019/09/23/763452863/transcript-greta-thunbergs-speech-at-the-u-n-climate-action-summit.

11. Stephen R.C. Hicks, *Explaining Postmodernism: Skepticism and Socialism from Rousseau to Foucault* (Loves Park, IL: Ockham's Razor Publishing, 2004), 155.

12. Hicks, *Explaining Postmodernism*, 156.

13. Veery Huleatt, "Progressive seminary students offered a confession to plants. How do we think about sins against nature? *The Washington Post,* September 18, 2019, https://www.washingtonpost.com/religion/2019/09/18/progressive-seminary-students-offered-confession-plants-what-are-we-make-it/.

14. Frank Camp, "INTERVIEW (Part I): Swedish Author Johan Norberg on the Devastating Impact of Socialism, and What It Could Cost The U.S.," *The Daily Wire,* February 14, 2020, https://www.dailywire.com/news/interview-part-i-swedish-author-johan-norberg-on-the-devastating-impact-of-socialism-and-what-it-could-cost-the-u-s.

15. Marvin Olasky, "The view from 'Doralzuela,'" *World*, May 25, 2019, https://world.wng.org/2019/05/the_view_from_doralzuela.

16. "Rees-Mogg movement ridicules Corbyn's 'socialist inspiration' Venezuela as it crumbles," *Express*, July 31, 2017, https://www.express.co.uk/news/uk/835146/Jeremy-Corbyn-mocked-Jacob-Rees-Mogg-Moggmentum-Venezuela-socialism-video.

17. Olasky, "The view from 'Doralzuela.'"

18. Olasky, "The view from 'Doralzuela.'"

19. Ernest Hemingway, *The Sun Also Rises* (New York: Simon & Schuster, 2014), 109.

20. Benjamin Franklin, Pennsylvania Assembly: Reply to the Governor, November 11, 1755, https://founders.archives.gov/documents/Franklin/01-06-02-0107.

21. Emily Stewart, "You can't turn the economy back on like a light switch," *Vox*, May 21, 2020, https://www.vox.com/2020/5/21/21263934/economy-reopening-stock-market-v-shape-recovery-jerome-powell.

22. Gary Abernathy, "The coronavirus shows Bernie Sanders won," *The Washington Post*, March 25, 2020, https://www.washingtonpost.com/opinions/2020/03/25/we-are-all-socialists-now/.

23. Marvin Olasky, "Money like magic," *World*, May 25, 2019, https://world.wng.org/2019/05/money_like_magic.

24. No primary source is known for this statement, but is it frequently attributed to Mayer Amschel Rothschild.

25. D. James Kennedy Ministries, *Why Do You Believe That?* (Fort Lauderdale, FL: D. James Kennedy Ministries, 2019), 15.

26. Gerald L.K. Smith, Wikipedia, https://en.wikipedia.org/wiki/Gerald_L._K._Smith.

27. Camp, "INTERVIEW (Part I): Swedish Author Johan Norberg on the Devastating Impact of Socialism, and What It Could Cost The U.S."

28. Olasky, "The view from 'Doralzuela.'"

29. Michael O. Emerson and Christian Smith, *Divided by Faith: Evangelical Religion and the Problem of Race in America* (Oxford: Oxford University Press, 2001), 76.

30. Quoted in John Warwick Montgomery, *The Law Above the Law* (Minneapolis: Bethany House, 1975), 169.

31. Winston Churchill, House of Commons, October 22, 1945.

32. George Orwell, *Animal Farm* (Orlando, FL: Houghton Mifflin Harcourt, 2009), 192.

33. Willard Cantelon, *The Day the Dollar Dies* (Plainfield, NJ: Logos International, 1973), vi-vii.

Capítulo 8—Unirse con el islam radical para destruir América

1. *Shariah: The Threat to America: Abridged* (Washington, DC: The Center for Security Policy, 2016), 40, https://www.centerforsecuritypolicy.org/2016/06/30/shariah-the-threat-to-america-abridged/.

2. Patrick Poole, "The Muslim Brotherhood 'Project,'" *Frontpage*, May 11, 2006. We Will Not Be Silenced.indd 277 9/16/20 4:16 PM 278 *We Will Not Be Silenced*

3. William J. Boykin et al., *Shariah: The Threat to America: An Exercise in Competitive Analysis* (Washington, DC: The Center for Security Policy, 2010), 47.

4. Andrew C. McCarthy, *The Grand Jihad: How Islam and the Left Sabotage America* (New York: Encounter Books, 2012), 162.

5. McCarthy, *The Grand Jihad*, 51.

6. McCarthy, *The Grand Jihad*, 28.

7. David Horowitz, *Unholy Alliance: Radical Islam and the American Left* (Washington, DC: Regnery Publishing, 2004), 13-14.

8. David Horowitz, "The sick mind of Noam Chomsky," *Salon*, September 26, 2001, https://www.salon.com/2001/09/26/treason_2/.

9. Brian Flood, "New York Times deletes 9/11 tweet after backlash: 'Airplanes took aim and brought down the World Trade Center,'" *Fox News,* September 11, 2019, https://www.foxnews.com/media/new-york-times-9-11-tweet-deleted-airplanes.

10. David Horowitz, *Dark Agenda: The War to Destroy Christian America* (West Palm Beach, FL: Humanix Books, 2018), 131.

11. Horowitz, *Unholy Alliance,* 34.

12. Dennis Prager, "If you believe that people are basically good...," *Jerusalem World Review,* December 31, 2002, http://jewishworldreview.com/0103/prager123102.asp.

13. See Paul Marshall and Nina Shea, *Silenced: How Apostasy and Blasphemy Codes Are Choking Freedom Worldwide* (New York: Oxford University Press, 2011), 174.

14. Horowitz, *Dark Agenda,* 59-60.

15. Thomas D. Williams, PhD, "7th Graders in Tennessee Made to Recite 'Allah Is the Only God' in Public School," *Breitbart,* September 10, 2015, https://www.breitbart.com/politics/2015/09/10/7th-graders-in-tennessee-made-to-recite-allah-is-the-only-god-in-public-school/.

16. Robert Spencer, *Stealth Jihad: How Radical Islam Is Subverting America without Guns or Bombs* (Washington, DC: Regnery Publishing, 2008), 190.

17. Spencer, *Stealth Jihad,* 195.

18. Spencer, *Stealth Jihad,* 206.

19. Horowitz, *Dark Agenda,* 61.

20. Boykin et al., *Shariah,* 125-126.

21. *Shariah: The Threat to America: Abridged,* 16.

22. Stephen Coughlin, *"Bridge Building" to Nowhere: The Catholic Church's Study in Interfaith Delusion* (Washington, DC: The Center for Security Policy, 2015), 8.

23. Muhammad Shafiq and Mohammed Abu-Nimer, *Interfaith Dialogue: A Guide for Muslims* (Herndon, VA: The International Institute of Islamic Thought, 2011).

24. Shariq and Abu-Nimer, *Interfaith Dialogue*, 43.

25. Shariq and Abu-Nimer, *Interfaith Dialogue*, 108.

Capítulo 9—¡Menosprecia! ¡Denigra! ¡Vilifica!

1. Saul D. Alinsky, *Rules for Radicals: A Pragmatic Primer for Realistic Radicals* (New York: Vintage Books, 1989), 130.

2. Ellis Washington, "Alinsky, Obama: Lies, lies, lies," *WorldNetDaily*, September 16, 2011, https://www.wnd.com/2011/09/345625/.

3. "Homosexuality and psychology," Wikipedia, https://en.wikipedia.org/wiki/Homosexuality_and_psychology.

4. Jeffrey Satinover, *Homosexuality and the Politics of Truth* (Grand Rapids, MI: Baker Books, 1996), 33.

5. David Horowitz, *Dark Agenda: The War to Destroy Christian America* (West Palm Beach, FL: Humanix Books, 2018), 92.

6. Thomas Messner, "The Price of Prop 8," *The Heritage Foundation*, October 22, 2009, https://www.heritage.org/marriage-and-family/report/the-price-prop-8.

7. David Crary and Rachel Zoll, "Mozilla CEO resignation raises free-speech issues," *USA Today*, April 4, 2014, https://www.usatoday.com/story/news/nation/2014/04/04/mozilla-ceo-resignation-free-speech/7328759/.

8. K. Allan Blume, "'Guilty as charged,' Cathy says of Chick-fil-A's stand on biblical & family values," *Baptist Press*, July 16, 2012, http://www.bpnews.net/38271/guilty-as-charged-cathy-says-of-chickfilas-stand-on-biblical-and-family-values.

9. Annie Martin and Leslie Postal, "Lawmakers, voucher advocates meet on private schools' anti-LGBTIQ+ policies," *Orlando Sentinel*, February 6, 2020, https://www.orlandosentinel.com/news/education/os-ne-school-scholarship-protests-20200206-bwclm26yy5abflbfc7l5z2dony-story.html.

10. George Orwell, *1984* (New York: Signet Classics, 1977), 267.

11. Jonathon Van Maren, "Protest at public library shows LGBT movement won't stop until it dominates everything," *LifeSite,* October 30, 2019, https://www.lifesitenews.com/blogs/feminist-argues-at-public-library-males-cant-become-female-lgbt-movement-rampages.

12. Van Maren, "Protest at public library shows LGBT movement won't stop until it dominates everything."

13. Jon Street, "Incoming Texas freshmen threatened with doxxing if they join conservative campus groups," *Campus Reform,* June 21, 2019, https://www.campusreform.org/?ID=13363.

14. Heather Mac Donald, *The Diversity Delusion* (New York: St. Martin's Press, 2018), 20-22.

15. Mac Donald, *The Diversity Delusion,* 4.

16. Mac Donald, *The Diversity Delusion,* 22.

17. Stewart Weiss, "The looting—and muting—of America," *The Jerusalem Post,* June 18, 2020, https://www.jpost.com/opinion/the-looting-and-muting-of-america-631909.

18. Gregor Strasser, "Thoughts about the Tasks of the Future," June 15, 1926, see Wikiquote: https://en.wikiquote.org/wiki/Gregor_Strasser.

19. WND Staff, "Antifa revealed! Free exposé of alt-left" *WorldNetDaily,* January 23, 2018, https://www.wnd.com/2018/01/antifa-revealed-free-expose-of-alt-left/.

20. Soeren Kern, "A Brief History of Antifa: Part 1," *Gatestone Institute,* June 12, 2020, https://www.gatestoneinstitute.org/16104/antifa-history.

21. "Video Shows NYC Protesters Chanting for 'Dead Cops,'" *NBC New York,* December 15, 2014, https://www.nbcnewyork.com/news/local/eric-garner-manhattan-dead-cops-video-millions-march-protest/2015303/.

22. Ross Barkan and Jillian Jorgensen, "Elected Officials, Sharpton React to Killing of Two Police Officers in Brooklyn," *Observer,* December 20, 2014, https://observer.com/2014/12/elected-

officials-sharpton-react-to-killing-of-two-police-officers-in-brooklyn/.

23. Joe Carter, "How LGBT Pride Month Became a Religious Holiday," *The Gospel Coalition*, June 26, 2019, https://www.thegospelcoalition.org/article/lgbt-pride-month-became-religious-holiday/.

24. Horowitz, *Dark Agenda*, 32-33.

25. Horowitz, *Dark Agenda*, 33.

26. Horowitz, *Dark Agenda*, 33.

27. Horowitz, *Dark Agenda*, 34.

28. KOMU and Missourian Staff, "Sermon at The Crossing leads to call for boycott of local businesses," *Missourian*, October 18, 2019, https://www.columbiamissourian.com/news/local/update-sermon-at-the-crossing-leads-to-call-for-boycott-of-local-businesses/article_adb47a54-f151-11e9-87aa-eb41f6d01b0c.html.

29. Voltaire, Letter to Étienne Noël Damilaville (May 16, 1767), https://en.wikiquote.org/wiki/Voltaire.

Capítulo 10—¡Despierta! ¡Fortalece lo que queda!

1. Barna Group, "Almost Half of Practicing Christian Millennials Say Evangelism Is Wrong," February 5, 2019, https://www.barna.com/research/millennials-oppose-evangelism/.

2. Portions of this section are adapted from my book *The Church in Babylon* (Chicago: Moody Publishers, 2010).

3. Emma Green, "Rachel Held Evans, Hero to Christian Misfits," *The Atlantic,* May 6, 2019, https://www.theatlantic.com/politics/archive/2019/05/rachel-held-evans-death-progressive-christianity/588784/.

4. Nadia Bolz-Weber, *"Shameless (Sin vergüenza)" : A Case for Not Feeling Bad About Feeling Good (About Sex)* (New York: Crown Publishing Group, 2019), 71.

5. Bolz-Weber, *"Shameless (Sin vergüenza)"*, 133.

6. Bolz-Weber, *"Shameless (Sin vergüenza)"* , back cover.

7. Daron Roberts, "The Church Boy Who Never Grew Up," *The Cripplegate*, July 2, 2020, https://thecripplegate.com/the-church-boy-who-never-grew-up/.

8. Eleanor Busby, "Social media sites are damaging children's mental health, headteachers warn," *Independent,* March 9, 2018, https://www.independent.co.uk/news/education/education-news/head-teachers-social-media-children-mental-health-school-association-college-a8246456.html; See also June Eric Udorie, "Social media is harming the mental health of teenagers. The state has to act," *The Guardian,* September 16, 2015, https://www.theguardian.com/commentisfree/2015/sep/16/social-media-mental-health-teenagers-government-pshe-lessons.

9. Robert Payne, *Life and Death of Lenin* (New York: Simon & Schuster, 1964), 209.

10. Quoted in J.S. Conway, *The Nazi Persecution of the Churches 1933–1945* (New York: Basic Books, 1968), v.

Nota del traductor

Este libro ha sido traducido del inglés y todas las notas provienen de libros que solo se encuentran en ese idioma por lo cual no hemos traducido al español estas notas con el ánimo de no dar esperanza falsa de encontrarlos este idioma.

CLC EDITORIAL

CENTRO DE LITERATURA CRISTIANA

Apreciado lector (a):

Gracias por comprar una edición autorizada de este libro y respetar las leyes de copyright. Cada vez que usted hace una compra, CLC destina recursos para la obra misionera y el trabajo social en el mundo.

Deseamos que este libro le sirva para su crecimiento espiritual. Su opinión es muy importante para nosotros, por favor escríbanos sus comentarios y qué temáticas considera necesarias para publicar a los siguientes correos:

mercadeo@clccolombia.com
contacto@editorialclc.com
editorial@clccolombia.com

 **CENTRO DE LITERATURA CRISTIANA**

Para saber más de los libros de la Editorial CLC visite
nuestro sitio web:www.editorialclc.com

Diagonal 61D Bis No. 24-50
Bogotá, D.C., Colombia